复旦城市治理评论

Fudan Urban Governance Review

复旦城市治理评论　09
Fudan Urban Governance Review 09
复旦大学国际关系与公共事务学院

主编
唐亚林　陈水生

副主编
李春成　孙小逸

编辑部主任
陈水生（兼）

编辑部副主任
孙小逸（兼）

编辑委员会（按姓氏音序排列）

陈水生	陈醒	高恩新	高翔	谷志军
韩志明	黄璜	李春成	李德国	李瑞昌
李文钊	刘建军	刘鹏	罗梁波	马亮
孟天广	庞明礼	容志	尚虎平	锁利铭
孙小逸	谭海波	唐亚林	王佃利	吴晓林
线实	肖建华	颜昌武	叶林	叶敏
易承志	余敏江	张海波	张乾友	朱旭峰

复旦城市治理评论

新城新区建设与特殊经济功能区治理

唐亚林　陈水生　主编

复旦大学出版社

内容提要

新城新区与特殊经济功能区作为改革开放以来一种重要的空间现象，推动了我国工业化和城镇化进程。目前，我国已形成多层次、多类型的新城新区与特殊经济功能区建设体系，但同时也面临诸多挑战。

本书是国内第一本以新城新区建设与特殊经济功能区治理为研究主题的学术图书，主要探讨了以下问题：中国城市的新城新区建设的发展历程；中国新城新区建设的经验与教训；新城新区建设模式及其特征；新城新区建设与中国城市化发展道路；特殊经济功能区空间治理等。通过对这些问题的探讨，同时结合实例，本书勾勒了我国新城新区建设与特殊经济功能区治理的全貌，深化了人们对这一主题的认识，为进一步推动新城新区建设与特殊经济功能区治理提供了有益经验。

目　录

|专题论文|

倪泽睿　诸格慧明　任　远　新城新区和经济功能区建设
及发展治理研究综述……………………………………… 3

高恩新　李佳丽　张力治理：特殊经济功能区空间治理
的一个阐释性概念………………………………………… 28

杨爱平　周品仪　府际管理视角下前海合作区的跨境治理
模式创新…………………………………………………… 57

黄建洪　冒慧娴　界分治理：开发区政经双线治理模式研究
………………………………………………………………… 81

焦永利　谭笔雨　刘斯琦　刘淑妍　葛天任　探索跨区域
治理创新的中国方案：以长三角生态绿色一体化
发展示范区为例…………………………………………… 109

刘文富　上海五大新城建设的动力与路径研究……………… 139

刘　奕　沈双颖　新城新区数字底座建设助推城市数字化
转型的理论与路径研究…………………………………… 165

| 研究论文 |

骆子康　线　实　基于分层同化理论的新生代移民研究
　　　　　进展与展望…………………………………… 195

方南希　民营化理论视域下的加拿大医疗服务 PPP 模式
　　　　研究……………………………………………… 224

江　楠　吴学佳　吕　越　曾　琪　当代中国公共行政
　　　　研究：现状、前沿、范式与展望 ……………… 249

专题论文

新城新区和经济功能区建设及发展治理研究综述

倪泽睿*　诸格慧明**　任　远***

[内容摘要]　新城新区和经济功能区作为改革开放以来一种重要的空间现象,推动了我国工业化和城镇化进程,在促进地区经济发展、拓展城市空间、完善城市功能和缓解"城市病"等方面发挥了重要作用。我国已形成多层次、多类型的新城新区和经济功能区建设体系。我国新城新区建设当前面临的突出问题主要包括:债务风险、土地资源配置低效、产城融合不足、社会矛盾和社会冲突以及管理体制失灵等。在新城新区发展中,国家和地方政府通过城市空间规划、产业发展和产业政策、人口发展和人口政策、城市土地政策和改革管理体制等相关制度和政策工具,完善新城新区和经济功能区的发展治理。

[关键词]　新城新区;经济功能区;城市治理

特大城市的新城新区建设基本上是城市发展不同阶段的内在结果,也是城市建设和发展的工具。中心城市的发展利用产业开发区、新城新区、卫星城、综合新城以及自贸区、示范区等各种特别功能区的发展计划,以此为杠杆和抓手来推动城市发展,实现区域和国家发展的功能目标,构成推动城镇化发展的典型模式。本文对新城新区和经济功能区建设及发展治理开展研究综述。第一部

---

*　倪泽睿,复旦大学社会发展与公共政策学院博士研究生。
**　诸格慧明,复旦大学社会发展与公共政策学院硕士研究生。
***　任远,复旦大学社会发展与公共政策学院教授。

分介绍我国城镇化过程中新城新区和经济功能区建设的发展历程;第二部分概述我国新城建设和经济功能区建设过程中存在的突出问题;第三部分综述国家和地方政府如何通过城市空间规划、产业政策、人口管理和人口政策、城市土地政策及管理模式机制等相关制度和政策工具,完善新区和经济功能区的良好治理。

一、新城新区和经济功能区建设的发展历程

(一)新城新区的内涵

新城新区是改革开放的产物,是基于经济发展需要规划形成的城市空间单元[①],是能够承载一定规模人口、提供较为完善的城市综合服务功能,且具有较清晰边界的片区。[②] 武敏等认为我国新城新区具有新空间、新功能、新主体三方面内涵,是政府为实现特定目标所设立的、拥有相对独立自主的行政管理权限的空间地域单元,包括国家级新区、各类经济功能区和功能性新城以及综合性节点城市等。[③]

经济功能区作为新城新区的一种类别,郝寿义和曹清峰将其定义为由同类经济活动在空间上的高度聚集、连片分布形成的具有特定目的、特殊政策和管理手段的空间区域[④];相似地,张晓平认为经济功能区是一种享有特殊经济政策、从事某种经济活动的地域类型。[⑤] 经济功能区是多种生产要素和政府引导下多元主体

---

① 顾朝林:《基于地方分权的城市治理模式研究——以新城新区为例》,《城市发展研究》2017年第2期。
② 陆铭、常晨、王丹利:《制度与城市:土地产权保护传统有利于新城建设效率的证据》,《经济研究》2018年第6期。
③ 武敏、彭小雷、叶成康等:《国家治理视角下我国新城新区发展历程研究》,《城市规划学刊》2020年第6期。
④ 郝寿义、曹清峰:《论国家级新区》,《贵州社会科学》2016年第2期。
⑤ 张晓平:《我国经济技术开发区的发展特征及动力机制》,《地理研究》2002年第5期。

的集聚区域,反映生产要素和多元主体之间形成网络、相互作用的过程,本质是通过优势要素的集聚,如制度要素、产业要素和管理要素等,促进经济发展。①

总的来说,新城新区是独立于母城之外的具有相对自主性的城市空间单元,涵盖了国家级新区和经济技术开发区(简称"经开区")、高新技术产业开发区(简称"高新区")、保税区、出口加工区、自由贸易试验区等各类经济功能区。② 其具有两方面特征:一是在空间上位于城市边缘或外围,以母城为依托进行成片开发,建设方式以新建为主,具有相对独立性和明确的发展边界;二是在功能上以疏散主城人口、产业和其他功能为目的,功能定位一般为带动城市经济增长、发展特色产业、增强城市功能等。新城新区建设是一项系统工程,本质是以目标为导向的、由政策驱动的、以公共开发和市场化运作为手段的空间发展。③

(二)我国新城新区建设的发展历程

我国新城新区和经济功能区建设起步于1979年蛇口工业区的建立,兴起于1992年浦东新区的设立。④ 经过40多年的发展,我国新城新区从无到有,由小及大,由区域试点向全国蔓延,从单一功能转向综合发展,形成了包括经开区、高新区、服务型新城、综合型新区等在内的多层次、多类型、多功能新城新区发展体系。特

---

① 洪群联:《产业集聚与区域创新研究——以我国高技术产业为例》,武汉大学产业经济学专业博士学位论文,2010年,第8页。
② 姜庆国:《新时代西部地区新城新区建设:定位、问题及发展战略》,《深圳大学学报》(人文社会科学版)2018年第2期。
③ 顾竹屹、赵民、张捷:《探索"新城"的中国化之路——上海市郊新城规划建设的回溯与展望》,《城市规划学刊》2014年第3期。
④ 姜庆国:《新时代西部地区新城新区建设:定位、问题及发展战略》,《深圳大学学报》(人文社会科学版)2018年第2期。

别是在2009年之后,我国新城新区呈现爆发式增长态势。①

当前,学者对我国新城新区和经济功能区建设历程的研究多从设立时间、规模数量、类型演变、时空分布、功能定位、动力机制、主导项目、开发政策等视角切入。不同学者对我国新城新区发展历程有不同的阶段划分。朱孟珏和周春山基于新城新区类型和空间分布的演变特征,将我国改革开放以来新城新区建设历程分为三个阶段:1980—1991年,以经济特区和经开区建设为导向,主要位于沿海开放城市;1992—1999年,以生产型新区开发为导向,基本覆盖了除西藏、青海以外的所有省份;2000年后,以综合型新区开发为导向,大部分位于东部地区,从东部到中西部数量、规模锐减。②刘士林等基于新城新区功能,发现2000年之前的新城新区多是以经济功能为主导的各类园区,2000年后大规模综合功能性新城建设逐渐兴起。③杨东峰和刘正莹基于主导项目的类型,将我国新城新区建设历程分成三个阶段:以招商引资和产业集聚为主导的工业开发区建设阶段(1978—1998年);以地产开发为主导的新城建设阶段(1999—2005年前后);国家级新区建设阶段(2005年前后至今)。④张晓平依据时空分布特征,认为我国经济功能区发展经历了沿海布点(1984—1991年)、东南铺开(1992—1997年)和全国推进(1998年后)三个阶段。⑤袁其刚等认为我国经济功能区发展体现了自上而下的区域开发战略,其发展历程经

---

① 朱孟珏、周春山:《我国城市新区开发的管理模式与空间组织研究》,《热带地理》2013年第1期。

② 朱孟珏、周春山:《改革开放以来我国城市新区开发的演变历程、特征及机制研究》,《现代城市研究》2012年第9期。

③ 刘士林、刘新静、盛蓉:《中国新城新区发展研究》,《江南大学学报》(人文社会科学版)2013年第4期。

④ 杨东峰、刘正莹:《中国30年来新区发展历程回顾与机制探析》,《国际城市规划》2017年第2期。

⑤ 张晓平:《我国经济技术开发区的发展特征及动力机制》,《地理研究》2002年第5期。

历了四个阶段:第一阶段(1979—1990年)以经济特区和沿海开放城市设立为标志;第二阶段(1991—2000年)形成了多层次、全方位开放的格局;第三阶段(2001—2012年)以加入WTO为标志;第四阶段(2013年后)以上海自由贸易试验区建立为标志。①

总的来说,我国新城新区建设和经济功能区发展历程受到国际形势、国家战略、阶段现状、宏观政策等的影响,体现国家特定时期的发展意图及规划重点。②③

(三) 当前我国新城新区建设的基本状况

我国已形成多层次、多类型的新城新区和经济功能区建设体系,其以国家级新区为龙头,以国家级经开区和高新区为骨干,以省(市、区)级各类新城新区为重要支撑。④ 截至2018年,全国县及县以上的新城新区共3 846个,已建面积2.9万平方千米,囊括1.55亿人口。其中,国家级新区19个(东部8个、西部6个、中部2个、东北地区3个);各类国家级开发区共552个(表1),包括经开区219个、高新区156个、海关特殊监管区135个、边境/跨境经济合作区19个和其他类型开发区23个;各类省级开发区1 991个(表2);较大规模的市级新城新区1 000多个;县以下的各类产业园上万个。上述2 543个国家级、省级开发区较为均衡地分布在东部地区(964个)、中部地区(625个)、西部地区(714个)、东北地区(240个)。⑤

---

① 袁其刚、刘斌、朱学昌:《经济功能区的"生产率效应"研究》,《世界经济》2015年第5期。
② 王佃利、于棋、王庆歌:《尺度重构视角下国家级新区发展的行政逻辑探析》,《中国行政管理》2016年第8期。
③ 晁恒、马学广、李贵才:《尺度重构视角下国家战略区域的空间生产策略——基于国家级新区的探讨》,《经济地理》2015年第5期。
④ 冯奎:《中国新城新区现状与创新发展重点》,《区域经济评论》2016年第6期。
⑤ 数据来源:《中国开发区审核公告目录(2018年版)》。

表 1　全国各级各类新城新区数据汇总

级别	数量（个）	批复面积（km²）	规划面积（km²）	规划建设用地面积（km²）	已建面积（km²）	规划人口（万人）	现状人口（万人）
国家级新区	19	22 166	25 721	6 675	3 409	5 589	2 669
国家级开发区	552	5 522	29 674	16 169	7 692	9 570	3 794
省级开发区	1 991	12 652	57 806	31 221	12 346	16 340	5 661
省级以下各类新城新区	1 284	34 542	34 542	18 525	5 506	11 421	3 325
合计	3 846	74 882	147 743	72 590	28 953	42 920	15 450

资料来源:武敏、彭小雷、叶成康等:《国家治理视角下我国新城新区发展历程研究》,《城市规划学刊》2020 年第 6 期。数据截止统计时间为 2018 年年底。

可以发现,我国新城新区建设现状表现出以下五个方面的特征:(1)国家对各级各类新城新区管控力度加强,从批复设立转为整合升级;(2)以国家级、省级新城新区和开发区为主体,数量多、规模大,其建设情况优于省级以下新城新区;(3)空间分布基本符合全国经济发展水平和城镇化主体形态,与主要城市群的空间分布耦合度较高,数量从东部地区逐步向中西部地区递减扩散[1];(4)近年来,我国大量新城新区建设在中西部省份、东北地区和中小城市等人口流出地,在规划数量、规划面积、规划人口和发展速度等方面均大幅高于东部省份,并且规划密度低,远离老城区。[2] 在新城拓展面积占比方面,中部地区新城占比持续上升,东

---

[1]　武敏、彭小雷、叶成康等:《国家治理视角下我国新城新区发展历程研究》,《城市规划学刊》2020 年第 6 期。
[2]　常晨、陆铭:《新城之殇——密度、距离与债务》,《经济学》(季刊)2017 年第 4 期。

部地区呈先降后升趋势,西部则呈相反趋势①;(5)新城新区建设成为特大城市疏解城市功能、优化空间结构和缓解"大城市病"的有效途径和关键策略。特大城市新城新区建设面积大、数量多,以综合性城市中心为主体形态。随着新城新区的发展,我国特大城市新城新区的空间结构正由单中心圈层模式向多中心网络模式转化。

表2 全国经济功能区类型划分

类型	性质	等级	数量(个)	批复部门	主管部门
经济技术开发区	产业发展区	国家级	219	国务院	商务部
		省级	986	省(自治区、直辖市)人民政府	
高新技术产业开发区	产业发展区	国家级	156	国务院	科技部
		省级	157	省(自治区、直辖市)人民政府	
保税区	海关特殊监管区	国家级	135	国务院	海关总署
综合保税区					
保税港区					
保税物流园区					
跨境工业园区					
出口加工区					
边境/跨境经济合作区	边疆地区综合功能区	国家级	19	国务院	商务部
		省级	3		

---

① 吉玫成、罗小龙、包蓉等:《新城发展的时空差异:对我国东中西三大区域的比较研究》,《现代城市研究》2015年第9期。

(续表)

类型	性质	等级	数量(个)	批复部门	主管部门
其他类型开发区	特殊政策区	国家级	23	国务院	发展和改革委员会、环保局、公安部、海关总署等部门
产业集聚区、工业集中区、工业园区等	产业发展区	省级	845	省(自治区、直辖市)人民政府	发展和改革委员会、环保局、公安部、商务部等部门

资料来源:武敏、彭小雷、叶成康等:《国家治理视角下我国新城新区发展历程研究》,《城市规划学刊》2020年第6期。数据截止统计时间为2018年年底。

二、新城新区和经济功能区建设的突出问题

我国新城新区和经济功能区建设起步较晚,但发展迅猛,逐渐成为推动城镇化发展的重要空间载体。当前,中国新城新区建设过程中暴露诸多问题,包括债务风险、土地资源配置低效、产城融合不足、社会矛盾和社会冲突以及管理体制失灵等,不利于城市可持续发展。

(一) 债务风险

我国的新城新区建设是以地方政府主导并依靠举债完成的,本质上是利用成本高昂的资金进行土地开发,若土地利用未能与人口和产业的用地需求相匹配,则可能造成新城新区建设超标和低效,从而增加地方政府的债务负债率,而这一问题在2009年后更为明显。① 同时,投资驱动型的经济发展方式、征地—卖地—债

---

① 常晨、陆铭:《新城之殇——密度、距离与债务》,《经济学》(季刊)2017年第4期。

权融资—新城建设—征地的城市经营模式,以及官员晋升体制,激励地方政府不断扩大新城新区建设规模,规划面积大且人口密度低,使得城投债发行数量持续增多[①][②],人口与产业协同集聚效应不足,从而地方政府债务不断累积,偿债负担加剧。此外,建设用地配置指标和人口流动、产业发展方向相背离也是新城新区发展缓慢、地方政府债务高企的关键因素。[③]

(二)土地资源配置低效

在"晋升锦标赛"和财政分权背景下,地方政府普遍追求短期的经济增长绩效和税收最大化,而政府主导下的新城新区建设是其实现经济目标的重要手段。多地政府打着新城新区建设的名义夺地、圈地和占地,片面追求城市空间扩张,大兴造城运动,个别城市甚至出现空城、"鬼城"现象。[④] 同时,在不动产金融化的市场经济背景下,政府卖出土地获得财政收入,资本买入土地追求剩余价值,进一步导致新城新区的无序建设和过度扩张。[⑤] 此外,过剩的土地供应、过低的征地成本、过度的资本投入、产权保护缺失、规划建设失当,以及外延的、粗放式土地利用模式均会导致新城新区"摊大饼"式发展,并使其存在规格过高、规模过大、个数过多、密度过低等问题,难以集聚产业和人口、发挥规模经济和集聚外部性及有效利用本地市场,从而暴露一系列空间结构问题,如土地利用低效、城市功能错置、居民职住分离、基础设施不完善等,最终导致新

---

① Fenghua Pan, Fengmei Zhang, Shengjun Zhu, et al., "Developing by Borrowing? Inter-jurisdictional Competition, Land Finance and Local Debt Accumulation in China", *Urban Studies*, 2016(54), pp.897-916.
② 彭冲、陆铭:《从新城看治理:增长目标短期化下的建城热潮及后果》,《管理世界》2019年第8期。
③ 常晨、陆铭:《新城:造城运动为何引向债务负担》,《学术月刊》2017年第10期。
④ 王振坡、游斌、王丽艳:《基于精明增长的城市新区空间结构优化研究——以天津市滨海新区为例》,《地域研究与开发》2014年第4期。
⑤ 吴窍、仲伟周:《城市新区:演进、问题与对策》,《青海社会科学》2018年第2期。

城新区空间集聚程度偏低,政策、资源浪费严重。①②

(三)产城融合不足

我国新城新区和经济功能区建设多以生产型为导向,人居环境品质和商贸服务设施用地比例较低,公用服务资源和公共基础设施数量及质量不足,生产、居住与商业不匹配等问题突出③,居住与产业组团更多是空间上的并置,而非功能上的真正融合。刘荣增和王淑华认为,我国新城新区公共服务设施匮乏,城市基本功能薄弱,职住分离和住房空置现象严重,进驻产业脱离当地实际,产城互动不够,新老城区功能难以互补和融合。④ 以上海市为例,人口在向近郊蔓延的同时,就业岗位仍主要集聚在中心城区,新城人口的居住地点与就业地点之间匹配度较低。⑤

(四)社会矛盾和社会冲突增加

新城新区建设初期,在公共服务、基础设施和社会保障等方面均不及中心城区,使得原城区居民不愿跟随单位迁入新城新区,而迁入企业引发的经济活动对外来人口产生集聚效应,致使"城市病"加剧。⑥ 同时,新城新区建设伴随着征地和拆迁,原住居民的人力资本水平与新区就业岗位的需求存在差距,而入驻产业又会

---

① 王振坡、游斌、王丽艳:《基于精明增长的城市新区空间结构优化研究——以天津市滨海新区为例》,《地域研究与开发》2014年第4期。
② 常晨、陆铭:《新城之殇——密度、距离与债务》,《经济学》(季刊)2017年第4期。
③ 荆锐、陈江龙、田柳:《国家级新区发展异质性及驱动机制研究——以上海浦东新区和南京江北新区为例》,《长江流域资源与环境》2016年第6期。
④ 刘荣增、王淑华:《城市新区的产城融合》,《城市问题》2013年第6期。
⑤ 林华、朱春节:《走向可持续发展的城市空间结构——以上海为例》,载中国城市规划学会编:《多元与包容:2012中国城市规划年会论文集》,云南科技出版社,2012年,第214—230页。
⑥ 薄文广、陈飞:《京津冀协同发展:挑战与困境》,《南开学报》(哲学社会科学版)2015年第1期。

冲击原有产业,这导致当地居民面临结构性失业的风险,社会矛盾增加。① 与大规模的新城运动相伴随的是撤县设区、村改居和农村居民点调整,这加速了资源向新城的集聚,导致了"城进村衰"等问题。② 缺乏科学规划和政策制度调控,还引发了诸如强拆、"农民上楼"、"半城市化"等严重的社会问题③,而居住群体的高混杂性所导致的社会融合问题也备受关注。④ 此外,受国家级新区等国家战略影响,新城新区发展定位和空间组织不断高端化、精英化和国际社区化,这虽在一定程度上缓解了治理隐患,但也挤压了外来务工人员的生存空间,社会融合与市民化问题受到忽视。⑤

（五）管理体制失灵

新城新区建设涉及不同层级与类型的政府和其他相关利益主体关系的处理,本质上是区域治理问题。⑥ 新城新区的治理困境反映了多元利益主体对城市边缘发展空间的不同利益诉求与冲突,而行政分割、各自为政和多头管理更是加剧了新城新区治理的碎片化。为此,政府通过行政区划调整、经济功能区与行政区领导互相兼任、政区合一等方式,来完善新城新区行政管理机制⑦,但

---

① 吴穹、仲伟周:《城市新区:演进、问题与对策》,《青海社会科学》2018年第2期。
② George Chusheng Lin, "Scaling-up Regional Development in Globalizing China: Local Capital Accumulation, Land-Center Politics, and Reproduction of Space", *Regional Studies*, 2009(43), pp. 429-447.
③ 刘士林、刘新静、盛蓉:《中国新城新区发展研究》,《江南大学学报》(人文社会科学版)2013年第4期。
④ 沈洁、罗翔:《郊区新城的社会空间融合:进展综述与研究框架》,《城市发展研究》2015年第10期。
⑤ 吴义士、李禕:《改革开放四十年的城市新区发展及转型展望——基于城乡土地制度演进的视角》,《现代城市研究》2018年第4期。
⑥ Huang Xianjin, Yi Li and Lain Hay, "Polycentric City-Regions in the State-Scalar Politics of Land Development: The Case of China", *Land Use Policy*, 2016(59), pp. 168-175.
⑦ 肖菲、殷洁、罗小龙等:《国家级新区发展与管治模式研究》,《现代城市研究》2017年第7期。

这种特定的治理权力结构在一定程度上也导致征地拆迁纠纷,激化了社会矛盾。① 同时,新城新区缺乏详细的管理条例和退出机制,管理政策的针对性和实施性、监管力度、反馈机制和"纠错"制度均较薄弱,仍存在着法律地位不明确、管理权限范围模糊、行政关系不顺畅、经验行政和人治行政等问题②,这导致实施效果与政策意图相左,大量违规操作未得到及时发现和有效处理。③ 总的来看,我国新城新区管理体制主要面临三个矛盾:新城新区与原有行政区划之间的矛盾、内部功能区与行政区之间的矛盾,以及经济职能与社会职能之间的矛盾。④

三、新城新区和经济功能区发展和治理的实践

新城新区和经济功能区建设带动了城市区域空间形态和城乡经济社会生活形态的变化。有效地推动新城新区发展治理是更好推动我国城镇化发展的内在需要,这要求对新城新区建设应综合利用空间规划、人口、土地和产业政策、改革管理体系等综合的制度和政策工具。

(一) 新城新区的空间规划

新城新区推动了特大城市空间形态的演变。一般来说,若距离较近,新城与母城之间又没有天然屏障的相隔,则随着母城的圈

---

① George Chusheng Lin, "Scaling-Up Regional Development in Globalizing China: Local Capital Accumulation, Land-Center Politics, and Reproduction of Space", *Regional Studies*, 2009(43), pp.429-447.
② 朱孟珏、周春山:《我国城市新区开发的管理模式与空间组织研究》,《热带地理》2013年第1期。
③ 武敏、彭小雷、叶成康等:《国家治理视角下我国新城新区发展历程研究》,《城市规划学刊》2020年第6期。
④ 郝寿义、曹清峰:《论国家级新区》,《贵州社会科学》2016年第2期。

层式蔓延,新城很容易并入母城。"摊大饼"的城市规划具有较为突出的弊端,多中心的新城新区规划,则需要新城成为具有疏解功能的"反磁力"中心。孙斌栋等对中国特大城市的多中心结构进行了实证研究,发现这种多中心的集聚可以减少单中心集聚的负外部性,从而带来更高的经济绩效。①

较远地区便宜的地价使新城建设更易收支平衡。② 然而,新城新区离母城的距离也不宜过远,过远既不利于中心城区的疏解,同时某些城市的经济实力也支撑不了这种远距离的新城建设。王颖等对伦敦、巴黎、首尔等五个国际上的特大城市进行了研究,发现这些城市的新城新区距离主城区普遍具有 30—50 千米。③ 朱孟珏和周春山对中国 800 多个城市新区进行了汇总研究,发现特大城市的新城普遍采用的是跳跃式建设,与主城区距离都在 20 千米以上。④ 谈明洪和李秀彬认为,北京、上海的新城新区离主城区的距离不宜过近。综合以上文献来看,对于我国特大城市的新城新区来说,距离主城区 30 千米以上、50 千米以内是比较合适的。

对于新城新区的发展规划来说,立足于精明增长理念和集约型城市空间增长模式,"大规划,小开发"是影响最广泛的理念之一。新城新区在促进城市经济社会发展的同时,也导致了空间增长过度和无序蔓延等问题,未来新城新区将更加注重精明增长,向紧凑和集约新城转型。应发挥城市空间相互作用的正效应,通过适度高密度土地开发和多功能混合使用来提高土地利用效率,构建紧凑型城市空间。常晨和陆铭的实证研究表明,对于大城市来

---

① 孙斌栋、王旭辉、蔡寅寅:《特大城市多中心空间结构的经济绩效——中国实证研究》,《城市规划》2015 年第 8 期。
② 谈明洪、李秀彬:《伦敦都市区新城发展及其对我国城市发展的启示》,《经济地理》2010 年第 11 期。
③ 王颖、孙斌栋、胥建华:《探索国内外五个特大城市新城发展共性,引导上海新城建设》,《上海城市规划》2012 年第 3 期。
④ 朱孟珏、周春山:《我国城市新区开发的管理模式与空间组织研究》,《热带地理》2013 年第 1 期。

说,建设密度越高,地方政府的负债率越低。从其他国际新城的经验上来看,低密度开发的模式使得以密尔顿·凯恩斯(Milton Keynes)为代表的英国新城的居民面临诸多不便。① 一面是集约紧凑型开发的优势,另一面是特大城市土地资源稀缺的事实。因此,我国特大城市新城新区采取精明增长的建设方式很有必要。王振坡等基于天津滨海新区存在的集聚水平低等空间结构问题,提出居住和产业混合布局、提高土地利用率等体现精明增长思想的优化举措。② 鲁晓军等一方面提出新城新区要通过增加支路网密度、注重节约等方式精明增长;另一方面提出紧凑不代表拥挤,完全可以通过垂直绿化、立体步道等方式在紧凑新城中营造宜居环境。③

职住平衡是学者最为关注的规划目标之一。在我国特大城市,例如北京市、武汉市、上海市,新城新区都面临着职住失衡的问题。④ 实现职住平衡的解决办法主要有三种。第一,也是最基础最重要的,就是要实现产城融合。只有新城新区的制造业和服务业发达了,可以提供数量和结构上都和住户相符合的就业岗位,才有可能实现大多数人的区内通勤。第二,要完善新城新区的社会管理服务、生活配套设施、公共基础设施,让新城新区成为多功能中心。赵倩羽等从社区服务、出行条件、住房条件等方面对北京经

---

① 谢鹏飞:《伦敦新城规划建设的经验教训和对北京的启示》,《经济地理》2010年第1期。
② 王振坡、游斌、王丽艳:《基于精明增长的城市新区空间结构优化研究——以天津市滨海新区为例》,《地域研究与开发》2014年第4期。
③ 鲁晓军、门坤玲、翁一峰:《新城区建设的空间尺度问题与改进策略刍议》,《城市规划》2015年第4期。
④ 陈明鑫、马利华:《特大城市郊区新城建设的比较及启示——基于杭州的思考》,《浙江树人大学学报》(人文社会科学)2021年第5期;董莹:《基于多中心城市空间结构的武汉市就业-居住关系研究》,华中师范大学人文地理学专业博士学位论文,2019年,第3—4页;刘思涵:《功能联系视角下上海市多中心城市空间结构》,载中国城市规划学会编:《面向高质量发展的空间治理:2020中国城市规划年会论文集》,中国建筑工业出版社,2021年,第186—192页。

济技术开发区的各个生活圈进行了评价,提出在特大城市新城新区内也要建设"十五分钟生活圈"①。王颖等提出要积极引导优质学校、医院等资源向新城集聚,并考虑在新城承办重大项目和重大事件。② 沈洁和罗翔从社会空间融合的角度,提出通过完善交通体系、社区建设、配套设施来使新城更具吸引力。③ 吴启焰和陈浩提到,要增强新城内社区的服务能力和凝聚力,以使居民更有归属感。④ 第三,加大符合新城人口需求的住宅的开发力度。新加坡的新城吸纳了约80%的人口,很大程度上得益于政府大力建设可以满足低收入人群需求的公共住房。⑤ 郑国根据我国开发区存在的职住分离问题,提出开发住宅档次应符合就业人群需求,同时也要开发一些拎包入住的可租公寓。⑥ 谢鹏飞提出,可以通过住房补贴、大力开放租赁性住宅等方式吸引人口迁入。⑦

目前,学界所探讨的职住平衡概念多局限在新城新区这一行政区域内,未突破地理的界限,因此,有学者提出了一些新的看法。杨明等提出,职住平衡的研究应从时空角度入手,若有大容量且快速的交通系统,可以把空间上相隔较远的"睡城"和产业城在时间上拉近,这也可以被视作一种广义上的职住平衡,因此,可以根据

---

① 赵倩羽、任利剑、周千均:《北京经济技术开发区一刻钟生活圈规划研究》,载中国城市规划学会编:《面向高质量发展的空间治理:2020中国城市规划年会论文集》,2021年,第202—221页。

② 王颖、孙斌栋、胥建华:《探索国内外五个特大城市新城发展共性,引导上海新城建设》,《上海城市规划》2012年第3期。

③ 沈洁、罗翔:《郊区新城的社会空间融合:进展综述与研究框架》,《城市发展研究》2015年第10期。

④ 吴启焰、陈浩:《沿海大城市新城新区的发展路径探析》,《国家治理》2019年第1期。

⑤ 李道勇、运迎霞、董艳霞:《轨道交通导向的大都市区空间整合与新城发展——新加坡相关建设经验与启示》,《城市发展研究》2013年第6期。

⑥ 郑国:《中国开发区发展与城市空间重构:意义与历程》,《现代城市研究》2011年第5期。

⑦ 谢鹏飞:《伦敦新城规划建设的经验教训和对北京的启示》,《经济地理》2010年第1期。

交通廊道的合理间隔设置不同功能的新城,以实现时空职住平衡的目的。① 刘李红提出,特大城市的职住时空平衡指的是,通过完善的轨道交通系统的时空转化能力,居民可以在通勤时间预算约束内完成通勤,积极发挥轨道交通系统对实现特大城市新城新区职住时空平衡的引导作用。② 陈小鸿等对上海五大新城的交通系统展开了研究,提出加强新城与主城区以及新城之间的快捷的、大容量的交通联系,提升新城交通枢纽的功能性和公共交通品质等发展策略。③ 周艺怡等提出,在天津滨海新区尽快布置轨道交通系统并提高站点周围的土地利用率,用 BRT(Bus Rapid Transit,指快速公交系统)作为轨道交通的补充,并构造市内、新区各功能区之间、各功能区之内的三层交通枢纽。④

新城新区的规划目标还集中在文化繁荣、生态良好、交通通达等方面。徐静等提出,规划过程中体现新城新区特色,既要彰显传统文化又要培育现代文化,避免简单复制粘贴其他新城的规划。⑤ 不能一提新城建设,就大搞制造业和服务业,类似于苏州这种历史悠久的城市,新城可以发挥文化发展优势,打造文化名城。⑥ 鲁晓军等提出,要在规划中预留土地用作绿化,打造生态宜居型新城。⑦

---

① 杨明、王吉力、伍毅敏等:《边缘城镇崛起下的特大城市职住梯度平衡研究——以北京为例》,《城市发展研究》2019 年第 10 期。
② 刘李红:《轨道通勤系统对特大城市职住时空平衡的影响研究》,北京交通大学应用经济学专业博士学位论文,2019 年,第 3—4 页。
③ 陈小鸿、刘翔、陆凤等:《新之城与城之新:上海新城与新城交通的思考》,《上海城市规划》2021 年第 4 期。
④ 周艺怡、范小勇、沈佶:《天津滨海新区多中心空间发展模式初探》,《城市》2009 年第 10 期。
⑤ 徐静、汤爽爽、黄贤金:《我国国家级城市新区的规划导向及启示》,《现代城市研究》2015 年第 2 期。
⑥ 刘士林、刘新静、孔铎等:《2015 中国大都市新城新区发展报告》,《中国名城》2016 年第 1 期。
⑦ 鲁晓军、门坤玲、翁一峰:《新城区建设的空间尺度问题与改进策略刍议》,《城市规划》2015 年第 4 期。

(二) 新城新区的产业发展和产业政策

产业政策的制定要明确新城新区的功能定位以及产业选择，而功能定位以及产业选择受自身发展阶段以及母城的经济基础、实力地位、历史文化等多方面因素影响。一些学者选择用量化的方式来选择适合新城新区的产业[1]，也有学者提出应该根据新城新区及功能区的发展阶段开展产业选择。王慧提出，在开发区的成长期，得益于优惠政策以及外来投资的大力支持，一般更适合发展高新技术产业；而当开发区处于成熟期时，也要开始承担一些主城区疏解过来的产业。[2]

产业政策的制定和完善要围绕产城高度融合的目标，而产城高度融合包含人本导向、功能融合、结构匹配三重内涵。[3] 新城新区建设应以产业发展为支撑，与人口和产业的增长潜力相结合，增强对低技能人口和产业的包容性，实现产城融合发展。[4] 在综合考量经济创造力、社会支撑力和环境承载力的基础上，合理规划新城新区建设，借助比较优势发展特色产业，实现新老城区、新新城区之间错位发展。产业的引进和升级应符合新城新区发展实际，强化新区有机成长和功能用地的适度混合使用，同时，积极培育社会建设多元主体，构建体系化的公共等级服务网络。[5] 此外，应积极培育新城服务业和产业集群，尽快形成综合性城市功能。

产业政策的制定还要注重发展的质量和可持续性。张晓平将

---

[1] 方茜、盛毅、魏良益：《城市新区主导产业选择的理论分析框架与实际应用——以天府新区成都片区为例》，《经济体制改革》2017年第1期。
[2] 王慧：《开发区与城市相互关系的内在肌理及空间效应》，《城市规划》2003年第3期。
[3] 李文彬、陈浩：《产城融合内涵解析与规划建议》，《城市规划学刊》2012年第1期。
[4] 姚莲芳：《新城新区产城融合体制机制改革与创新的思考》，《改革与战略》2016年第7期。
[5] 刘荣增、王淑华：《城市新区的产城融合》，《城市问题》2013年第6期。

开发区发展的动力机制总结为四种:政策作用力、外部作用力、市场作用力和学习创新能力。① 对于国家级新区和某些经济功能区,其早期的发展可能更依靠于国家、地方政府的相关政策激励,然而这种制度红利会随着时间的推移逐渐弱化。新城新区要想拥有产业上持久的竞争力,需要培育自身的学习能力,成为创新引领的领头羊。需要通过政策引领,大力发展先进制造业,大力推动科技研发以及科研成果落地,让创新真正成为驱动新城新区经济持续增长的引擎。杨东峰和刘正莹提出新区内部产业一体化,以及新区内不同功能区要实现协调发展。② 范巧和郭爱君提出制定产业政策应避免不同功能区享有不同优惠政策而导致恶性竞争的问题。③

(三)新城新区的人口发展和人口政策

由于特大城市有丰富的就业机会、基础设施、医疗及教育资源,中心城区人口密度往往过高,带来交通拥堵、资源紧张、环境污染等一系列问题。新城新区建设的一个重要目的就是降低中心城区的人口密度,缓解中心城区人口过于集聚带来的一系列负外部性。

然而,从我国特大城市新城新区的人口集聚来看,普遍存在人口数量不及规划的情况。④ 例如,上海市五大新城在规划之时就提出了每平方千米1.2万人的目标,然而,即使到2035年年末,各新城人口密度恐怕也是远达不到规划的目标。⑤ 新城新区相对来

---

① 张晓平:《我国经济技术开发区的发展特征及动力机制》,《地理研究》2002年第5期。
② 杨东峰、刘正莹:《中国30年来新区发展历程回顾与机制探析》,《国际城市规划》2017年第2期。
③ 范巧、郭爱君:《中国新城新区建设中的体制机制改革模式研究——基于对重庆市九龙坡区西部新城体制机制改革的应用性设计》,《经济体制改革》2012年第3期。
④ 吴启焰、陈浩:《沿海大城市新城新区的发展路径探析》,《国家治理》2019年第1期。
⑤ 朱建江:《上海市域人口分布优化和差别化人口政策研究》,《上海经济研究》2022年第2期。

说,需要鼓励人口导入和集聚的人口政策。

目前,各特大城市的"人才争夺战"升级,各新城新区也从落户、住房、税收等方面制定优惠政策,以期吸引和留住更多的人才。例如,持有境外高水平大学学历的紧缺专业毕业生连续缴纳半年社保即可落户上海市五大新城,武汉市东湖高新区推出包含免费住房、创新资金支持、子女学费补贴等"人才11条"等。针对各新城新区大力推出政策吸引人才但严格限制人口总数的做法,任远提出,新城不应仅给予那些具有高学历的"人才"以优惠政策,而应向一切城市发展所需要的人口敞开门,实现人口政策和人才政策的协调统一。①

彭冲和陆铭提出,特大城市新城新区应增强对低技能劳动力和外来人口的包容性和公共服务供给。② 朱建江提出,在上海市五大新城实行与城区、其他郊区不同的差异化人口政策,让外省市来沪人口同等享受这些政策,以促进外来人口向五大新城集聚;同时要对这几个新城进行规划更新,提高建筑和人口密度。需要注意的是,新城新区中集聚的人口应该由两部分组成:一是对中心城区人口的疏解;二是对外来人口的截流。上述政策多面向地截流外来人口,但实际上无论是国际上还是国内的特大城市新城新区对主城人口的疏解作用都不太理想。③④⑤ 为更多承担疏解中心城人口的任务,除了一些直接吸引人口的优惠政策外,还需要有通

---

① 任远:《特大城市新城发展与人口管理体制完善》,《上海城市管理》2022年第2期。
② 彭冲、陆铭:《从新城看治理:增长目标短期化下的建城热潮及后果》,《管理世界》2019年第8期。
③ 段瑜卓、钱川:《对新城疏解人口效果的评估框架初探——基于理论综述的创新解读》,载中国城市规划学会编:《城乡治理与规划改革:2014中国城市规划年会论文集》,中国建筑工业出版社,2014年,第1177—1185页。
④ 肖周燕、王庆娟:《我国特大城市的功能布局与人口疏解研究——以北京为例》,《人口学刊》2015年第1期。
⑤ 吴菁妍:《人口疏解视角下的武汉都市区新城发展评估》,载中国城市规划学会编:《持续发展 理性规划:2017中国城市规划年会论文集》,中国建筑工业出版社,2017年,第110—125页。

达的交通系统可以承担人口疏解的任务,制定相关政策重点发展新城新区支柱产业①,从推拉理论入手制定吸引主城区人口迁入的对策(如积极完善新城的基础设施和生态状况)。② 总的来说,一方面,新城新区要积极制定优惠的人口政策吸引更多的人迁入;另一方面,人口政策的实施效果好坏也依赖于新城新区自身的产业及配套设施情况。事实上,只有培育产城融合、交通便捷的综合功能新城,才是调控特大城市人口的治本之策。③

(四)新城新区的土地资源合理配置

当前,新城新区在建设过程中大都采用"以地谋发展"的模式,地方政府通过征收农民土地进行出让或者抵押的方式,以获取资金进行后续基础设施的建设。一方面,这种发展模式可能会带来土地的粗放使用以及新城新区的无序扩张;另一方面,地方政府大举发行城投债进行融资以投资新城建设,又通过征收出让土地获得出让金来偿还债务,土地出让收入经常资不抵债,并且对新城的这些投资经常会因为后续人口集聚不够而收不到预期回报④,土地财政这一链条实际上非常脆弱。我们认为,土地政策的改革研究应该聚焦两个方向:一是如何更合理地配置土地资源,实现新城新区集约发展;二是如何使地方政府摆脱目前对土地财政的严重依赖。

在中国现行的土地制度下,在新城建设过程中,地方政府只需要补偿土地所有者很少的金额,但土地开发后,地方政府却可以获

---

① 肖周燕、王庆娟:《我国特大城市的功能布局与人口疏解研究——以北京为例》,《人口学刊》2015年第1期。
② 段瑜卓、钱川:《对新城疏解人口效果的评估框架初探——基于理论综述的创新解读》,载中国城市规划学会编:《城乡治理与规划改革:2014中国城市规划年会论文集》,中国建筑工业出版社,2014年,第1182页。
③ 刘锋、黄润龙、丁金宏等:《特大城市如何调控人口规模?》,《人口研究》2011年第1期。
④ 彭冲、陆铭:《从新城看治理:增长目标短期化下的建城热潮及后果》,《管理世界》2019年第8期。

得很高的价值。因此,地方政府倾向于大规模征收土地,并造成了土地低密度开发等问题。鉴于此,有必要结合城市发展实际和禀赋条件,在满足国家政策定位和经济社会有序发展的前提下,科学制定用地规划,把握土地供需平衡,以价格机制为基础配置土地,对土地政策朝着加强土地产权的方向进行改革,并在征收补偿的过程中更准确地评估土地价值。① 彭冲和陆铭提到,要提高新城建设的合理性、合法性、经济性和连续性,建立严控城市盲目投资和新城建设的财政约束机制,将建设用地指标等资源配置到回报率高、人口净流入的地区和部门,实现用地指标和人口流向的联动,减少资源错配。鲁晓军等以及吴启焰和陈浩都提到,对于土地资源应控制增量,梳理存量,实现已批未建或者低效利用的土地的盘活。② 赵雲泰等指出,在土地征收的过程中,要将农民的回迁安置、后续就业等问题纳入需要考虑的范畴,避免新城新区过快扩张而损害农民合法权益。③ 新城新区内土地如何配置也是应该考虑的问题之一。常晨和陆铭提出,土地的配置应该由政府与市场共同完成,政府主要负责公园等具有公共产品性质用地的规划,以及通过征税的方式将一些污染类用地的负外部性内部化;其他用途用地的配置则交由市场机制来完成。④ 针对土地财政可能带来的债务风险,鲁晓军等提出,新城新区要控制土地开发节奏,根据初期投入产出回报来决定后续的开发;同时,中央可以考虑上收地方政府部分经营土地的权力。杜浩提出,通过土地滚动开发的方式

---

① 常晨、陆铭:《新城之殇——密度、距离与债务》,《经济学》(季刊)2017年第4期。
② 鲁晓军、门坤玲、翁一峰:《新城区建设的空间尺度问题与改进策略刍议》,《城市规划》2015年第4期;吴启焰、陈浩:《沿海大城市新城新区的发展路径探析》,《国家治理》2019年第1期。
③ 赵雲泰、张晓玲、杜官印等:《我国城市新区发展态势及其土地利用管理问题研究》,《国土资源情报》2015年第11期。
④ 常晨、陆铭:《新城:造城运动为何引向债务负担》,《学术月刊》2017年第10期。

实现资金回笼,而要避免一次性过度铺开建设。① 徐静等建议,土地的开发应朝着"慢节奏、高质量、有目的"的长期可持续方向发展。② 受城乡土地制度改革和新增建设用地增量控制政策的影响,城乡建设用地置换将成为我国新城新区建设的主要土地供应模式③,未来改革方向强调按市场价格交易结余周转指标,并通过征地制度改革、土地流转、农村土地产权交易试点、现代农业等配套措施解决农民的可持续生计问题。

(五)新城新区的管理体制

目前,我国新城新区和经济功能区的管理体制可分为三种。第一种为市场化的管理体制,通常由开发建设指挥部/领导小组和城投公司组成,且指挥部/领导小组的领导由地方政府或党委领导兼任。市场化管理模式在我国服务型新区中尤为常见,具有规模小但协调组织力度大的优势,缺点是运行效率往往很低,并且权力有限。④ 第二种管理体制为管委会(全称为"管理委员会")型,也是我国目前新城新区使用最多的一种管理体制。管委会模式的优点在于行政效率高,同时,在经济建设上有一定的政策和制度自主性,然而,这种模式也有法律地位含糊⑤、可提供的社会管理和公共服务有限⑥、

---

① 杜浩:《国内新城规划治理模式的构建研究——基于国际案例的比较分析》,载中国城市规划学会编:《城乡治理与规划改革:2014中国城市规划年会论文集》,中国建筑工业出版社,2014年,第786—794页。
② 徐静、汤爽爽、黄贤金:《我国国家级城市新区的规划导向及启示》,《现代城市研究》2015年第2期。
③ 吴义士、李禕:《改革开放四十年的城市新区发展及转型展望——基于城乡土地制度演进的视角》,《现代城市研究》2018年第4期。
④ 朱孟珏、周春山:《我国城市新区开发的管理模式与空间组织研究》,《热带地理》2013年第1期。
⑤ 杨龙、王朦:《经济功能区的体制困境与转型模式选择》,《国家行政学院学报》2014年第5期。
⑥ 杨文彬:《论我国经济功能区协同治理模式的构建》,《天津行政学院学报》2016年第1期。

风险与事权不匹配导致的管理效率低下等问题。① 第三种管理体制为政区合一型,其包含两种模式:一种是同时保留经济功能区和行政区但合并运行,也就是常说的"一套班子、两块牌子",如苏州高新区等;另一种即完全撤销管委会,而由建制政府统一同时行使行政区和经济区的职能,如上海浦东新区、天津滨海新区。

有不少学者针对这种政区合一的形式进行了评价。杨龙和王朦认为,政区合一解决了管委会的法律地位问题,同时,也避免了经济区与行政区之间的职权不清,但失去了管委会体制灵活、迅速的效率优势。杨文彬认为,政区合一政府的优点在于可以满足大量的社会管理需求,但有时政府会面临重社会管理而轻经济建设的认知困境。同时,建制政府没有了经济功能区特殊的行政体制优势,而与普通行政区一样接受条条框框的约束,也是一种体制复归。倪星和梁剑辉从两种角度对政区合一进行了评价:从城镇化的角度来看,政区合一的形式满足了产城融合对政府提供更多公共服务、社会管理服务的要求;从发展型国家的角度来看,政区合一的转型虽然代表中央对地方的分权和政策激励的收紧,但这种表面上的体制复归也是一种驱动新城新区发展转型的制度创新。②

综合来说,新城新区应根据其所承担的具体战略定位、区域政策、发展阶段、自身规模、独立性和母城经济水平等,来选择合适的管理体制和治理模式。③ 特大城市新城新区管理体制如何完善这一问题,需要结合目前管理体制的问题对症下药。周子航等针对南京江北新区管委会风险—事权错配的问题,提出科层上级政府

---

① 周子航、张京祥、杨洁莹:《风险政治学视角下的国家级新区治理格局检视——以南京江北新区为例》,《国际城市规划》2022年第3期。

② 倪星、梁剑辉:《中国经济功能区在走向体制复归吗——基于发展型国家和城镇化两种视角的分析》,《学术研究》2019年第8期。

③ 朱孟珏、周春山:《我国城市新区开发的管理模式与空间组织研究》,《热带地理》2013年第1期。

应在直接管辖区域内赋予管委会完全的事权以进行发展,但在域外同时移除管委会的事权和需承担的风险。① 范巧和郭爱君提出,采取"大管委会"模式来解决重庆西部新城各园区之间、园区与属地政府之间的矛盾。② 由于市场化管理体制在经济功能区发展到一定阶段后都会转为管委会模式,新城新区管理体制目前面临的转型问题大多为是否该由管委会体制转为政区合一。向欢提出,只有当经济功能区已经发展完善并迫切需要管理体制改革、行政区有经济承受能力并面临创新转型时,才可以谨慎地考虑体制转变问题。③

从深层次来看,管理体制问题源于各项事权的不合理分配,创新治理模式要探索各种权力在中央政府、地方政府、管委会、企业以及社会等不同治理主体之间的重新分配。近些年,越来越多的学者开始用西方尺度理论来探讨中国城市的区域治理。④ 尺度重构作为一种工具,代表了行政权力在中央以及地方政府之间的重新分配,而国家级新区作为一种刚性的尺度重构工具,其实是中央政府将制度创新、灵活调动要素发展经济的部分权力返还给地方,体现了向地方分权的思想。新城新区要理顺与主城间的关系,实现以新城管理机构为主导、上级政府监督的新城管理模式,同时,明确各相关主体的权利和义务,并设立专门职能机构统筹协调。晁恒等认为,国家级新区作为一种区域空间生产策略,治理模式既要向具有发展自主性的方向创新,也要扁平化,实现企业参与,避

---

① 周子航、张京祥、杨洁莹:《风险政治学视角下的国家级新区治理格局检视——以南京江北新区为例》,《国际城市规划》2022 年第 3 期。
② 范巧、郭爱君:《中国新城新区建设中的体制机制改革模式研究——基于对重庆市九龙坡区西部新城体制机制改革的应用性设计》,《经济体制改革》2012 年第 3 期。
③ 向欢:《我国经济功能区"政区合一"改革:现状、问题与路径优化》,湖北大学行政管理专业硕士学位论文,2019 年,第 36 页。
④ 张衔春、胡国华、单卓然等:《中国城市区域治理的尺度重构与尺度政治》,《地理科学》2021 年第 1 期。

免治理完全由政府主导。① 顾朝林提出了"公司型政府""企业型政府"等创新治理模式,涉及政府与企业、政府与指挥部、政府与民间的分权。政府大力简政放权,不同的主体通过分权关系组成了创新的治理联盟,最终达到从传统的行政管理走向分权的善治之路。② 杨文彬提出,要制定相关法律法规,构建政府、企业、高校等不同社会主体对经济功能区的协同治理体系。③ 刘士林等认为,应建立健全公众参与机制,在管理制度建设上努力提升公众参与度。④

新城新区和经济功能区作为改革开放以来一种重要的空间现象,推动了我国的工业化和城镇化进程,在促进地区经济发展、拓展城市空间、完善城市功能和缓解"城市病"等方面发挥了重要作用。随着我国社会经济进入高质量发展阶段,未来新城新区和经济功能区在推动改革开放深入深化、发展模式转型优化、政策制度创新完善等方面的作用将更加显著。为了积极应对新城新区发展过程中地方政府债务、"城市病"、土地资源配置不合理、社会功能发育不足等诸多问题以及促进产城融合发展,新城新区和经济功能区建设需要通过丰富的制度建设和政策工具利用,完善新城和城市的治理体制,化解新城新区发展中的各种风险,促进新城新区的良好运行,推动城镇化的健康发展。

[本文系教育部哲学社会科学研究重大课题攻关项目"新时代特大城市管理创新机制研究"(项目编号:20JZD030)的阶段性成果。]

---

① 晁恒、马学广、李贵才:《尺度重构视角下国家战略区域的空间生产策略——基于国家级新区的探讨》,《经济地理》2015年第5期。
② 顾朝林:《基于地方分权的城市治理模式研究——以新城新区为例》,《城市发展研究》2017年第2期。
③ 杨文彬:《论我国经济功能区协同治理模式的构建》,《天津行政学院学报》2016年第1期。
④ 刘士林、刘新静、孔铎等:《2015中国大都市新城新区发展报告》,《中国名城》2016年第1期。

张力治理:特殊经济功能区空间治理的一个阐释性概念
——基于4个国家级经济开发区的分析

高恩新*　李佳丽**

[内容摘要]　特殊经济功能区是中国建设开放型经济新体制的战略载体。本文运用案例研究法,将时间线嵌入4个国家级开发区治理体系转型的过程,揭示多维张力驱动下特殊经济功能区空间治理转型的逻辑。作为央地共意生产结果和中央部委的政策飞地,特殊功能区空间治理蕴含纵向授权放权、横向财权事权配置的多重张力。在多重张力驱动下,特殊经济功能区空间治理体系遵循形象建设与功能建设的战略迭代、组织脱嵌与层级嵌入的虚实更替、行政借力与战略加持的尺度赋能三种演化逻辑,是空间治理体系对多维张力的调适性反馈结果。张力驱动的特殊经济功能区空间治理,超越了纵向权力配置集放循环、条块强弱互调、上下分治等传统国家治理机制,以纵向层级授权放权和横向财权事权优化配置并联结构塑造了空间治理的自主性、专门性和有效性。张力驱动的特殊经济功能区空间治理凸显了当代中国国家治理体系的灵活性和高绩效特征,为当代中国央地关系变化、经济增长奇迹和行政体制改革提供了一种新的理论阐释视角。

[关键词]　特殊经济功能区;共意生产;政策飞地;张力治理

---

*　高恩新,华东师范大学公共管理学院教授、博士生导师。
**　李佳丽,华东师范大学公共管理学院硕士研究生。

一、文献回顾与问题提出

央地关系是一个国家的基础性制度安排,央地关系的合理性、协调性和适应性直接决定了一个国家经济发展、社会管理和政治系统的运行绩效。在央地关系结构中,作为国家利益代表者的中央政府注重政治秩序和整体性利益,作为治理单元的地方政府注重自主空间和区域性利益。目标差异导致央地关系本身就蕴含着秩序与活力的矛盾:追求政治秩序和国家整体性利益必然抑制地方活力,赋予地方更大的活力就可能损害国家政治秩序和整体性利益。如何统筹平衡整体秩序与地方活力,充分发挥"两个积极性"就成为中国国家治理的核心命题。

(一) 文献回顾

1. 央地关系是中国国家治理的核心议题

央地关系的本质是国家权力纵向配置。在"一统体制"下,作为国家象征的中央政府具备足够的资源和能力保卫疆域、实施法律和维持社会秩序。但是,"一统体制"也存在中央政府执政能力弱化和地方分离主义的政治风险。[①] 中央政府具有权力配置的主导性优势,通过周期性调整纵向权力配置以及"统"与"治"上下分离平衡国家政治风险和有效治理需求。[②] 在"上下分治"的国家治理结构中,纵向政府间分权、授权赋予地方政府极大的灵活性,各地方政府只要不违背中央政府所定的大政方针,均可因地制宜地行使治事权、治民权,从而降低分散执政风险、自发调节国家集权

[①] 周雪光:《中国国家治理及其模式:一个整体性视角》,《学术月刊》2014年第10期。

[②] 曹正汉:《纵向约束体制:论中国历史上一种思想模型》,《社会》2021年第4期。

程度,实现国家治理高效运行的目标。① 纵向政府间权力周期性调整机制在央地之间保持适度张力,有助于发挥中央与地方"两个积极性",保证从政策制定到政策执行全过程的高度有效性。②

2. 当代中国央地事权优化配置的多元机制

新中国成立以来,中国的央地关系始终处在调整优化过程中,从计划经济时期的高度集权和"放权—收权"循环,到改革开放后中央向地方政府和企业放权,再到新时代央地权责划分的制度化和法制化,探索出具有中国特色的纵向政府间权力调整的多元化机制。通过"政治集权-经济放权"的制度安排,央地之间权力配置呈现财政联邦主义特征,地方政府被赋予极大的经济发展自主权,这是理解中国改革开放以来经济增长奇迹的关键。③ 中央政府运用"分散烧锅炉"的原理,通过实验主义治理让地方开展不同的探索,呈现央地政府频繁互动、试验与自我纠偏、分权—集权转化的特点。④ 中央不再单向度向下授权、放权或者集权、收权,而是呈现部分权力下放、部分权力上收同时发生的双向过程,在政治统一与政治统摄之间达成实践性平衡。⑤ 为防范地方主义风险,中央通过模糊性治理实现治理下行、权威上行,通过政党建设约束地方分离主义风险,通过中间层级政府的差异性互惠缓冲改革和开放风险,通过领导小组体制实现统筹协调与监督控制,使得当代中国的央地关系治理呈现全新的适应力。

---

① 曹正汉:《中国上下分治的治理体制及其稳定机制》,《社会学研究》2011年第1期。
② 郭道久、吴涵博:《保持适度张力与发挥两个积极性:疫情防控中的央地关系剖析》,《河南社会科学》2020年第11期。
③ 吕冰洋、贺颖:《中国特色财政激励体制:基于统一市场的视角》,《中国社会科学》2022年第4期。
④ 王延安、宋斌斌、章文光:《基于央地关系的中国创新治理政策过程研究》,《新视野》2021年第4期。
⑤ 桂华:《论央地关系的实践性平衡——结合两项土地制度的分析》,《开放时代》2022年第5期。

3. 特殊经济功能区建设是纵向放权改革的空间载体

除了纵向政府间权力配置周期性、适应性调整机制之外，设置跨越行政层级的特殊经济功能区是中国国家治理的创新性实践。特殊经济功能区是作为国家代表的中央政府运用政策主导权优势在特定的区域空间内构建专门性、任务性治理体系，以实现国家发展目标的专门性空间。当代中国的特殊经济功能区包括经济技术开发区、高新技术产业开发区、保税区、自贸区等，它们在扩大对外开放、深化行政体制改革、促进经济增长、实现快速城镇化的过程中发挥关键支撑作用。

在各种特殊经济功能区中，经济技术开发区数量最多。经济技术开发区是指由国家划定适当的区域，进行必要的基础设施建设，集中兴办某项产业，同时给予相应的扶植和优惠政策的经济功能空间。在划定的开发建设区域，中央政府或者省级政府通过行政审批权力下放、给予特殊优惠政策或者修改、暂停实施某项法律，赋予特定区域在招商、投资、贸易、金融、税收等方面享有特殊政策。作为一种特殊经济功能区，经济技术开发区与基于行政层级和管辖幅度的行政区体系存在显著差别。经济技术开发区空间治理要素多元异质，不同产权的企业、不同层级的政府同时参与经济空间治理，形成从企业主导型管理体制到区政合一体制的经济空间治理连续光谱。[1] 作为国家经济空间单元，经济技术开发区嵌入中央部委、省级政府、属地政府、市场主体构建的多重权力网络中，"治权短板"明显。[2] 在经济开发建设空间内，既有传统的纵向央地关系、条块关系，也有复杂的横向"块—块关系"。[3] 在行政

---

[1] 吴金群：《网络抑或统合：开发区管委会体制下的府际关系研究》，《政治学研究》2019年第5期。

[2] 杨龙、王朦：《经济功能区的体制困境与转型模式选择》，《国家行政学院学报》2014年第5期。

[3] 高恩新：《城市开发区治权冲突与关系调适：以S开发区为例》，《甘肃行政学院学报》2020年第4期。

区治理单元和开发区治理单元空间范围重合的形态下,开发区管理主体事权单一、财权不独立、边界偏软,离不开行政区体系支持。① 在"国家试点试验下的任务性组织""法律地位模糊的非正式组织""快速发展的绩效型目标""单兵突进的错位改革思维"等因素共同作用下,特殊经济功能区的空间治理是一种典型的模糊行政策略。② 由于"名与实""刚性与弹性""清晰与模糊"的矛盾,经济技术开发区需要借助"统合式治理"才能实现创造绩效与规避风险的双重目标。③

(二)问题的提出

央地关系是中国国家治理体系包含的基本关系之一。特殊经济功能区建设不仅体现了国家经济发展战略,也是新时代中国央地关系调整的空间载体。特殊经济功能区建设是改革开放以来中国平衡国家发展主义目标和地方政治经济风险的新探索,超越了传统纵向层级逐级授权和周期性调整的历史逻辑,形成了一种以功能性空间、"悬浮型"体制、调适性演化为特征的国家治理新机制。在中国改革开放的历史进程中,特殊经济功能区的空间治理嵌入纵向层级授权放权关系、横向财权事权优化配置的并联结构中,是多元要素时空融合的演化过程。现有研究聚焦于特殊经济功能区空间治理形态特征与运行矛盾,为理解空间治理提供多面化的概念。但是,特殊经济功能区空间治理研究脱离了当代中国央地关系调整和行政体制改革这一结构性背景,理论建构呈现静态化、阶段化和碎片化特征。

---

① 杨龙:《两种国家治理单元的综合使用》,《学术界》2020年第12期。
② 吴晓林:《模糊行政:国家级新区管理体制的一种解释》,《公共管理学报》2017年第4期。
③ 陈科霖、周鲁耀:《"统合式治理":一种中国国家治理的权力运行机制》,《学海》2021年第4期。

时间性在社会组织和社会进步过程中发挥关键作用,以时间线为视角可以揭示时间与空间复杂的动态融合过程。① 以时间为线索、以过程为核心,通过描绘事物发展演变过程中的具体事件和做法,寻求行动过程背后的原因、前后逻辑关系以及驱动变化的力量,可以将事物如何随时间涌现、演化和终止概念化及理论化,实现动态性实践与学理性构建的有机融合。从过程演化特征来看,中国改革开放具备中央持续放权与地方增量贡献之间正向反馈—双向强化的纵向共演特征。② 以经济技术开发区为代表的特殊经济功能区空间治理体系演化是宏观体制、中观结构与微观行动者的多元复合、共演共进过程。只有将特殊经济功能区的空间治理转型置于央地关系调整和行政体制改革这一宏观历史场景和时间线中,才能以动态性、连续性、整体性图景弥补静态化、阶段化、碎片化研究的不足。本文在综合运用地方志、开发区档案、个人回忆录、政府内部报告、深度访谈等资料的基础上,以时间线为线索描绘浦东新区 4 个国家级开发区空间治理体系 30 多年的演化过程,构建中国特殊经济功能区空间治理的理论解释,丰富中国特色国家治理和行政体制改革理论。

二、共意生产与政策飞地:特殊经济功能区的空间权力结构

以经济技术开发区为代表的特殊经济功能区定位于专门性、功能性经济开发和建设任务,在适用法律范围、优惠政策、管理权

---

① 王凤彬、张雪:《用纵向案例研究讲好中国故事:过程研究范式、过程理论化与中西对话前景》,《管理世界》2022 年第 6 期。
② 倪星、郑崇明、原超:《中国之治的深圳样本:一个纵向共演的理论框架》,《政治学研究》2020 年第 4 期。

限以及产业形态等方面形成与传统行政区体系完全不同的空间治理体系。特殊经济功能区的设立过程不仅体现了央地多级政府的共意生产过程,也是中央政府权力跨层级实践的空间载体,成为中央政府、尤其是中央部委的政策飞地。

1. 作为央地共意生产结果的特殊经济功能区

"职责同构"是对中国纵向政府间权责关系特征的总体概括。① 纵向政府间"职责同构"既能够保障集中统一领导,又能够使中央政府主动调整纵向政府间的权力配置,充分发挥中央和地方"两个积极性"。② 但是,"集放循环"如何走向"集分平衡"一直没有得到妥善解决,中央政府放权和授权经常诱发"地方主义发展观","一统就死、一放就乱"暴露出逐级放权授权这一纵向政府间权力配置调整的结构性缺陷。③ 如何打破央地政府权力配置的"集放循环",特殊经济功能区建设就成为中国国家治理创新的空间战略。

改革开放之初,中央政府采取跨层级授权策略,选定一个区域实施对外开放政策。1979 年 1 月 31 日,中共中央、国务院批准在深圳市蛇口创办中国第一个出口加工区。④ 1979 年 7 月 15 日,中共中央、国务院决定给予广东、福建两省对外经济活动更多的自主权,在深圳市、珠海市划出部分区域试办出口特区。1980 年 5 月,中共中央、国务院将出口特区改为经济特区,开启了中国特色特殊经济功能区建设事业。⑤无论是出口加工区还是经济特区,本质上都是中央政府在划定区域范围内实行特殊经济政策,从税收、投

---

① 朱光磊、张志红:《"职责同构"批判》,《北京大学学报》(哲学社会科学版) 2005 年第 1 期。
② 赵志远:《政府职责体系构建中的权责清单制度:结构、过程与机制》,《政治学研究》2021 年第 5 期。
③ 李振、鲁宇:《中国的选择性分(集)权模式——以部门垂直化和行政审批权限改革为案例的研究》,《公共管理学报》2015 年第 3 期。
④ 涂俏:《袁庚传:改革现场 1978—1984》,海天出版社 2016 年版,第 52 页。
⑤ 迟福林:《口述改革历史》(中),广东经济出版社 2019 年版,第 15 页。

资、贸易等方面给予政策试验权和政策优惠。① 出口加工区、经济特区的试点试验为中国纵向政府间权力调整探索出一条新道路,即中央政府与地方政府双向互动构建跨越行政层级的对外开放窗口,以经济发展带来的双向互惠统筹平衡国家目标和地方利益。

设立特殊经济功能区是中央政府与地方政府共意生产的结果;对于中央政府来说,设立特殊经济功能区能够激发地方政府推动经济增长的积极性,愿意承担国家政策创新与试点试验任务,以经济绩效提升国家政治合法性;对于地方政府特别是地方政府领导人来说,通过设立特殊经济功能区获取中央政府政策支持和政策先行先试权,不仅可以推动地方经济社会发展,还可以显著增加基于经济绩效的"晋升锦标赛"竞争优势。各级地方政府围绕设立各类特殊经济功能区,积极构建与中央部委的"政策共意",通过获取经济发展的特殊政策空间,形成"逐级竞争结构"。② 特殊经济功能区发挥纵向层级间"空间黏合剂"的作用,是中央政府和地方政府共意生产的结果。在双向共意互惠结构中,中央政府特别是各部委处于主导性地位,通过归口管理体制强化特殊政策幅度、政策范围以及政策效果,平衡制度创新试验与改革创新可能引发的政治经济风险。

2. 政策飞地赋予特殊经济功能区组织脱嵌特征

特殊经济功能区是中央部委条线管理权力跨越行政层级的空间实践。从政策来源看,特殊经济功能区是中央政府各部委专门性管理和特殊性政策的试验场,特殊经济功能区的申请与批准、实施过程与效果,都由中央政府各部委直接管理、监督与考核;从政策内容来看,各类经济功能区实施的特殊政策主要涉及税收、金

---

① 国务院:《沿海部分城市座谈会纪要》(1984年4月30日)。
② 陈科霖、谷志军:《多元政绩竞赛:中国地方官员晋升的新解释》,《政治学研究》2022年第1期。

融、贸易、海关监管、投资等内容,属于条线垂直管理、中央集中管理事权,作为属地管理主体的地方政府缺乏相关领域的政策自主权;从政策实施范围来看,特殊经济功能区物理空间范围受到严格的限制,通过物理围栏或者电子围栏限定政策的效力范围;从政策来源、政策内容和政策效力范围来看,特殊经济功能区是中央政府各部委的政策飞地。

作为政策飞地,特殊经济功能区是独立于传统行政区体系之外的专门性治理单元。通常来说,设立经济功能区的一级政府会成立专门性管理机构承担基础设施建设、产业规划、落实部委和上级政府优惠政策等管理职能。作为功能性空间单元,特殊经济功能区治理体系具备双重特征:组织形态脱嵌于常规的政府行政体系之外,功能定位、机构设置、人员组成具有临时性、不稳定性特征,空间治理功能主要聚焦于区域经济开发和建设功能,不具备社会综合管理和基本公共服务供给能力;任务驱动,依据中央部委批准的政策试点试验任务、上级政府委托的管理和建设任务开展工作。专门性管理、任务驱动特征使得特殊经济功能区管理体制从传统政府层级序列中脱嵌出来,成为"悬浮"于特定行政区体系之上的功能性虚体治理单元。特殊经济功能区管理体制的组织脱嵌既塑造了专门性管理优势,又使得特殊经济功能区管理主体在面对层级制行政区政府体制时,存在明显的赋权不足、赋能弱位的制度缺陷,需要通过组织结构调适和权力实践艺术实现赋权增能。

三、国家级开发区空间治理体制变迁过程分析

1990年4月,党中央作出开发开放上海市浦东地区的重大决策,掀开了改革开放的崭新篇章。30多年来,浦东新区经济实现跨越式发展,改革开放走在全国前列,取得了举世瞩目的成就,成

为中国特色社会主义现代化建设引领区。浦东新区30多年的跨越式发展,凸显了中国特殊经济功能区空间开发战略的前瞻性、引领性,是分析中国特殊经济功能区空间治理的典型样本。本文将深描浦东新区4个国家级开发区治理体系的演化过程,提炼空间治理体系转型的逻辑。

(一) 案例基本情况及其代表性

早在20世纪80年代中期,国务院和上海市政府逐步形成开发浦东地区的共识。① 1990年2月26日,上海市委、市政府正式向中共中央、国务院提交《关于开发浦东的请示》。1990年4月18日,国务院批复同意上海市开发浦东地区,实行经济技术开发区和某些经济特区的政策。② 同年9月10日,上海市政府宣布成立金桥出口加工区开发公司、陆家嘴金融贸易区开发公司、外高桥保税区开发公司,分别负责浦东地区金桥、陆家嘴、外高桥三个重点地区的开发建设。1991年7月20日,国家科学技术委员会批准同意设立张江高科技园区,上海市成立张江高科技园区开发公司,负责园区开发建设工作。至此,上海市正式掀起浦东地区开发建设的高潮。

浦东地区开发开放是中央与上海地方"两个积极性"高度融合的结果。③ 经过30多年的开发建设,金桥、陆家嘴、外高桥、张江4个国家级开发区成为浦东新区经济要素高度汇聚区和增长点。截至2020年年末,4个开发区总产值已经占到全区工业总产值的40%以上。4个国家级开发区是浦东地区开发开放的主要战略支

---

① 迟福林:《口述改革历史》(下),广东经济出版社2019年版,第100页。
② 上海市地方志编纂委员会编:《上海市志·开发区分志(1978—2010)》(上),上海古籍出版社2020年版,第22—30页。
③ 上海浦东历史研究中心、上海市浦东新区地方志办公室编:《浦东开发开放录》,上海远东出版社2020年版,《序》第2页。

点,其空间治理体系演化过程具备的整体性、延续性和动态性,对于阐释中国特殊经济功能区空间治理的历时性演变具有标杆意义。

(二)浦东新区4个国家级开发区管理体制的历时性演变

经济开发区建设纵向涉及中央、省(自治区、直辖市)、基层政府三个层级政府。在中央层面,改革开放之初由国务院特区办负责指导和归口管理经济技术开发区工作;1999年9月30日后,改由对外贸易与经济合作部承担经济技术开发区的指导和归口管理责任;2003年3月后,改由商务部归口管理经济技术开发区。针对高新技术开发区,国家科学技术委员会承担归口管理和协调指导责任;出口加工区由海关总署进行审批、验收和业务监管。在开发区建设初期,严格的纵向跨层级管理、以开发公司为开发和建设主体、以政府设立的临时性机构承担统筹与协调职能的分工结构,决定了开发区管理体制的模糊性、异质性,经济空间治理尚处于多元主体的磨合过程中。

1. 经济空间管理体制的碎片化阶段:1990—2003年

金桥、外高桥、陆家嘴、张江4个经济开发区最初实行企业主导的管理体制。在开发建设初期,金桥出口加工区开发公司及其合资组建或者控股的开发公司承担开发区的主要开发管理责任。2002年3月25日,金桥出口加工区海关监管区管理委员会(以下简称"管委会")成立;6月18日,更名为金桥出口加工区(南区)管委会,受浦东新区政府领导;12月19日,金桥出口加工区管委会成立,承担开发区内经济发展、项目审批、规划建设、园区综合管理等职能,形成政府派出机构与开发公司分工明确、各司其职的空间治理体系。

陆家嘴金融贸易区开发公司承担开发区域内成片土地开发、综合经营和协调管理。1997年2月,陆家嘴金融贸易区城市管委会办公室成立,负责陆家嘴金融中心区的城市管理和综合协调事务。1998年7月,上海市人民政府颁布《上海市陆家嘴金融贸易中心区综合管理暂行规定》,明确开发区域内开发建设与城市综合事务管理分工,由浦东新区各职能部门行使城市事务管理权、委托陆家嘴城市管委会办公室监察大队统一行使城市管理执法权。① 至2003年年底,陆家嘴金融贸易区形成了开发公司承担经济开发与城市建设、市级区级职能部门承担审批管理、区域性城市管委会办公室承担区域城市事务行政执法、相关街镇承担各自辖区内公共服务的碎片化空间治理体系。

1992年6月2日,上海市政府设立外高桥保税区管委会作为市政府派出机构,负责开发区域内规划、基础设施建设、投资项目管理以及其他行政事务,并实行独立核算的财政收支政策。1996年12月,上海市人大常委会颁布《上海外高桥保税区条例》,明确保税区管委会的事权范围和管理体制。根据《上海外高桥保税区条例》的规定,保税区管委会作为市政府派出机构承担保税区域内的计划、规划、投资、外贸、财政、地方税务等18个方面的行政管理责任(涉及核发证照的,由上海市政府有关职能部门委托办理),协调保税区内海关、国家税务、金融、商品检验等中央垂直驻区部门共同推进投资、贸易、金融等领域的改革和创新工作。② 保税区管委会实行委员会制,市政府相关职能部门、中央垂直驻区单位等为保税区管委会成员。保税区管委会内设"一室五处",在保税区范围内具有独立行使行政执法的职能。保税区管委会通过工作例会、行政协调员联席会议、保税区企业大会等机制推动区域开发建设。2000年8月,浦东新区政府成立后,外高桥保税区管委会由浦东新区政府托管,形成开发公司与管委会分工明确、左右联动的空间

---

① 《上海市陆家嘴金融贸易中心区综合管理暂行规定》(1998年7月1日上海市人民政府第58号令发布)。

② 《上海外高桥保税区条例》(上海市第十届人大常委会第三十二次会议通过,1996年12月19日)。

管理体制。

1992年7月28日,张江高科技园区开发公司挂牌成立,负责园区成片土地开发和经营管理,实行独立核算、自负盈亏。2000年1月7日,上海市政府成立张江高科技园区领导小组办公室,负责园区规划编制、政策制定和组织协调工作。领导小组办公室是园区领导小组的办事机构,同时为市政府及浦东新区政府的派出机构,由市、区两级政府和各职能部门充分委托或者授权,承担受理和行政审批职能,并报市、区授权或者委托职能部门备案。① 至2003年,张江高科技园区建立了重心下移、集中受理、高效便捷的行政审批和管理平台,做到了"张江事张江办",形成了开发公司承担开发建设功能、领导小组办公室承担行政管理职能的空间管理体系。

在开发建设初期,4个开发区整体上呈现多元共治的碎片化格局。从纵向来看,国务院、国务院特区办、对外贸易经济合作部(后改为商务部)、中国人民银行、财政部、海关总署等部委围绕开发区域范围内的外资金融机构、税款减征免征、货物进出口监管等颁布有关管理办法;上海市政府与中央部委商定,围绕开发区域内外商投资、货物监管、土地管理、建设规划、企业投资、产业导向等制定专门管理办法。从横向来看,开发公司、管委会(领导小组办公室)、属地基层政府各自都有经济发展权和招商引资权,治权边界模糊,面临治权重叠、任务竞争及协调不畅的难题。为更好地落实国家、上海市有关政策,4个国家级开发区逐步设立市政府委托管理的管委会或者办公室承担行政管理职能,推进开发区域行政管理职能与市场开发、经营管理的功能分化,为开发区高质量发展提供制度保障。

---

① 《上海市促进张江高科技园区发展的若干规定》(2000年1月3日上海市人民政府第52次常务会议通过)。

2. 经济空间管理体制的再行政化阶段:2004—2009 年

在开发建设初期,"政府授权、企业主导"的管理模式发挥了效率优先、简约高效的体制优势。但是,以开发公司为核心的空间管理体制存在短板:开发公司注重市场效益,开发和经营管理功能较强、公共管理和公共服务供给能力较弱;开发公司、周边街镇存在产业规划、招商引资、社会事务管理上的治权冲突,需要上级政府协调的问题较多;承接市、区两级政府委托授权后的开发区管委会或者领导小组办公室作为派出机构,行政级别低,统筹能力较弱。到 21 世纪初,开发公司,管委会(领导小组办公室),开发区所在街镇,市、区两级政府职能部门之间亟需理顺权责关系,推动以开发建设为导向的政企合一管理体制向开发与管理相结合、突出功能开发的功能区管理体制转型。

2004 年 9 月 28 日,浦东新区以 4 个开发区为主体,分别组建包含周边街镇的功能区域,设立功能区党工委和功能区管委会(以下简称"两委")。① 陆家嘴功能区涵盖金融贸易区和周边 5 个街镇,金桥功能区涵盖出口加工区和周边 5 个街镇,外高桥功能区涵盖外高桥保税区、外高桥保税物流园区及周边 3 个镇,张江功能区涵盖高科技园区、孙桥现代农业开发区和周边 3 个镇。在功能区内部,功能区管委会整合了开发区和街镇开发建设和招商引资功能;在管委会与区政府职能部门的关系上,职能部门进行授权和业务指导,与经济建设和审批相关的权力下放至管委会;社会管理和服务则由新区政府相关职能部门进行业务指导,由功能区内的相关街镇、开发公司负责落实②;在功能区管委会与属地街镇财政的关系上,依据"税收属地核算、核定收入基数、超收财力分享、事权

---

① 《中共浦东新区区委 浦东新区人民政府关于建立陆家嘴等四个功能区域党工委、管委会的通知》(浦委发〔2004〕118 号)。
② 《中共浦东新区区委、浦东新区人民政府关于推进功能区域发展的若干意见(试行)》(浦委发〔2005〕5 号)。

财权平移、建立转移支付"的原则,管委会、街镇各自按照企业注册地归属原则享有税收权。① 区政府财政扶持资金和招商引资专项补贴资金(不含街镇)平移到功能区域管委会;原由城工委、农工委(农发局)管理的街镇转移支付和专项资金(补贴)等,相对应地平移到功能区域管委会管理。

功能区管理体制强化开发区域统筹治理能力。从事权配置上看,功能区管委会承接市、区两级职能部门授权或者委托,以空间治权完整性提升区域治理能力;从区镇关系来看,功能区作为区委、区政府的派出机构,统筹领导区域内开发公司、街镇推进区域功能开发建设。在功能区管理体制中,事权、财权逐步向功能区管委会集中,开发公司、街镇不再直接由区委、区政府管理,而是变成区委、区政府—功能区"两委"—开发公司和街镇的三级行政管理体系。借助于层级嵌入和资源统筹,功能区"两委"在区域一体化规划、区镇联动发展、行政审批效率提升、社会事务精细化管理方面取得显著成效。②

3. 经济空间管理体制的功能分化阶段:2010—2022 年

功能区管理体制在运行中面临制度约束和利益矛盾。从地方政府组织法来看,市辖区政府应该是典型的二级管理体制,即区政府直接领导街镇,不存在中间层级。功能区"两委"承接市、区两级政府授权和委托事项,又被赋予在经济发展、财政补贴等方面统筹开发公司和街镇的权力,市辖区—功能区—开发公司和街镇的三级行政管理体制与地方人民政府组织法有关规定不符。同时,功能区"两委"统筹原属于开发公司和街镇的开发建设、基础设施和公共事业投资、招商引资等经济发展权,损害了开发公司和街镇的

---

① 《浦东新区人民政府关于印发〈2005 年功能区域财力分配实施方案〉的通知》(浦府〔2005〕64 号)。

② 时任浦东新区区委书记杜家毫同志在浦东新区党委(党组)书记会议上的讲话(2005 年 12 月 1 日),参见《浦东情况通报》(第 38 期,2005 年 12 月 8 日)。

利益,引发了开发公司和街镇的反弹。此外,市、区两级职能部门充分授权和委托功能区"两委"及内设机构履行区域行政管理职能,但功能区管委会及其内设机构和市、区两级政府职能部门之间的职权界面不够清晰,不仅导致行政管理层级增加,还容易引发功能区两委与职能部门之间的权力摩擦。

2010年,浦东新区区委、区政府按照"稳住两头、调整中间"的主要原则,取消了在区政府与街道(镇)之间的功能区管理层级,分别成立陆家嘴金融贸易区管委会(筹)、金桥经济开发区管委会、外高桥保税区管委会、张江高科技园区管委会,作为区政府派出机构承担开发区管理的主体责任。按照"充分授权、重心下移"和"开发区的事、开发区办"的原则,市、区两级赋予开发区管委会相应的权力和资源。① 在机构设置上,开发区管委会是政府派出机构,内设办公室、计划财务、经济发展、规划建设、行政审批、综合服务等机构;事权主要包括经济和社会发展规划、政府投资项目审批、企业投资项目管理、规划管理、土地管理、建设管理、经济贸易管理、环境保护、科技管理、综合执法、社会管理等方面;在财力保障方面,总体上按照"费随事走、核定基数、增量共享、超额累进"的原则,实行财力下沉,进一步增强开发区发展经济和服务企业的能力。②

2016年,浦东新区相继在张江、金桥两个开发区实施"管镇联动"改革试点,将区域经济发展职能向开发区管委会转移,将社会管理职能向街镇集中,推动管委会集中精力主导区域经济发展,将街镇工作重心转移到公共服务、公共管理和社会治理工作上。③ 以金桥开发区为例,改革前,金桥开发区管委会有31项经济发展

---

① 《浦东新区人民政府关于印发浦东新区开发区管理委员会管理事权的意见的通知》(浦府〔2010〕261号)。
② 中共浦东新区委员会研究室、浦东新区人民政府研究室:《从层级化到扁平化的行政管理体制变革——浦东的探索实践与思考》,《新区政研动态》2011年第25期。
③ 《浦东新区人民政府办公室印发关于在金桥试点完善开发区管委会与镇关系的实施意见的通知》(浦府办〔2016〕9号)。

职能,没有明确的社会事项清单;改革后,金桥开发区管委会有40项经济发展职能,不再承担社会管理责任。改革前,金桥镇政府的经济发展职能为57项,社会管理职能为28项;改革后,金桥镇政府的经济发展职能缩减为48项,社会管理职能增加为137项。在职责划分的基础上,通过联动项目清单、建立专项财政保障、定期召开联席会议的协同机制,形成管镇发展合力。①

除张江、金桥探索"管镇联动"改革外,浦东新区也在陆家嘴探索法定机构试点。2010年,浦东新区政府决定撤销陆家嘴金融贸易功能区管委会,筹建陆家嘴金融贸易区管委会。2010—2015年,市、区两级政府进一步下放权力,陆家嘴金融贸易区管委会成为企业办事的综合集成平台,既拥有审批权,也承担批后管理和服务责任。2016年6月,浦东新区人大常委会作出《关于支持陆家嘴金融城体制创新改革试点的决定》,明确金融贸易区新治理框架下各机构的职责定位、运行机制、配套措施。② 2016年8月24日,浦东新区政府根据"业界自治+法定机构"的治理框架,撤销陆家嘴金融贸易区管委会,设立新的公共管理服务机构——陆家嘴金融城发展局,以国有资本企业注册、政府购买服务的形式运作。经过30多年的探索,浦东新区开发区管理体制呈现政府与市场功能分化、纵向赋权与横向协同的空间治理形态。

四、中国特殊经济功能区空间治理转型逻辑

在层级化的行政区体制中,基层政府承担经济社会事务治理责任,财权事权匹配结构限制了专门性事务的创新空间,呈现治理

---

① 《关于纵深推进管镇联动工作的意见》(金桥管〔2018〕84号)。
② 浦东新区人大常委会《关于促进和保障陆家嘴金融城体制改革的决定》,2016年6月21日。

主体的简约化和治理事务的复杂化并存的特征。作为政策飞地，特殊经济功能区须摆脱传统层级制的行政管理体制，以经济空间的完整性、专门性获取合法性。作为脱离传统行政区体系的虚体治理单元，特殊经济功能区天生存在"制度弱位"的短板，如何在既定的行政区权力结构中探寻行动空间、实现功能性建设目标，考验空间治理体系的能动性和适应性，决定了空间治理绩效。

（一）形态开发与功能开发：特殊经济功能区空间治理的战略替代

从时间性线索来看，"先出形象、再出功能"战略替代在特殊经济功能区空间单元身份建构的过程中，发挥了关键作用。"先出形象"战略是特殊经济功能区空间治理身份标志的形成过程。从浦东新区4个国家级开发区管理体制形态历时性演化来看，制度赋权、政治赋力、创新赋能成为空间治理单元身份建构的关键策略。

制度赋权是指借助于地方立法机关制定的地方性法规或者地方政府的规范性文件，特殊经济功能区的物理边界、功能定位、管理体制超越了行政区划和层级制政府体系，成为"悬浮"在行政区之上的专门性经济空间。在开发区建设的初始阶段，国务院部委发布的特殊政策、上海市人大的地方性立法、上海市政府颁布的规范性文件和优惠政策形成了纵向制度赋权体系，为早期的政企合一体制、后期的开发区管委会模式提供了合法性支持。政治赋力是指将开发区建设纳入中央领导人的注意力和高层决策，借用中央或者高层领导人的"政治势能"为特殊经济功能区汇集政治支持。通过党和国家领导人的视察和讲话、党的代表大会和国家发展规划反复提及重点支持浦东新区开发开放以及将全国兄弟省市纳入浦东新区开发开放的政治支持网络，浦东新区4个开发区建设成为20世纪90年代中国对外开放的桥头堡和试验田。自1992年开始，中央政府引导全国各省级政府直接投资陆家嘴金融贸易区；

同年 4 月,上海市经济委员会召开上海工业企业会议,动员企业"集团军"向浦东新区进军。1996 年 5 月,上海市委、市政府决定,位于浦西的证券、粮油、商品、金融、房地产等要素市场于 1998 年年底前全部迁入浦东新区。在中央和市委、市政府的大力支持下,开发区快速实现从"0"到"1"的转变。创新赋能是指开发公司通过土地空转、滚动开发模式快速推进园区土地开发、基础设施建设和招商引资,走出一条土地资本和金融资本相结合的筹资融资道路,有效解决了早期开发急需的启动资金短缺问题。制度赋权、政治赋力、创新赋能为开发区"先出形象"奠定了基础,推动功能性经济空间快速完成身份建构。

"再出功能"是指,特殊经济功能区由土地开发和基础设施为主的"硬环境"建设转向以行政审批改革和制度创新为主的"软环境"建设,带动开发区域高质量发展。在开发区建设初期,开发公司通过财政资金投入、与金融机构合资融资、开发公司上市等一系列市场化手段,解决短期内开发资金短缺问题,快速推进土地开发、基础设施建设、生态环境改造等"硬环境"更新。但是,能否吸引市场主体更关键的是"软环境",即在投资自由、贸易便利、税收优惠、行政管理体制改革等领域为市场主体投资、经营管理提供制度保障。从特殊经济功能区的发展历程来看,经济空间必将从"政策洼地"转向"创新高地",即从依赖税收优惠、土地优惠、贷款优惠等形成的特殊政策优势,转向依靠与国际通行规则一致、具备明确的法律保障、政府运行高效的"营商环境"。特殊经济功能区建设由"硬环境"向"软环境"转型,是经济治理空间由低水平开发向高质量发展的战略转型,决定了经济空间单元的竞争力、发展的可持续性以及区域品牌度。以行政审批改革和制度创新为核心的"软环境"建设,使开发区成为国家发展战略的承载者,通过承担更大的深化改革、扩大开放的国家使命和战略任务,强化特殊经济功能区在整个国家中的政治-经济"中心性"。4 个国家级开发区先后承担"四个中心"建设、国家综合配套改革试验区、国家科学城、自贸试验区等一系列重大国家改革任务,不仅为特殊经济功能区发展注入更多的政策支持,还强化了空间治理单元在国家治理创新中的"先行者""排头兵"地位。

"先出形象、再出功能"是中国特殊经济功能区空间治理体系与行政区体系的双向反馈—强化过程。在开发建设的不同阶段,特殊经济功能区空间治理任务的差异性决定了管理体制的动态性。在"先出形象"阶段,特殊经济功能区空间治理体系强调效率导向,采用以开发公司为主的政企合一管理体制推动开发建设项目快速落地。在政企合一体制下,开发公司既能够统筹行政区体系中的政治经济资源,又能够以市场化手段加快开发和建设项目推进,充分发挥自主性、灵活性与积极性。在"再出功能"阶段,特殊经济功能区强调质量导向,即注重运用综合配套改革为经济空间高质量发展提供制度支持。"再出功能"要求特殊经济功能区突出政企分开、事权下放、优化服务,既能够让市场在资源配置中发挥基础性作用,又能够使政府职能由经济建设转向行政审批和公共服务。"先出形象、再出功能"的发展战略表明,特殊经济功能区空间治理的关键在于空间治权的完整性,在纵向层级分明、条块关系重叠的传统行政区体系之外,塑造一个全新的治权空间,为探索开放型经济新体制提供试点经验。

(二)组织脱嵌与层级嵌入:特殊经济功能区空间治理主体的虚实迭代

特殊经济功能区的政策飞地性质决定了空间治理体系的组织脱嵌特征,形成了以开发公司或者政府派出机构为核心的专门性空间治理体系。特殊经济功能区空间治理体系的组织脱嵌体现在三个层次:从组织形态上看,无论是开发公司还是作为政府派出机构的管委会,既不是地方政府也不是地方政府的常设职能部门,而是一个专门性、任务型组织;从权力规模上看,特殊经济功能区空间治理权力来源于跨层级授权或者委托,是在传统政府纵向逐级授权结构外新建一种跨层级委托—代理关系;从权力运行来看,特殊经济功能区的治理主体与行政区体系中的基层政府存在治权重叠、交织,容易引发横向竞争、冲突。

组织脱嵌的特征塑造特殊经济功能区空间治权的完整性,但治理效能又受制于纵向放权的力度与横向事权配置的模糊性程度。从纵向来看,特殊经济功能区存在双重委托—代理关系:中央政府及各部委给予特殊经济功能区政策性优惠或者试点试验政策,在归口管理体制中形成了跨层级委托—代理关系;设立特殊经济功能区的省级政府,尤其是省级政府职能部门通过授权或者委托,与特殊经济功能区治理主体形成空间委托—代理关系。从横向来看,特殊经济功能区与属地基层政府之间存在治权配置重叠和竞争,又需要在社会事业发展和社会服务上互相配合。在纵向委托—代理与横向竞争合作结构的约束下,特殊经济功能区空间治理嵌入层级制和属地化政府间关系的网络中,空间治理主体面临刚性行政层级体制约束,行动协调能力弱、沟通链条冗长,严重制约空间治理效能。

从浦东新区4个国家级开发区管理体制的历时性演变来看,功能区管委会体制将区域化虚体治理单元转化为实体治理单元,可以提升空间治理的统筹能力。通过加大市政府职能部门、区政府职能部门的放权力度,使功能区"两委"及内设机构实现扩权;周边街镇从区委、区政府直接管理转变为接受功能区管理,将扁平化的二级管理体制转化为区政府—功能区—开发公司和街镇的三级行政管理体系。特殊经济功能区事权扩张、财权集中、层级提升实现了虚体治理单元的实体化,增强了空间治理主体的区域规划和统筹能力。功能区管理体制层级嵌入伴随着国家深入推进政企分开和服务型政府建设的综合配套改革:从政企分开来看,开发公司逐渐剥离了行政管理职能,回归市场主体角色,更加凸显市场开发效率和效益;从服务型政府建设来看,空间治理体系改革逐渐转向理顺纵向、横向治权配置关系,即通过纵向治权下放和横向区域管理权向功能区管委会集中,解决了经济功能区空间治权配置的碎片化问题。

随着事权、财权向功能区管委会的集中,作为"准一级政府"的功能区承担了大量的经济社会事务管理职能。从纵向看,开发公司和街镇、功能区管委会、区委和区政府、市委和市政府四级行政管理体制降低了纵向协调的效率;从横向看,街镇经济发展权、社会事务管理权转移到功能区管委会,损害了街镇利益。特殊经济功能区治理单元"再嵌入"行政层级体系,丧失了空间治理体系的专门性、灵活性优势。2010年后,开发区管理体制重新回到政府派出机构的管委会模式。空间治理体系"二次脱嵌"过程表明,特殊经济功能区空间治理的关键是治权专门性和独立性,只有纵向放权与横向分权协同发力,才能提升区域治理效能。

(三)行政借力与战略加持:特殊经济功能区空间治理赋能的尺度政治[①]

作为"悬浮"于行政区之上的政策飞地,特殊经济功能区治理主体通过行政借力与战略加持强化空间治理的能动性。行政借力包括高位阶人事任职或者行政级别高配,突出经济空间在政治-行政体系中的"中心性",做到"以人成事"。早在20世纪90年代初,上海明确4个开发公司是市政府直接管理的正局级国有企业。90年代后期,为提升管委会在开发区域统筹开发公司和经济发展的能力,上海市政府将开发公司由市属市管调整为市属区管,降低

---

① 尺度政治,指行政体制内部不同主体之间基于尺度的政治博弈和权力争夺,包括权力的尺度化、尺度重构和权力关系转变。

了开发公司的行政级别,明确管委会为区政府的派出机构(局级单位)。2004年,4个开发区域实行功能区模式,区委、区政府的主要领导分别兼任功能区党工委书记或管委会主任,增强功能区"两委"协调区属职能部门、开发公司、属地街镇的能力。2013年后,随着上海自贸试验区建设工作的开展,上海市政府设立自贸试验区管委会,由常务副市长担任管委会主任。2015年,自贸试验区扩区到金桥、陆家嘴、张江后,浦东新区区委书记、上海市副市长共同担任管委会主任,实行"双主任"体制。运用高位阶人事任职、高等级行政级别配置,特殊经济功能区空间治理体系实现了"以人成事",显著提升了空间治理的能动性。

战略加持也是提升特殊经济功能区空间治理能动性的重要策略。战略加持是指在特殊经济功能区开发建设的过程中,主动承担国家赋予的重大战略功能和先行先试的改革任务。战略加持不仅赋予特殊经济功能区更大的政策支持和创新空间,还强化了经济空间的政治标杆价值,即将特殊经济功能空间改造成具备政治标杆意义的国家改革试点试验区。无论是国务院归口管理部门还是地方政府,都运用国家战略、国家试验的政治话语建构空间治理的政治势能。上海市4个国家级开发区分别先后承担了上海"四个中心"建设(后期调整为"五个中心")的国家战略任务:金桥出口加工区主要建设先进制造业、现代汽车和通信产业基地;陆家嘴金融贸易区承担国际金融中心核心承载区建设功能;外高桥港综合保税区成为贸易中心的核心功能区;张江高科技园区则承载了科创中心、国家科学城等一系列战略任务。在国家战略的加持下,中央领导通过出席揭牌仪式、视察、专题会议、批示指示等政治活动为特殊经济功能区提供政治动员和政治势能。从特殊经济功能区空间治理效能来看,战略加持决定了经济开发区作为政策飞地在政治系统中的中心性,以国家战略塑造的政治势能提升空间治理能力。

行政借力与国家战略加持增强了经济空间治理的能动性,即通过运用尺度政治艺术克服纵向行政体制对虚体治理单元的权力约束。但是,特殊经济功能区空间治理效能更多依赖"人"的能动性,而不是"制度"赋权,这与国家治理现代化的要求相悖。经济空间治理效能会随着人事调整、国家战略更迭以及领导人的政治注意力转移发生改变,一旦缺乏高层级的人事支持或者国家战略重心转移,特殊经济功能区的"政治中心性"会被明显削弱,从而导致虚体治理空间单元的弱化甚至边缘化,最终丧失专门性经济功能或者通过区政合一被行政区体制吸纳。特殊经济功能区赋能的尺度政治既具有典型的中国国家治理特征,也凸显了以制度创新为核心的功能区建设的紧迫性、重要性。

五、张力治理:特殊经济功能区空间治理的阐释性概念

特殊经济功能区与行政区体系无论在任务结构、治理主体还是空间形态上都存在显著差异。特殊经济功能区的任务结构和空间特征导致空间治理体系组织脱嵌,引发与行政区体系的治权冲突。特殊经济功能区空间治理绩效取决于治理主体的能动性、灵活性,通过组织动态调适和尺度政治策略消解纵向层级体系与空间治理体系之间的张力,实现纵向赋权增能与横向财权事权配置优化并联运行,推动特定区域高水平开发建设转向高质量发展。

(一)张力治理:概念内涵

特殊经济功能区空间治理体系与行政区体系之间存在持续的张力:特殊经济功能区需要行政区制度赋权、政治赋力、创新赋能,在纵向权力配置和横向竞争中建构专门性治理空间,存在空间治权的"逃逸力";特殊经济功能区治权的悬浮性、专门性引发空间治

理主体组织脱嵌,又会遭遇行政区体制内不同层级主体的"牵引力"。特殊经济功能区呈现"张力治理"的特征:中央政府与地方政府围绕特殊经济功能区的设立、优惠政策内容及范围设定、日常监管与考核等方面,存在基于国家防范政治经济风险与地方政府期望更大赋权、更大自主性探索的紧张关系;在地方行政区体系与经济功能区治理体系之间,存在行政区政府向特殊经济功能区治理主体制度赋能动力和特殊经济功能区空间治理体系的组织脱嵌压力,也容易诱发行政区体系对特殊功能区空间治理的约束力;在功能区内部治理主体之间,尤其是市场主体与政府派出机构、政府派出机构与区域基层政府之间,存在治权配置重叠引发的区域事务协作和治理冲突张力。纵向层级治理体系与空间治理体系之间的多维张力,隐含了不同权力主体在战略目标、创新意图、权力配置以及政治经济利益上的博弈,空间权力实施过程呈现制度上的不稳定性和权力上的冲突性,成为特殊经济功能区空间治理的显著特征。

特殊经济功能区空间治理体系迭代演化是多重张力驱动的结果。张力治理是指在特殊经济功能区纵向层级放权与横向分权体系中,不同主体权力-利益配置矛盾推动空间治理体系不断调适以消解中央与地方、派出机构与属地政府、政府与市场之间的张力,实现国家发展战略与防范政治经济风险的统筹平衡目标。对于中央政府来说,通过对特殊经济功能区大幅度放权、有控制的地方试验治理机制,可以塑造空间治理单元的完整性、专门性,推动国家战略目标落地;同时,对特殊经济功能区放权的幅度、力度和强度又要适度,更需要加强对空间治理绩效、政策实施效果以及政策过程的监管,防范和化解可能诱发的区域发展不平衡、地方分离主义、经济与金融安全风险。对于特殊经济功能区所在地的地方政府来说,需要贯彻国家意图,实现生产要素集聚、产业升级和快速城镇化,并从经济增长和"晋升锦标赛"中获得绩效;作为中央部委的政策飞地,地方政府对关键性的政策创新缺乏话语权和自主性,政策上的被动性导致属地政府更加注重组织体制上保持对"悬浮型"空间治理单元的控制力,防止完全"逃逸"的地方行政体系,确保地方政府政治-经济收益最大化。对于特殊经济功能区治理主体来说,既要从中央政府获得政策红利和改革空间,又要通过空间治权的专门性与完整性建构获取行动自主性;既要依赖属地政府对开发建设过程中的资源支持、社会管理责任分担,又要减少行政区体系对空间治权的干预和羁绊,避免被行政区体系"吸纳",丧失治权的自主性和完整性。多重张力驱动特殊经济功能区治理体系不断调适,实现纵向放权赋能和横向财权事权优化组合,以平衡空间治理多元主体的权力-利益关系。① 中国特殊经济功能区的空间治理体系演化不具备单一性特征,反而呈现动态性、调适性特征。

(二)张力治理对阐释中国国家治理经验的理论贡献

改革开放以来,中国国家治理体系由传统的集中控制模式逐渐转向分权治理结构,通过中国特色的财政联邦制、压力型体制、"晋升锦标赛"、行政发包制、项目制、上下分治、模糊性治理等国家治理机制创新,赋予地方政府更大的经济发展自主权。② 在中央不断推进市场化改革和行政放权的背景下,地方政府以"抓住经济发展的主动权"为导向,改变传统上对地区生产要素的整体性控制模式,转向"抓住土地开发权"的整体性区域经营策略推动地区经

---

① 翟磊:《开发区管委会职能与组织的动态平衡研究——以天津经济技术开发区为例》,《南开学报》(哲学社会科学版)2015年第6期。
② 参见周雪光:《中国国家治理的制度逻辑——一个组织学的视角》,生活·读书·新知三联书店2017年版。

济增长。① 但是,作为一个具有2 000多年"大一统"体制的国家,集中统治与分散治理相结合的国家治理需要有效的纵向约束机制,才能降低政治风险。在"一统体制"下,中央政府采用周期性调整纵向治权配置策略,以不同层级政府间的集权或者放权、"条强块弱"或"条弱块强"往复循环来平衡国家能力建设与政治风险。② 纵向集权与放权、条与块的强弱互调消解了"一统体制"的内在张力,以治理体制的调适性、韧性实现充分发挥"两个积极性"的目标,推动国家高质量发展和高绩效治理。

但是,特殊经济功能区建设显示了另一种国家治理机制,即通过构建一个超越传统层级制(条线管理)与管理幅度(属地管理)的专门性经济空间单元,以"悬浮型"的空间治理平衡国家发展目标与地方政治风险,在实现高质量发展的过程中消解中央高度集权与地方分离主义之间的二元对立。特殊经济功能区建设中塑造了中国特色的空间治理机制:中央政府与地方政府共享特定区域的空间控制权,分别以政策资源和市场要素资源投入实现对特定区域的整体性开发、建设和经营。在划定的区域空间内,区域规划和产业定位服务于国家任务,中央政府通过掌握政策自主权、归口管理体制确保地方经济发展符合国家治理目标,降低地方主义发展观可能带来的政治风险。中央政府跨层级授权放权是多层行政区体系内行动主体的共意生产过程,特殊经济功能区不仅成为中央政府的政策飞地和"试验田",也为地方政府提供了经济发展载体和晋升激励,构建了跨层级的多元互惠结构,极大地消解了层级政府间的治权张力。"悬浮型"的特殊经济功能区空间治理注重内部财权、事权优化配置,区域治理权责配置结构优化与开发区建设生

---

① 曹正汉、史晋川:《中国地方政府应对市场化改革的策略:抓住经济发展的主动权——理论假说与案例研究》,《社会学研究》2009年第4期。

② 曹正汉、王宁:《一统体制的内在矛盾与条块关系》,《社会》2020年第4期。

命周期契合,推动发展主义导向的建设战略逐步转向制度创新导向的高质量发展战略,体现了空间治理机制的能动性、灵活性。中国特殊经济功能区建设是国家纵向授权放权与区域横向财权、事权优化双向互动、并联推进的过程,超越了传统的纵向"集放循环"、条块强弱互调、层级上下分治的国家治理机制,为理解中国国家治理创新、经济增长奇迹和行政体制改革提供了一种新的理论视角。

六、结论与讨论

特殊经济功能区是中国建设开放型经济新体制的空间载体。作为央地政府共意生产的政策飞地,特殊经济功能区空间治理体系呈现"悬浮型"特征。如何为脱嵌于传统行政区体系的特殊经济功能区空间治理赋权增能,直接决定空间治理效能和区域发展质量。从浦东新区4个国家级开发区空间治理结构转型过程来看,"先出形象、再出功能"的战略迭代、组织脱嵌与层级嵌入的虚实转换、行政借力与战略加持的尺度运用,凸显了中国特殊经济功能区空间治理体系的能动性与灵活性。特殊经济功能区空间治理形成超越传统国家治理纵向统分结合、集分平衡的"周期循环"特征,以多重张力驱动的空间治理体系优化,实现统筹国家发展目标和防范政治经济风险治理目标。

张力驱动的特殊经济功能区空间治理,凝聚了多层级政府的发展共识和协作意愿,实现了"充分发挥中央与地方两个积极性"的国家治理效能。特殊经济功能区张力治理显示了当代中国国家治理创新策略:超越传统的集放循环、条块强弱互调治理机制,通过特殊经济功能区建设平衡国家发展目标与政治经济风险。多重张力驱动的特殊经济功能区空间治理,不仅体现了当代中国央地之间跨层级授权放权的空间实践策略,也是区域财权、事权在多元主体间优化配置的过程。纵向授权放权与横向事权优化同频共振,同向发力,推动特殊经济功能区高水平开发建设、高质量创新发展和城乡一体化协同并进,凸显了中国国家治理的灵活性和高绩效特征。

本文以4个国家级开发区空间治理体系的长时段演化为对象,阐述了特殊经济功能区空间治理体系演化逻辑及其背后的理论意蕴。张力是理解中国特殊经济功能区空间治理调适性演化的关键。张力治理凸显了中国国家治理的灵活性和高绩效特征,对于理解当代中国央地关系、经济增长、行政体制改革提供了另一种解释。当然,本文的研究也存在不足之处:(1)中国特殊经济功能区体系包含多样性的经济空间单元,经济开发区与其他特殊经济功能区的空间特征、治理体系存在异质性,空间治理体系与演化逻辑有所不同;(2)张力治理作为一种描述性概念,与上下分治、集放平衡等理论解释相比,还需要借助更多的案例检验和进一步提炼理论内涵。

[本文系国家社会科学基金项目"经济开发区政府管理体制运行阻梗及优化路径研究"(项目编号:21BZZ066)的阶段性研究成果]

府际管理视角下前海合作区的跨境治理模式创新

杨爱平[*] 周品仪[**]

[内容摘要] 前海合作区是"一国两制"下我国重要的跨境治理区域之一。鉴于支持香港发展和服务内地改革的双重战略需要,前海合作区探索的跨境治理模式不仅迥异于内地的其他区域开发模式,而且有别于横琴粤澳深度合作区的府际关系重塑模式。当前,前海合作区的跨境治理模式已超越传统的府际关系范式,展示出鲜明的府际管理实践样态。就府际管理理论视角看,前海合作区的跨境治理具备问题和目标导向、多元主体协同治理、扁平化的非科层制权力结构、网络协商谈判的争端解决四大创新特质。前海合作区的府际管理跨境治理模式,既丰富了新时代"一国两制"的鲜活实践,也为我国跨境治理的模式创新提供了理论资源。

[关键词] 前海合作区;府际管理;跨境治理;"一国两制"

一、问题的提出

众所周知,中央于2010年深圳经济特区成立30周年之际,制

---

[*] 杨爱平,华南师范大学政治与公共管理学院副院长、教授、博士生导师,粤港澳大湾区跨域治理与公共政策研究中心主任。
[**] 周品仪,华南师范大学政治与公共管理学院硕士研究生。

定了《前海深港现代服务业合作区总体发展规划》(简称《总体规划》),成立了前海深港现代服务业合作区(简称"前海合作区"),探索与香港合作的新途径,推进粤港澳现代服务业紧密合作。2021年,在粤港澳大湾区建设的国家战略背景下,根据新的形势和要求,中央又在《总体规划》的基础上出台了《全面深化前海深港现代服务业合作区改革开放方案》(下文简称《改革方案》),基于支持香港发展和服务内地深化改革开放的双重战略需要,提出在"一国两制"的框架下推进前海制度创新,加强与港澳规则衔接、机制对接,丰富协同协调发展模式。时至今日,前海深港现代服务业合作区的开发建设既是"双区"建设中的重大历史机遇和重要关键环节,也是实现区域协调发展和构建高水平对外开放体制机制的重大国家战略,更是在"一国两制"实践中推动香港融入国家发展大局,实现第二个百年奋斗目标新征程和实现中华民族伟大复兴的中国梦的重要举措。从2010年的《总体规划》到2021年的《改革方案》,前海合作区开发建设的政策内涵不断丰富,体制机制创新逐步叠加,已探索出"一国两制"下独具特色的前海跨境治理模式。然而,我国学界对前海跨境治理的实践在理论上较少关注,回应不足。那么,十年间前海合作区的跨境治理经历了怎样的实践探索?当前的前海合作区已塑造出一种什么样的跨境治理模式?相较于过往和相较于横琴粤澳深度合作区,前海合作区的跨境治理模式又有何创新之处?为此,本文将对前海合作区的跨境治理实践历程进行梳理,并从府际管理的理论视域对其跨境治理新模式的内涵与特质进行归纳和比较分析。

二、文献综述与分析框架

(一)深港(粤港)跨境治理中的府际关系

在跨境治理的相关研究中,政府间关系(简称"府际关系")一直是学界关注的热点问题。由此,府际关系的理论视角也成为分析跨境治理中政府间互动关系的重要理论依据。其主要特征有:在参与单位上,强调政府主导的央地关系、各级地方政府间以及内部、多部门内部纵横交错的关系;在权力取向上,强调可感知、非对称取向的层级关系;在冲突解决上,依赖市场、博弈与联盟等处理方式;在价值取向上,强调政府决策的行动认知与协调。① 根据发生向度的不同,府际关系普遍划分为纵向府际关系、横向府际关系、斜向府际关系和条块府际关系,并且形成了一系列有代表性的研究观点。

港澳相继回归祖国后,被重新纳入国家治理体系。在"一国两制"的制度环境和政治框架下,粤、港、澳三方间逐渐形成独具中国特色的跨境治理格局和府际关系。20 多年来,伴随中央治理港澳的方略及央地关系的调整,粤港澳跨境治理格局历经了两个阶段的变迁:一是传统的粤港澳合作时期(1997—2017 年)地方主导的粤港澳跨境治理;二是粤港澳大湾区建设时期(2017 年开始)中央主导的跨境治理。② 与此相适应,不同跨境治理阶段的粤港澳府际关系呈现不同的特质,也引起了不少学者的关注。一是从回归前与回归后的比较视角出发,认为粤港澳府际关系已由回归前中、英、葡三国管治时期的外交关系,转变为回归后一国之下的地方行政区域间的兄弟合作关系。③ 二是从非对称府际关系的视角出发,侧重于分析粤港(澳)这种同一行政级别的非对称府际关系的形成及其影响,认为双方在经济发展程度、综合实力、宪制安排和管治权力方面存在不对称性,属于一种非对称府际关系,而且这种

---

① 林尚立:《国内政府间关系》,浙江人民出版社 1998 年版,第 25—40 页。
② 杨爱平:《粤港澳大湾区跨境治理中的包容性府际关系》,《学术研究》2022 年第 10 期。
③ 陈瑞莲、杨爱平:《论回归前后的粤港澳政府间关系——从集团理论的视角分析》,《中山大学学报》(社会科学版)2004 年第 1 期。

非对称关系给粤港合作带来了消极的"木桶效应"。① 三是从结构性和功能性府际关系的视角出发,认为研究者还应采用动态发展的眼光来综合审视粤港合作实践中的府际关系变化,发现粤港在静态的结构性政府间关系基础上,已循序渐进地塑造和发展出一种问题导向而非宪制约束的功能性政府间关系。② 这是对传统的结构性府际关系的有益补充,有利于突破非对称关系给粤港深度合作带来的束缚与限制。

(二)府际管理的理论视角

府际管理理论因应 20 世纪八九十年代美国等西方国家的发展瓶颈问题而产生。在当时的西方社会,政府再造与地方政府间伙伴关系的建立成为政府间关系发展的新趋势,政府间讨论、磋商、交流的需求不断增长,使得"'多方治理'的政府间活动越来越重要了"。③ 在此背景下,美国府际关系研究的著名学者赖特(D. Wright)提出以府际管理模式代替原有的联邦主义和府际关系模式,并将政府间关系的管理发展划分为联邦主义、府际关系和府际管理三个阶段。在他看来,府际管理包括在府际关系之下的联邦—各州—地方等所有管辖权的互动,此外还涵括行政中的政治连续统一体、公私部门混合等新关系。④ 阿格兰诺夫(Robert Agranoff)和林德赛(Valerie A. Lindsay)则从法律管辖、政治、技术、任务导向四维度出发,认为府际管理最重要的核心课题,

---

① 官华:《区域地方政府间的非对称关系研究——以粤港政府合作为例》,《福建论坛》(人文社会科学版)2011 年第 12 期。
② 杨爱平:《回归 20 年:变化社会中的粤港政府间关系》,《暨南学报》(哲学社会科学版)2017 年第 7 期。
③ [加]戴维·卡梅伦:《政府间关系的几种结构》,张大川译,《国际社会科学杂志》(中文版)2002 年第 1 期。
④ Deil S. Wright. "Federalism, Intergovernmental Relations, and Intergovernmental Management: Historical Reflections and Conceptual Comparisons", *Public Administration Review*, 1990, 50(2), pp. 168-178.

通常而言是独立、分立的组织之间根据问题导向采取的一系列的联合管理行动,其中,私人部门应当在各方面被视为府际管理系统中的合作伙伴。① 劳伦斯(Laurence J.)通过对教育领域的府际管理的考察,认为府际管理是协调与管理政府间关系的一种新型治理模式,通过协商、谈判、合作等手段,依靠构建同一个政府、不同政府部门之间、公共组织和营利性公司之间等联系的一种网络行政新视野。② 可见,学者们对府际管理内涵的理解都体现出对不同组织或部门,尤其是公共部门与私人部门之间所构建的网络合作伙伴关系的重视。

伴随我国社会主义市场经济体制的发展、纵向府际关系的调整、横向府际关系的发展以及21世纪以来多元主体协作治理理论的勃兴,府际管理的理念经学者引介逐步进入国内学界。③④此后,有学者也关注到府际关系研究在行政改革进程中的变化,并结合当时盛极一时的治理概念,将治理的理念嵌入府际管理概念中,提出了与府际管理在本质上并无二致的府际治理概念,认为府际治理包括建立横向的同级地方政府间、纵向的上下级政府间、政府与非政府组织间相互依赖的伙伴关系。⑤ 还有学者将府际治理的概念界定为不同层级政府间的横向、纵向和政府内部不同权力机关间的分工与协作治理网络。⑥ 结合中国的改革实践与府际关系研

---

① Agranoff, Robert and Valerie A. Lindsay. "Intergovernmental Management: Perspectives from Human Services Problem Solving at the Local Level", *Public Administration Review*, 1983, 43(3), pp.227-237.
② O'Toole Jr, Laurence J. and Kenneth J. Meier. "Public Management in Intergovernmental Networks: Matching Structural Networks and Managerial Networking", *Journal of Public Administration Research and Theory*, 2004,14(4), pp.469-494.
③ 陈瑞莲:《论区域公共管理研究的缘起与发展》,《政治学研究》2003年第4期。
④ 汪伟全:《论府际管理:兴起及其内容》,《南京社会科学》2005年第9期。
⑤ 刘祖云:《政府间关系:合作博弈与府际治理》,《学海》2007年第1期。
⑥ 徐凌、陈翔:《对中国府际治理的现状分析与思索》,《云南行政学院学报》2008年第6期。

究情况来看,府际治理研究视角有助于构建和谐府际关系,解决市场失灵和科层制失灵的两难管理困境。① 因此,在当代中国传统府际关系研究面临挑战时,应该更多地寻求政府组织外部的社会资源,走向府际治理。②

在府际管理理论的运用方面,学者们结合中国政治行政体制的特点,运用府际管理理论对我国城市群或合作区等区域政府间合作的实践展开探究。傅永超结合府际管理理论,提出长株潭城市群应建立三市网状政府合作模式,以解决长株潭一体化进程中阻滞不畅的问题③;吴亚慧引入府际管理理念,提出粤桂合作特别试验区构建包含制度、组织、协调和奖惩的区域间政府合作模式的新思路。④ 除此之外,府际治理、府际合作治理⑤、伙伴型政府间关系⑥等具有相似内涵的理论视角也被运用于城市群合作、生态环境治理、流域治理等研究中。

(三) 分析框架

随着 2021 年《改革方案》的出台,前海合作区迈向了全面深化改革发展的新阶段,合作区跨境治理实践出现了诸多新变化,其关涉的主体已不局限于《总体规划》时期的中央、粤、深、港等政府机构,而是整合了相关职能部门、国企、港澳和外籍人士等多方主体,

---

① 张明军、汪伟全:《论和谐地方政府间关系的构建:基于府际治理的新视角》,《中国行政管理》2007 年第 11 期。

② 张紧跟:《府际治理:当代中国府际关系研究的新趋向》,《学术研究》2013 年第 2 期。

③ 傅永超、徐晓林:《长株潭一体化政府合作模式研究——基于府际管理和复合行政理论》,《软科学》2006 年第 6 期。

④ 吴亚慧:《府际管理理论与粤桂合作特别试验区政府合作问题研究》,《探求》2017 年第 4 期。

⑤ 何精华:《府际合作治理:生成逻辑、理论涵义与政策工具》,《上海师范大学学报》(哲学社会科学版)2011 年第 6 期。

⑥ 蔡英辉:《伙伴型政府间关系:中国府际治理的趋向》,《福建行政学院学报》2012 年第 3 期。

他们协同参与合作区的建设与治理;同时,深港两地相关治理主体更是需要面对大量跨境、跨部门、跨组织的跨界公共问题(cross-cutting issues)。因此,传统府际关系理论所强调的政府主导、明确分工、层级治理的方式在应对更为复杂的跨境事务治理时频频受阻,而多元治理主体的引入以及治理主体之间的沟通交流、协同治理活动则越来越重要。或者说,传统的府际关系视角对于当下前海合作区的跨境治理实践而言,已显得解释乏力了,因此,需要考虑引入新的理论来进行更有针对性的诠释。为此,本文尝试运用府际管理理论对前海合作区跨境治理模式进行新的解释。

本文使用的府际管理概念及其内涵,主要依循赖特的经典定义,即:府际管理是为实现公共政策目标与公共行政任务,以促进和改善政府间关系的一种新型管理思维,其以问题解决、项目完成为最终导向,力求通过讨价还价、谈判以及解决纠纷的方式,并借由非科层制网络,以实现资源共享、关系协调以及任务实现。[1] 其主要内涵包括四个维度:在价值导向上,府际管理主张坚持问题和目标导向,将行动聚焦于公共产品、服务和项目的结果;在涉及主体方面,府际管理强调公共产品和服务的多元化供给,即公共管理和服务主体具有多元性,既包括各级政府,也包括公私部门的合作以及不同政治因素的联合,而且注重发挥专业人士或政策专家的作用;在权力关系方面,府际管理主张将金字塔型的权力结构转变为扁平化的结构,强调非科层制和非权威性服从,通过各主体之间的联系与沟通构建起协调性、依赖性的网络型结构;在冲突解决上,府际管理认为应该通过讨价还价、协商谈判等方式进行网际沟通,促进争端解决。

上述四个维度的理论内核,对于分析前海合作区所探索的新型跨境治理模式具有重要的指导意义。为此,我们构建了基于府

---

[1] Deil S. Wright. "Federalism, Intergovernmental Relations, and Intergovernmental Management: Historical Reflections and Conceptual Comparisons", *Public Administration Review*, 1990, 50(2), pp.168–178.

际管理视野的前海合作区跨境治理模式的分析框架。在价值导向方面,前海坚持以合作区的战略目标和当时面临的突出问题为指引;在涉及主体方面,前海合作区的建设发展主体除中央、粤、深、港等政府主体外,还注重强调发挥相关职能部门、国企等主体的作用,并吸纳港澳与外籍人士等多元主体协同参与合作区治理;在权力结构方面,前海探索出一种具有非科层制、扁平化、网络型特点的权力结构;在争端解决方面,前海积极借鉴香港及国际上的有益经验,采取调解、仲裁、谈判、诉讼等网络协商的争端解决方法与机制。具体可参阅图1。

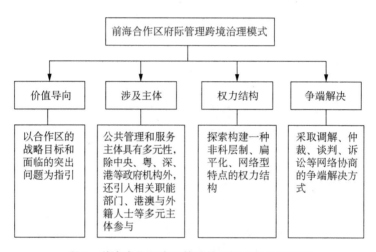

图1 前海合作区府际管理的跨境治理分析框架

资料来源:作者自制。

三、从《总体规划》到《改革方案》:前海合作区跨境治理的实践探索

自2010年《总体规划》出台以来,前海合作区的开发建设已经

走过了十几年的发展历程。2021年,为支持香港经济社会发展,进一步深化内地改革开放,中央出台了《改革方案》,并陆续发布一系列支持前海合作区发展的政策措施。在深港合作推进前海开发管理的十几年历程中,前海合作区逐渐塑造出一种独特的跨境治理模式。以两次规划方案的出台作为时间节点,该模式主要经历了从深港合作开发管理到深港府际管理的发展演变过程。

(一) 2010年《总体规划》出台后的深港合作开发管理模式

2010年,国务院批复《总体规划》,提出要发挥深港两地的比较优势,大力发展前海服务业,加强深港合作,并且明确了前海粤港现代服务业创新合作示范区的战略定位。[①] 在《总体规划》的安排下,加强深港合作,推进合作区创新开发管理模式和体制机制,成为中央赋予前海的一项重要使命。由此,前海合作区坚持整体规划、统筹推进、政府主导、市场运作的原则有序推进开发建设,构建起1.0版的前海合作区深港合作开发管理模式,包括统筹协调层、决策协调层和具体执行层(图2),推动深港之间开展合作交流,共同参与前海的开发建设。

在开发管理原则的指引下,广东省和国务院相关部委切实加强前海开发建设的组织领导,推进粤港、深港合作,并且建立了由中央部委和地方政府多方参与的部际协调机制。其中,在统筹协调层面,粤港合作框架和粤港合作联席会议机制由广东省和香港特区政府的高级官员组成,旨在促进粤港在贸易、经济、跨境基础设施等方面的合作协调。深圳前海深港现代服务业合作区建设部际联席会议制度(后发展为促进广东前海南沙横琴建设部际联席

---

① 《国务院关于〈前海深港现代服务业合作区总体发展规划〉的批复》(2010年8月26日),深圳市前海管理局官网,http://qh.sz.gov.cn/sygnan/xxgk/xxgkml/zcfg/zzwj/content/post_4431056.html,最后浏览日期:2022年6月20日。

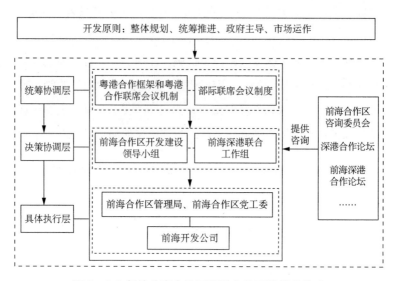

图 2　1.0 版的前海合作区深港合作开发管理模式

资料来源:结合 2010 年《总体规划》及深圳市前海管理局官方网站相关资料自制。

会议制度)则在国务院的领导下对前海的建设工作进行统筹协调,加强对前海合作发展中各项重大问题的指导和协调,以及对实施情况的监督和总结,通过国务院各部委与粤深港三方之间的联动合作,形成国务院各部门、各相关地区合力推进前海开发开放的工作新格局。

在决策协调层面,深圳市积极落实前海开发建设的工作责任,于 2010 年成立前海合作区开发建设领导小组,领导小组由深圳市委书记、副书记、市长等深圳市高层官员组成,作为合作区的最高决策机构,负责研究决定前海开发建设过程中的重大事项,协调解决重大问题。2012 年,为了建立深港两地更加紧密的合作机制,深港双方还在前海深港现代化服务业合作区建设部际联席会议制度框架下成立了前海深港联合工作组,以推动前海管理局与香港政制及内地事务局在前海开发建设中的沟通和协作,并在其中起到了重要的工作协调作用。

在具体执行层面,前海管理局是合作区开发管理的重要执行主体,作为深圳市政府的直属派出机构,它依法履行相关行政管理和公共服务职责;前海合作区党工委作为中共深圳市委的派出机构,明确与前海管理局一体化运作。前海管理局下辖的3家开发公司,负责区内土地一级开发和基础设施建设,强调在开发建设中借鉴香港特区政府对工程建设的监管模式,探索具有前海特色的工程监管机制,加强深港两地基础设施建设合作。

在三层级的开发管理体制机制外,前海还积极整合相关专家学者、业界人士的专业资源,通过前海合作区咨询委员会这一高层决策咨询和参谋机构,为前海合作区开发建设重大决策提供咨询意见、参考建议或预案,并通过深港合作论坛、前海深港合作论坛等非官方的咨询交流平台,促进深港法律界、工商界等行业的交流与合作,为前海的开发建设出谋划策,推动深港合作深化发展。可见,当时的前海合作区是政府主导、市场运作的合作开发模式,吸收借鉴了香港注重发挥市场、社会力量参与项目开发建设的经验,与内地其他的开发区建设模式已有很大的不同,具备了府际管理模式的雏形。

(二) 2021年《改革方案》构建的深港府际管理跨境治理模式

2021年9月6日,中共中央、国务院印发了《改革方案》,对前海合作区进行扩容提质发展,不仅作出了对前海合作区扩容8倍面积的重要利好决定,还提出要打造全面深化改革创新试验平台,进一步推动合作区治理模式创新。在《改革方案》的制度设计下,新前海合作区围绕服务内地和支持香港的双重战略目标,通过推进政府机构、合作区管理主体以及其他多元主体的协同参与,形成了多方合力推动合作区全面深化改革发展的新局面。可以说,《改革方案》构建了超越《总体规划》时期的2.0版新模式(图3)。

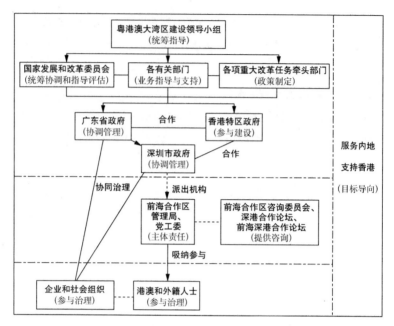

图 3　2.0 版的前海合作区府际管理跨境治理模式

资料来源：结合 2021 年《改革方案》及深圳市前海管理局官方网站的相关资料自制。

在政府机构层面，新成立的粤港澳大湾区建设领导小组在前海合作区跨境治理过程中发挥着统筹指导与协调的作用，多次召开相关会议部署合作区建设的重点工作，通过强大的政治势能及高位推动扎实推进前海合作区建设。在粤港澳大湾区建设领导小组的统筹指导下，国家发展和改革委员会负责建设过程中的统筹协调和指导评估；各有关部门负责加大业务指导和支持力度，将既有合作区内的相关支持政策覆盖至扩区后的区域。在粤港澳大湾区建设领导小组和中央部委的指导下，广东省和深圳市切实加强统一领导，加强组织管理与协调，进一步完善政策举措，香港特区政府加大力度参与大湾区与前海合作区建设，并重点关注深港合作的深化发展。

在合作区管理主体层面，前海管理局履行合作区管理主体责任,推进以法定机构承载部分政府区域治理职能的体制机制创新,落细落实各项改革举措;前海咨询委员会等咨询机构则继续发挥智囊团的作用,为前海合作区的建设发展提供咨询意见。此外,《改革方案》提出,合作区将"研究在前海合作区工作、居留的港澳和外籍人士参与前海区域治理途径,探索允许符合条件的港澳和外籍人士担任前海合作区内法定机构职务",并且探索符合条件的市场主体承接公共管理和服务职能,推动企业履行社会责任,在部分领域探索政府和企业协同治理模式。①显然,这将推动港澳与外籍人士、合作区内的企业和社会组织等多元主体参与合作区的协同治理。可以说,前海合作区的跨境治理通过将政府、管理机构及其他多元主体联动起来,探索了一种内地、港澳乃至外籍人士共同参与合作区管理的府际管理模式。

四、前海合作区府际管理跨境治理模式的主要特质

综合上述,在前海合作区十多年的发展历程中,其跨境治理实践经历了从早期的深港合作开发管理模式到具有包容性的深港府际管理模式的演变。可以看到,在当前全面深化改革时期,前海合作区的跨境治理模式不仅超越了传统上偏重政府间互动关系的府际关系形态,还创新地引入在前海工作、居留的港澳和外籍人士参与区域治理,大胆通过构建政府、企业、社会协同治理模式,将企业与社会组织纳入区域治理的大框架②,这有助于打破政府本位主

---

① 《中共中央 国务院印发〈全面深化前海深港现代服务业合作区改革开放方案〉》(2021年9月6日),中国政府网,http://www.gov.cn/zhengce/2021-09/06/content_5635728.htm,最后浏览日期:2022年6月20日。
② 谢宝剑:《深圳前海区域治理模式创新研究》,《澳门理工学报》2022年第2期。

义,对政府单一主体治理的模式形成了良好补充。① 概而言之,前海合作区逐步探索的府际管理跨境治理模式,具有以下四大特质。

(一) 坚持问题和目标导向

十多年来,前海合作区的建设与治理始终围绕着问题和目标进行发力。从 2010 年《总体规划》实施的背景与战略目标来看,当时香港在经济体量上拥有深圳市乃至广东省难以比拟的巨大优势,且香港在法治、社会管理、现代服务业等方面是内地尤其是粤深实行改革开放的"榜样"。因此,当时的广东省和深圳市迫切希望通过前海合作区这一战略平台,引入香港先进的管理和服务经验,继续发挥深圳经济特区先行先试作用,积极开展体制机制创新。作为我国改革开放的前沿阵地,深圳市的体制机制创新也有利于促进珠三角乃至我国的产业转型升级,转变经济发展方式,符合国家对外开放战略的新要求。从 2021 年的《改革方案》来看,随着国家实力地位实现了由富起来向强起来的历史性跃迁,粤港澳经济体量出现此消彼长的变化,以及香港内部结构性矛盾日益凸显,内地与香港之间的力量对比也发生了历史性变化。为此,中共十九大正式提出"支持香港、澳门融入国家发展大局"的重要政策论断,中共二十大更进一步提出,要"支持香港、澳门更好融入国家发展大局,为实现中华民族伟大复兴更好发挥作用",将支持港澳发展与国家同频共振发展列为新时期的重要目标。可见,2021 年的《改革方案》与 2010 年的《总体规划》相比,其战略定位从"探索深化与香港合作的新途径"向"支持香港经济社会发展"的方向发生了重大转变。此外,随着我国全面深化改革开放的进程不断加快,深圳经济特区大量的经验做法被推广复制到全国各地后,"特

---

① 张康之:《论主体多元化条件下的社会治理》,《中国人民大学学报》2014 年第 2 期。

区不特"的问题日益凸显,而深圳市要继续保持自身之"特",必须不断升级。① 因此,中央对前海的战略定位也发生了相应转变,从"继续发挥特区先行先试作用"到"支持深圳建设中国特色社会主义先行示范区""构建对外开放新格局"转变,以推动前海基于"国家所需、双区所长、前海所能",更好地发挥湾区发展引擎的功能。② 总之,前海合作区跨境治理的目标导向和问题导向特点非常明显,契合了府际管理模式的第一个特质。

(二)引入多元主体协同治理

前海合作区在推进跨境治理实践中,不断探索引入多元主体参与合作区的建设与治理。特别是在《改革方案》出台后,国家更加强调前海的跨境治理要在粤港澳大湾区建设领导小组的指导下,通过政府间横向协同治理、纵向协同治理及政府、企业、社会协同治理,形成一种高效的多元治理结构。③ 在其中,探索港澳与外籍专业人士参与前海的区域治理是一项重要的制度创新。早在2010年的《总体方案》中,前海便开始探索香港人士参与前海管理的形式和途径,鼓励深港工商企业界、法律界及专业服务人士开展多种形式的交流合作。2021年的《改革方案》更是继续将参与治理的主体范围扩大到在前海合作区工作、居留的港澳和外籍人士,探索允许符合条件的港澳和外籍人士担任前海合作区内法定机构职务,这显然是一种内地管辖权和公职岗位让渡的表现。这一突破主要有两方面意义:一方面,前海希望通过深入探索建立一些行业共同体,形成一个共同的行业资质认定标准,在促使港澳人士更

---

① 《深圳特区40年|樊纲:继续发挥特区作用 重在全方位先行示范》(2020年8月18日),微信公众号"综合开发研究院",https://mp.weixin.qq.com/s/gnxLUCVxuFjoFTh_CQVSbg,最后浏览日期:2022年6月20日。
② 吴德群、张智伟、吴徐美:《"特区中的特区"奋楫扬帆》,《深圳特区报》,2022年6月16日,A03版。
③ 谢宝剑:《深圳前海区域治理模式创新研究》,《澳门理工学报》2022年第2期。

充分地参与前海治理的同时,也把一些中国香港和澳门以及外国的有益治理经验提供给前海①;另一方面,前海的跨境治理注重考虑区域内内地、港澳乃至外籍人士等多元主体不同的利益和需求,展现出具有包容性的府际管理的重要特点。

此外,前海开发十几年来的深港合作也经历了从"深圳热,香港冷""讨论热,推进冷"到双方不断推进合作、合力建设前海的历程。在这一过程中,香港特区政府和香港各界逐渐加强了对港深合作、粤港合作的关注,积极参与大湾区建设和前海合作区的跨境协同治理。例如,在《改革方案》出台后,特区政府接连发布《行政长官2021年施政报告》《北部都会区发展策略》和《跨越2030年的规划远景与策略》(简称《香港2030+》)三份重要文件,明确提出深港强强联手,打造"双城三圈"的空间格局②;新任行政长官"新官上任"便积极主动地与粤、穗、深方领导召开深化粤港合作视频会议,加强推动和协调多方主体合作建设大湾区的相关事务③;香港立法会通过"积极配合《前海方案》,加快融入国家发展大局"的议员议案④,特区政府也应议员建议,将设立深港两地政府高层次工作专班,设立专项发展资金,加快推动港深在前海的合作和具体措施落实,等等。⑤ 这体现出在全面深化改革时期,粤港、深港加

---

① 《创新合作区治理模式,前海可以进行哪些探索?》(2021年9月9日),腾讯网,https://new.qq.com/rain/a/20210909A06RDT00,最后浏览时间:2022年9月2日。
② 《施政报告｜发展北部都会区 构建双城三圈》(2021年10月7日),南方号"香港特区政府驻粤办",https://static.nfapp.southcn.com/content/202110/07/c5812697.html,最后浏览日期:2022年8月18日。
③ 《深化粤港合作视频会议召开 李希李家超王伟中孟凡利出席》(2022年9月2日),广东省人民政府网,https://www.gd.gov.cn/gdywdt/gdyw/content/post_4006114.html,最后浏览日期:2022年9月17日。
④ 《积极配合〈前海方案〉议案通过》(2022年5月19日),大公报,http://www.takungpao.com/news/232109/2022/0519/721096.html,最后浏览日期:2022年9月17日。
⑤ 《李家超:设立13个粤港合作专班 将尽快对接实质工作》(2022年9月1日),紫荆网,https://zijing.com.cn/article/2022-09/01/content_1014937319824666624.html,最后浏览日期:2022年10月9日。

强对接,合力开展前海合作区的协同治理。

(三) 构建扁平化的非科层制权力结构

在前海合作区十几年的发展过程中,前海管理机构的体制机制创新一直是中央赋予前海的重要使命。前海的跨境合作依托其管理机构——前海管理局,探索出一种非科层制、扁平化、网络型的权力结构,开启了国内合作区以法定机构模式来推进合作区开发管理的先河。根据《总体规划》及深圳市出台的相关法规规定,前海管理局是实行企业化管理,但不以营利为目的履行相应行政管理和公共服务职责的法定机构。经过十几年的发展,前海管理局已逐步建立健全涵盖决策、执行、监督、咨询的治理结构,构建完善以法定机构承载区域政府治理职能的体制机制创新格局,形成了独特的"前海模式"。[1] 作为全国第一个采取法定机构模式推动区域开发的合作区,前海合作区管理局构建了扁平化、网络化的非科层制权力结构。具体体现在:从内部管理的角度看,前海管理局按"企业化管理、市场化运作"原则进行统一管理,实行局长负责制的法人治理模式[2],内设17个机构,下设2个机构,下辖3家国有企业,除局长一人保留公务员身份外,其余均实行开放、灵活的市场化用人制度,建立了企业化的组织运行机制[3];从外部联系的角度看,前海管理局作为深圳市政府的直属派出机构,承接了一系列省级以上主管部门、省政府、市政府下放或委托的审批权限和行政事项,并与广东省、香港特区、深圳市、宝安区、南山

---

[1] 参见深圳市前海管理局官网:http://qh.sz.gov.cn/sygnan/xxgk/xxgkml/jgzn/qhjj/。

[2] 宋亮:《前海管理局法定机构模式探索之我见》(2018年12月14日),深圳市司法局官网,http://sf.sz.gov.cn/ztzl/fzsjs/zffzyj/content/post_2962639.html,最后浏览日期:2022年10月8日。

[3] 张紧跟、黄云振:《法定机构为何难以去行政化——以深圳前海管理局为例》,《中共福建省委党校学报》2018年第6期。

区政府等政府主体,及粤(深)港的企业、社会组织等社会主体构建了网络状的沟通联系,协同推进前海合作区相关跨境治理事务。

(四)采取调解、仲裁、谈判、诉讼等网络协商的争端解决方式

与国内其他功能开发区相比,重视法治保障,注重完善法制化跨境协作机制,构建平等协商、谈判调解的争端解决机制是前海合作区的核心竞争优势与主要驱动力。① 2021 年的《改革方案》提出,要积极探索不同法系、跨境法律规则衔接,探索建立与完善民商事相关的争议争端解决机制与平台,从而提升法律事务对外开放水平,推动高水平对外开放门户枢纽建设。在《改革方案》的指引下,深圳市以高标准建设前海深港国际法务区,致力于构建国际商事争议解决中心、国际法律服务中心、知识产权保护高地的功能布局。② 在"两中心,一高地"的功能布局下,合作区内前海法院、前海国际商事调解中心等多层级法治机构齐全,通过组建国际化、专业化的调解队伍,打造了调解、仲裁、诉讼有序衔接的"一站式"国际商事争议多元化解决机制,合作区也成为我国法律事务对外开放与争端多元化协商解决的开拓先锋和示范窗口。③ 在打造国际商事争议多元化解决机制的实践中,前海加强与港澳法律事务的联动与对接,如首创涉港合同可适用香港法律,率先引入港区陪

---

① 张玮:《获深圳综改试点突出贡献奖,前海得分项在哪儿》,《南方日报》,2022 年 6 月 10 日,第 SC02 版。
② 《深圳高标准建设前海深港国际法务区获评 2021 年度深圳"十大法治事件"》(2022 年 5 月 20 日),南方 plus,https://static.nfapp.southcn.com/content/202205/20/c6511336.html,最后浏览日期:2022 年 9 月 5 日。
③ 《前海打造国际商事争议多元化解决机制》(2020 年 11 月 20 日),深圳市前海管理局官网,http://qh.sz.gov.cn/sygnan/qhzx/dtzx/content/post_8285719.html,最后浏览日期:2022 年 9 月 5 日。

审员参与审理涉港案件,建立系统完备的域外法律查明机制①;区内的前海"一带一路"国际商事诉调对接中心、粤港澳大湾区国际仲裁中心等机构,聘任多名港澳职业人士参与合作区的法律事务工作,以协商谈判的方式累计成功调解了数百起跨境民商事纠纷等。②这体现出前海作为深港合作的桥头堡,通过构建网络协商谈判的争端解决机制,致力于打造与香港相仿、相亲的法治化、国际化营商环境,更好地实现支持香港和服务内地的双重战略需要。

五、前海合作区与横琴粤澳深度合作区跨境治理模式的比较

横琴粤澳深度合作区(简称"横琴深合区")与前海合作区同为我国深化改革开放的重要窗口,开发建设的初心都旨在拓展港澳发展空间,支持港澳经济社会发展,保持港澳长期繁荣稳定,但又在战略定位上各有侧重、相辅相成。③ 具体而言,横琴开发的初心是"为澳门产业多元发展创造条件",而前海开发的初心是推进深港合作,并将"支持香港经济社会发展"作为开发建设前海的首要战略定位。国家赋予这两个重大平台各有侧重的初心使命与战略定位,事实上也让前海与横琴构建出风格迥异的跨境治理模式。

---

① 《深圳前海:深化改革开放 释放扩区动能》(2022年5月24日),深圳市前海管理局官网,http://qh.sz.gov.cn/sygnan/qhzx/dtzx/content/post_9817516.html,最后浏览日期:2022年9月18日。
② 张玮:《获深圳综改试点突出贡献奖,前海得分项在哪儿》,《南方日报》,2022年6月10日,第SC02版。
③ 《打造立足湾区、协同港澳、面向世界的重大战略性平台——解读〈广州南沙深化面向世界的粤港澳全面合作总体方案〉》(2022年6月25日),中国政府网,http://www.gov.cn/zhengce/2022-06/25/content_5697709.htm,最后浏览日期:2022年10月10日。

（一）横琴深合区构建出"共商共建共管共享"的新体制

事实上，横琴深合区的跨境治理模式同样经历了一个调适转变的过程。早在2009年8月，中央政府出台《横琴总体发展规划》，成立横琴新区，将横琴开发管理上升为一项国家战略。同年11月，中央机构编制委员会办公室、广东省机构编制委员会办公室设立广东省政府统筹横琴开发的派出机构——珠海市横琴新区管理委员会（简称"管委会"），并委托珠海市政府对其进行管理，推进横琴新区中的跨境事务治理。同时，珠海市政府也提出成立领导新区管委会与决定横琴新区发展重大事项的横琴新区发展决策委员会（简称"决委会"），及监督管委会决定事项执行情况的横琴新区发展咨询委员会（简称"咨委会"），形成了"决委会—管委会—咨委会"一体的体制架构，明确了横琴新区管委会由决委会领导，需定期向咨委会反馈横琴开发情况。但在实际运作过程中，横琴新区管委会作为广东省派出机构，其决策层实则完全由珠海市主导的决委会领导，与中央政府、广东省政府间的关系衔接较为松散，澳门特区政府更是无法享有横琴开发的决策权和管理权，逐渐出现被"边缘化"的趋势。这种管理体制，并不符合横琴开发的初心要求，不利于凝聚粤珠澳三方政府合力推进横琴开发的共识。

为适应粤港澳大湾区建设的国家战略要求，达到"促进澳门经济适度多元发展"的政治初心，中央政府在2021年出台《横琴粤澳深度合作区建设总体方案》，将此前的横琴新区调整为横琴深合区，成立了深合区管委会、深合区执行委员会（简称"执委会"）和属地管理的广东省委、省政府派出机构——中共广东省委横琴粤澳深度合作区工作委员会、广东省人民政府横琴粤澳深度合作区工作办公室（简称"横琴工委""横琴办"），重新构建了粤澳"共商共建共管共享"的新体制。该体制明确将横琴深合区管委会定位为粤港澳大湾区建设领导小组统筹领导下的管理机构,由粤澳双方在中央政府赋予的职权范围内,统筹决定深合区重大规划、重大政策、重要人事任免等行政事务;管委会下设执委会和秘书处进行合署办公,其主要负责人由澳方委派,粤珠双方派人参加,协助做好涉澳事务的协调工作;广东省委、省政府的派出机构则履行属地管理职责,负责统筹协调横琴当地党的建设、国家安全、刑事司法、社会治安等工作,积极主动地配合合作区管委会和执委会推进合作区开发建设。可见,横琴深合区所开创的新体制已与横琴新区时期的管理体制截然不同(图4)。这种粤澳"共商共建共管共享"的新体制,从根本上改变了过往由珠海主导"唱独角戏"的管理模式,使得澳方能在深合区建设中平等地享有参与权、决策权、监督权和话语权,形成了中央统筹领导下粤澳双方联合管理深合区的跨境治理事务新局面。

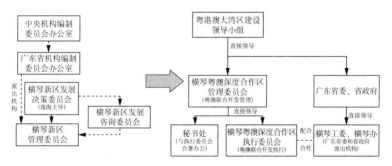

图 4 横琴新区与横琴深合区跨境治理体制比较

资料来源:结合已归档的珠海市横琴新区门户网站与横琴深合区官方网站资料自制。

(二)府际关系与府际管理:横琴、前海跨境治理模式比较

由上可见,横琴深合区所开创的"共商共建共管共享"新体制是一种府际关系重塑的跨境治理模式。从 2009—2021 年横琴开

发的体制变迁发展历程来看,横琴新区时期构建的是以"珠海主导"的横琴开发体制,在当时的体制下,横琴开发中牵涉的多重府际关系并未理顺,致使"横琴开发服务澳门产业多元化发展"的初心根本难以实现。

其一,中央与粤、澳间存在政策传导"梗阻"的现象。事实上,自2009—2018年,习近平总书记(2009年第一次视察横琴时任国家副主席)曾四次视察横琴,每次均语重心长地提出,中央决定开发横琴的初心是服务于澳门产业多元发展。但直至2018年第四次视察后,粤澳珠三方尤其是粤珠双方才真正意识到自身的政治责任,并切实"扛起横琴开发要服务于澳门"的政治责任。其二,粤澳作为省级政府间的横向博弈关系一直存在。从粤方来看,在地权归属和行政区划上,横琴是珠海市的横琴,也是广东省的横琴,因此,在中央主导的粤港澳大湾区建设国家战略出来之前,广东省方面一直认为横琴开发的主体是自己的下级——珠海市,收益也应该归属珠海市。站在澳方的角度,既然中央已经决定横琴开发是服务于澳门产业多元发展,粤珠双方就应进行管辖权和利益让渡。为此,在横琴新区时期,粤澳双方为了实现各自的利益,采取了各自为政的博弈策略。其三,粤珠之间的自我保护型地方上下级关系。在传统的粤澳合作时期,最主要的合作阵地和载体就是珠海市,尤其是其属下的横琴。在当年的地方发展型政府思维指导下,广东省和珠海市均把做大做强地方经济蛋糕作为第一要务,因此,即使珠澳之间围绕横琴合作出现了利益分歧和摩擦,广东省采取的是观望和默认的态度,更多站在维护下级利益的立场上来处理。其四,珠澳之间的斜向非对称性府际关系,不利于珠澳双方开展对等合作。珠海市只是一个拥有经济特区立法权的普通地级市,而根据《中华人民共和国宪法》和《中华人民共和国澳门特别行政区基本法》,澳门是省级行政级别的特别行政区域,拥有相对于内地省级政府还多的高度自治权。这种斜向非对称性府际关系,客观上导致澳门在和珠海市交往与合作时,产生一种居高临下的优越感。相对地,澳门的这种合作姿态和策略,对珠海市来说有一种天然的抗拒感。珠海市方面总觉得,澳门只是一个产业畸形发展的小微城市,总想依仗特别行政区的地位向中央"等、靠、要"而获得政策资源,转而向珠海市施压,要求"单向给惠"开展合作。因此,客观而言,珠海市方面在很长的一段时期内对珠澳合作开发横琴有着心理抵触感。

但是,2021年横琴深合区构建的"共商共建共管共享"新体制,较为彻底地重塑了上述四方面的府际关系,进而有利于实现横琴开发是"为澳门产业多元发展创造条件"这一初心。这是因为:首先,横琴深合区新体制明确了横琴开发要接受中央粤港澳大湾区建设领导小组的直接统筹领导,由此调整了中央政府与粤澳珠三方政府间的央地垂直领导关系,有利于中央有关大湾区建设和横琴开发政策传递的上下贯通。其次,横琴深合区管委会和执委会是由粤澳双方"共商共建共管共享",这赋予了粤澳双方在横琴开发中平等的决策权、执行权和监督权,解决了传统上澳门在横琴开发中被"边缘化"的问题,也避免了粤澳双方之间的利益博弈。再次,由广东省委、省政府成立派出机构对横琴深合区的党建、国家安全、治安和社会事务进行属地管理,减少了珠海市这个层级,避免了自我保护型地方上下级关系带来的问题。最后,横琴深合区无论是在管委会还是在执委会架构里,珠海市均只占一席,这彻底改变了横琴新区时期珠海市"唱独角戏"主导横琴开发的局面,对原来因非对称斜向府际关系带来的问题进行了纠偏。

由上可看出,横琴深合区探索的新型跨境治理模式,坚持问题导向和目标导向,重在通过体制的彻底重构来理顺中央政府与粤澳珠多重府际关系,实现府际关系的重塑发展,从而更好地凝聚多方合力,守护好横琴开发的初心。横琴深合区所构建的跨境治理新体制,体现出鲜明的科层制再造逻辑,具有显著的府际关系重塑意味。但前面分析的前海合作区跨境治理模式则不同,它没有做幅度很大的体制改革,更多的是沿袭了早期创立的以前海管理局为核心的法定机构运作模式,这是一种扁平化、网络式的非科层制权力结构;同时,它引入港澳和外籍人士等多元主体协同参与前海建设,积极探索调解、仲裁、谈判、诉讼等网络协商的争端解决方式。这种循序渐进的改革思路,具备了府际管理的四大特质。因此,我们把前海合作区的跨境治理模式称为府际管理跨境治理模式。

[本文系国家社会科学基金重大项目"粤港澳大湾区世界级城市群治理体系创新研究"(项目批准号:20&ZD158)的阶段性成果。]

界分治理:开发区政经双线治理模式研究
——基于苏州工业园区(SIP)改革案例

黄建洪* 冒慧娴**

[内容摘要] 界分治理是对正处于转型升级阶段开发区治理中分领域治理的简约概括。基于苏州工业园区案例,所谓界分治理,是指回应性地以经济功能区服务于市场(企业法人治理)、以街道服务于市民(自然人治理),从而形成对经济发展、城市治理的双线治理架构。这种复合型治理,本质上是在秉承开发区"开发逻辑"的大前提下,根据情势所做出的"建设逻辑"更新,是开发区既有治理体制的延伸、叠加和嵌套。该模式将既往单纯的政府引导市场,逐步转变为以释放更为专门的经济动力和社会动力并予以组织化方式,去升级实现开发区经济社会的高质量。它有效地解决了开发区纵向"高放低""普变特"叠加赋权情势下,原治理构架遭遇的一定程度的"超载"难题,并同时能够在"趋高""趋新"等创新维度上实现内涵式发展。作为一种自觉的组织化调适,界分治理是对开发区"渐弱式市场替代体制"的局部修正,以及对大量新增社会治理、城市管理事务的叠加式应对,有其积极效应。但基于开发区长周期发展看,该模式存在治理的内部张力及其衍生风险,需谨慎应对。

[关键词] 界分治理;开发区;政经双线;组织化调适;苏州工业园区

---

* 黄建洪,苏州大学政治与公共管理学院教授、博士生导师,苏州大学应急管理研究院院长,苏州大学中国特色城镇化研究中心、东吴智库研究员。

** 冒慧娴,苏州大学政治与公共管理学院硕士研究生,苏州大学中国大城市发展研究院研究人员。

■ 新城新区建设与特殊经济功能区治理

作为改革开放后经济建设的"强引擎"与现代化行政管理体制创新的"试验田",开发区这一具有特殊功能定位的独特政策区域,承载了我国经济发展的诸多价值诉求与利益关系,它通过"先行先试"的治理创新带来了显著的经济发展绩效。经历高速增长与跨越式发展阶段后,面对"新常态"中经济发展的更高形态、更复杂分工、更合理结构的演进趋势,创设于特殊时代背景的开发区,正逐步从以经济建设和产业发展为重心的单一生产功能型开发园区,向以经济管理和公共服务为重心的城市综合功能型开发园区转型。生产性区域向融生产生活一体的城区转变,引发了开发区经济发展需求和社会结构的持续变迁。在此情况下,开发区的治理单元和治理尺度会出现适应性调整。那么,这些变化何以发生、变化了什么、影响怎样、如何评价等问题,便成为亟待去梳理和认识的新话题。从苏州工业园区的实证案例出发,我们发现了一种界分治理与组织化调适的新治理模式,即一般涉民行政与涉经济发展的分线治理。究竟如何来认识这一组织化现象并予以学理阐释,是本文的基本任务。

一、问题的提出与理论工具

(一)问题的提出

开发区是国家非均衡战略的实施点、赶超型战略的着力点、改革开放战略的落脚点、创新型国家战略的突破点和可持续发展战略的行动点。[①] 开发区是指国家或地方政府为了有效吸引、聚集和利用外部生产要素,促进区域经济增速发展,而划定的先行探索

---

① 黄建洪:《转型升级期的 SEZ 治理:体制本质、运行逻辑及面临挑战》,《上海行政学院学报》2010 年第 6 期。

和实施特殊政策制度、行政架构以及管理方式,具有一定战略目的且功能定位不断外延的特定区域空间范围。① 通常而言,开发区包括国家级、省级及省级以下的经济技术开发区、高新技术产业开发区、海关特殊监管区域、边境/跨境经济合作区、其他类型开发区以及自由贸易试验区等在内的外延功能区等丰富范畴。自1984年设立首个开发区以来,我国开发区的类型和数量迅猛增长。截至2022年7月,全国共形成2 781个不同功能、不同特征、不同级别的开发区,其中,国家级经济技术开发区和国家级高新技术产业开发区数量分别达到230家和172家。②

开发区的建设与发展是城市内部空间单元变动与区域间关系调整的缩影。纵向地看,我国开发区经历了大致三个阶段:20世纪80年代"以工业为主、以引进外资为主、以出口创汇为主"的初创期;90年代"以发展工业为主、利用外资为主、出口创汇为主、致力于发展高新技术产业"的成长期;21世纪以来至2016年前"以提高吸收外资质量为主,以发展现代制造业为主,以优化出口结构为主,致力于发展高新技术产业,致力于发展高附加值服务业,促进国家级经济技术开发区向多功能综合性产业区发展"③的转变期。尽管不同时期的治理模式和管理体制有所差别,但总体上可以纳入以超自主性结构为核心的,极具弹性、不确定性和过渡性的"渐弱式市场替代体制"这一限度介入式治理体制。

那么问题来了,在新时期,开发区多年的治理体制机制是否出现变化?"渐弱式市场替代体制"是否被修正?如有变化,那种具

---

① 李云新、文娇慧:《开发区与行政区融合发展的制度逻辑与实践过程》,《北京行政学院学报》2018年第1期。
② 《从零碳园区打造路径及发展基石 看园区"碳中和"之路》(2022年7月5日),网易,https://www.163.com/dy/article/HBH6J8IQ051480KF.html,最后浏览日期:2022年8月10日。
③ 《商务部、国土资源部关于印发〈国家级经济技术开发区经济社会发展"十一五"规划纲要〉的通知》(商资发〔2006〕257号)。

有超自主性结构、多重委托—代理关系、利益主导的博弈运作和行政性经济治理,转向了何方、运行如何、绩效怎样?

这个问题的背后,是在经济学上的基本共识——市场在资源配置中发挥决定性作用、政府发挥更为适宜作用——已然稳固建立的前提下,探究开发区在认识与实践、体制与行为、政策与绩效之间基本的关联变动及其实践样态。实际上,这样的设问的理论关切在于,试图去发现经历多年的"特殊经济性区域"开发区,在新的经济社会发展需求面前,在体制上是作出了全新的变动,还是大盘稳定延续、治理技术出现新的调适。众所周知,既往开发区治理,要解决的基本问题是用政治与行政的方式来发展经济、培育市场,从而最终依据市场力量的成长而有限度地退出,直接让市场介入,更加有效地发挥政府宏观调控作用,还市场以应有的自主性。从理论设定的角度看,这具有相当程度的一厢情愿,即这样的设想极有可能是学界基于理论推演的某种"臆测"。在市场经济份额越发趋重的情况下,是否会有政府对于培育市场的职能惯性以及组织固化?是否存在某种绩效显示度前提下的路径依赖甚或"低端锁定"?是否存在着开发区治理变量出现重大变化的情况下,如此这般的惯性、依赖抑或锁定难以实现持续的更新以应对新的需求、新的挑战和促进新的发展?

随着产业的集聚和城镇化水平的提高,《中共中央 国务院关于构建开放型经济新体制的若干意见》《关于促进开发区改革和创新发展的若干意见》等政策文件出台,开发区开放创新出现新要求。建设"新型工业化发展的引领区、高水平营商环境的示范区、大众创业万众创新的集聚区、开放型经济和体制创新的先行区"①,促进开发区深度转型升级的"四区化、一转型"目标,实际上

---

① 《国务院办公厅关于促进开发区改革和创新发展的若干意见》(国办发〔2017〕7号)。

是要解决开发区出现的体制复归、功能不适和绩效递减等病灶,探寻新的治理路径。显然,随着改革开放的进一步深入,政府与市场的关系发生深刻转变,建设绩效替代开发绩效成为治理模式创新的侧重点,"渐弱式市场替代体制"也难以完全满足开发区发展需求、平衡内外部矛盾,亟须进行新的革新。基于此,本文以苏州工业园区(Suzhou Industrial Park,简称 SIP)改革为案例,聚焦其治理模式的发展演化,聚焦界分治理在 SIP 的缘起、运行及效应等基本问题,进而省思这种开发区行政、经济(简称"政经")双线治理模式的价值及其限度。

(二)理论工具

SIP 的发展变迁,实际上是由国家政策驱动和地方政府推动形成的一种城镇化过程。① 政经双线治理模式提出和运行的背后,是政府这一组织化力量与市场力量、社会力量之间的博弈与互动的过程。治理模式的改革与外部动态、内部需求息息相关,因而会随着二者的变化持续不断地进行相应的更新。基于此,本文拟借助以下理论工具展开对 SIP 政经双线治理模式的探讨。

一是多任务委托—代理理论。多任务委托—代理理论,是霍姆斯特姆(Holmstrom)等学者在传统线性委托—代理理论的基础上,植入"公平博弈"概念而提出的全新模型和理论。该理论认为,在地方政府承担多重任务的情况下,任务之间关系的性质及其组合将直接影响对地方政府的激励以及各种任务的总产出。② 在存在任务冲突的多任务委托—代理结构中,将所有任务委托于单一代理人可能会导致该代理人选择性完成使自身收益最大化的"任

---

① 钱振明:《城镇化发展过程中的开发区管理体制改革:问题与对策》,《中国行政管理》2016 年第 6 期。
② 王赛德、潘瑞姣:《中国式分权与政府机构垂直化管理——一个基于任务冲突的多任务委托—代理框架》,《世界经济文汇》2010 年第 1 期。

务完成度"组合并忽视其他任务的执行。开发区超自主体制安排激励了开发区先行先试，但也激励了管理委员会（简称"管委会"）的选择性行为，导致经济社会不均衡等问题出现。① 解决多任务冲突导致的政策执行偏差问题，需要将存在"冲突"的不同任务分别委托于独立的代理人，并提供与多任务相匹配的激励结构，实现激励相容。②

二是尺度重构理论。开发区这种"任务型空间"与属地政府的"行政区空间"都属于中国国家治理体系的空间治权载体。根据城市控制和参与经济的能力大小、所控制的地域范围与空间结构等方面的变动情况，城市发生了城市内部尺度、国家尺度以及全球尺度的重组，开发区内部城市形态和空间结构发生重大变化。③ 这种尺度重构，是指不同尺度的权力对不同尺度内（不一定是对应权力的尺度）的经济社会等方面进行调节和干预。④ 区域尺度重构研究的核心，是资源与权力在不同层级或行政区间的调配。开发区的发展变迁可以理解为，在行政权力主导和干预下用刚性尺度工具和柔性尺度工具对地域空间和社会空间进行尺度重构，从而实现功能嬗变和定位的过程。地域空间的尺度重构主要表现为以行政区划调整为主的空间重构，社会空间的尺度重构则表现为对权力配置、行政体制等内容的变革与调整。⑤

三是政治势能理论。政治势能是贺东航、孔繁斌教授在阐释

---

① 余宗良：《中国开发区模式的法治化研究》，中国政法大学出版社 2016 年版，第 239—240 页。
② 许光建、卢倩倩、许坤：《破解政策执行困境：基于多任务委托代理模型》，《行政管理改革》2020 年第 9 期。
③ 杨海华：《尺度重组视角下中国城市群空间重构探究》，《区域经济评论》2019 年第 2 期。
④ 晁恒、马学广、李贵才：《尺度重构视角下国家战略区域的空间生产策略——基于国家级新区的探讨》，《经济地理》2015 年第 5 期。
⑤ 王佃利、于棋、王庆歌：《尺度重构视角下国家级新区发展的行政逻辑探析》，《中国行政管理》2016 年第 8 期。

中国公共政策执行特征时提炼出的学术概念。其核心含义是,政治势能是指政策执行者依托权威领导、构建权势和借势成事来产生政策执行凝聚力,以改变政策执行或政策变现的进程速率。这意味着,通过权威领导的凝聚力来整合跨部门利益,消除政策执行的碎片化现象;通过调整组织权能形态,以任务为导向来调整分工和实现功能重组;同时,通过发出让执行者可感知的诸如考核等信息,以改变政策变现进程。① 政策执行与否、执行效果如何,与政治势能大小息息相关,政治势能越大,政策越有可能较好地完成;反之,则可能出现政策失效、政府失灵等现象。

二、界分治理的形成:SIP政经双线治理模式的演化成型

(一) SIP概况

1994年2月,中国和新加坡两国政府正式签订《关于合作开发建设苏州工业园区的协议》,SIP这一全国首个开放创新综合试验区域在苏州落地生根。作为中新两国间具有标志性意义的旗舰型合作项目,SIP自诞生以来就承载着改革开放试验田和国际合作示范区的重要使命,长期以来一直致力于建设一个以高新技术为导向、现代工业为主体、第三产业和社会公益事业相配套的具有一定规模的现代化工业园区。经历了近30年的开发和探索,SIP从早期的国家级经济开发区发展为国家开放创新综合试验区、自由贸易试验区等多元政策叠加的高科技园区,以仅占苏州地区3.4%的土地面积创造了近3 330.3亿元人民币的地区生产总值。

---

① 贺东航、孔繁斌:《中国公共政策执行中的政治势能——基于近20年农村林改政策的分析》,《中国社会科学》2019年第4期。

在国家级技术经济开发区综合发展水平考核评价中,SIP连续六年排名第一。在跨越式的发展背后,是其通过实践形成的独特开发模式和治理模式的强大支撑和制度驱动。

(二) SIP治理模式的实践演变

SIP在借鉴新加坡裕廊工业园区开发和治理的成功经验的基础上,结合我国国情和苏州发展实际,开创了一种独特的适应社会主义市场经济体制的开发区开发和治理模式,为开发区内部经济发展和公共服务建设创造了良好的基础设施、聚集科技和产业资源条件。SIP从建设之初,就获得了新加坡和中国两国政府的政策支持和优惠,在行政管理、财政税收等方面被中央政府和地方政府授予了远超一般开发区的管理权限,实际享有"不特有特、比特更特"的政策优惠,形成了一套完整的组织构架和独具特色的治理模式。

1. 1994—2011年:开发时期的政经合一治理模式

1994年,随着《关于开发建设苏州工业园区有关问题的批复》和《关于借鉴运用新加坡经济和公共管理经验的协议书》等重要文件的相继签署,中新合作区外围的一乡四镇划归为苏州市人民政府直接管辖,苏州市政府派出机构SIP管委会对该部分区域直接行使行政管理职能。开发初期的SIP实行市级派出、管派分离、管理开发分离的管理体制,SIP对直属乡镇进行区划调整,区域内部持续扩容扩张且区镇逐步走向融合发展。这一时期,SIP"第一次创业"以规划、基础设施建设、管理与服务水平提升为重点;"第二次创业"以发展高技术含量、高附加值的制造业、创新能力和载体建设为侧重。① 相应地,SIP形成了街道[社会工作委员会(简称

---

① 罗小龙、郑焕友、殷洁:《开发区的"第三次创业":从工业园走向新城——以苏州工业园转型为例》,《长江流域资源与环境》2011年第7期。

"社工委")]统筹负责辖区内经济建设和社会治理的政经合一治理模式,对全域协同发展起到了重要的支撑作用。

2. 2012—2016年:过渡时期的行政区划改革

在乡镇被纳入SIP管委会管理后,乡镇与中新合作区在城市形态上已融为一体,但机构臃肿、人员冗杂、权责不明、职能不清等问题也日渐凸显。SIP在2009年全面完成撤村建居的工作,社会管理的需求发生转变和激增,乡镇政府无力承接起管辖区域内日益繁多的经济建设和社会治理双重职能,对乡镇体制进行改革迫在眉睫。2012年年末,经江苏省政府批准,SIP撤销建制镇,分别设置娄葑街道、斜塘街道、唯亭街道、胜浦街道。SIP行政区划的调整,使得原先的乡镇转变为街道并被完全纳入城市发展进程中。由基层政权转为苏州市政府的派出机关,街道办事处代替原乡镇成为连接上级政府与群众的关键节点。此次改革使得SIP内部区划更为合理,城乡一体化问题也得以解决,为后来的转型发展和治理模式转变奠定了基础。

3. 2017年至今:建设时期的政经双线治理模式

2017年年底,SIP启动实施内部管理体制优化改革,明确街道不再承担招商引资的职能和任务,同时解除对其经济指标的绩效考核,社会治理职能归位。2018年,SIP管委会印发《苏州工业园区优化内部管理体制方案》,决定设立高端制造与国际贸易区、独墅湖科教创新区、阳澄湖半岛旅游度假区、金鸡湖商务区四大功能区,明确区分功能区与街道的职能。2021年,金鸡湖街道设立。SIP户籍人口和第三产业得到了迅猛发展,人口的大量集聚以及服务业的发展,预期出现综合性多功能新城,于是,SIP开始了"第三次创业"过程。新城的出现彰显着园区功能和空间的转变,城市功能日趋多样化,行政区划和内部治理模式都发生了较大变动。为了满足新城建设的需求,SIP治理模式发生了一系列转变,四大功能区专司经济发展,五个街道专司行政管理服务,即承担辖区内行政管理、社会管理、城市管理等职能。界分治理、政经双线治理模式随即成为这一时期 SIP 的主要治理模式。

（三）界分治理概念的提出

在初始的开发时期，扩容是 SIP 资源优化与产业升级的重要基础。中新合作区周围的乡镇以行政托管的方式被纳入 SIP 范围。SIP 管委会统筹开发过程中涉及的乡镇征地、拆迁等事务，作为承载园区经济社会发展治理单元的乡镇政府则各自承担辖区内的经济和社会事务管理责任。通过对乡镇行政托管的方式，被托管的行政区与经济功能区实现了吸附式融合，作为准一级政府的 SIP 管委会获得了更为全面的一级管理权限，一定程度上缓解了开发区内发展空间和资源配置不足的问题。伴随着开发区逐渐趋于实体化，SIP 从单一的经济区模式转向综合性新城发展，快速的增长与发展给其带来了经济虹吸效应、土地资源不足、社会管理服务卸责等负外部性影响，宏观政策日益明显的模糊性、多元的叠加使得制度供给陷入新的困境，内外环境的快速变换要求治理模式进行适应性改革。在此背景下，政经双线治理模式被提出并在 SIP 管委会以下的治理体系中应用，界分治理格局开始形成。

界分治理是一种基于行政区模式底色，将经济功能区管理机构和行政管理机构分立、经济管理职能与公共治理职能分离、经济领域与公共管理领域考核剥离，从而形成经济建设领域"功能区管委会—市场"和民生事务领域"街道—社区"的双重治理体系(图1)。依托于"党政合一、政经分离"，单独建制、独立运行的功能区管委会，与功能调整后的街道建制一道，形成了新的治理态势：经济事务的市场化运作，行政事务的科层化运作。功能区管委会负责功能区内的经济管理、产业规划、特色产业培育引进等经济发展相关事务，街道负责同一辖区范围内的行政管理、社会管理、城市管理等社会治理工作,不再承担招商引资和经济建设职能,在组织架构和职责分工上实现了彻底的政经分离。此外,SIP还推动街道党工委和功能区党工委之间的交叉任职,充分发挥党组织在功能区和街道之间的纽带和核心作用。这种体制上"政经分离"的革新推动了SIP专业化招商运行模式和社会治理模式的形成,构建了SIP经济发展、社会治理"两条线、两手抓、两促进"的管理架构。这样,面向市场的功能区治理更为直接,为特色产业的高质量发展提供了保障;面向市民的街道治理更为亲民,为基层社会建设注入新的动力和资源。

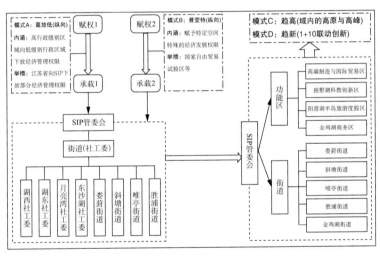

图1　SIP从政经合一到政经分离的逻辑过程与行为调适

三、界分治理的框架:SIP政经双线治理模式的运行机制

(一)"街道—社会"社会治理机制

在界分治理的框架下,由乡镇、社工委转型而来的街道作为

基层社会治理的管理和服务机构,不再承载辖区内经济管理的职能,逐步回归服务保障民生、促进社会稳定的基础性定位。自街道职能转变后,SIP各街道积极推进基层社会治理创新,履行行政管理、城市管理等职能,探索出具有 SIP 区域特点的"街道—社会"社会治理机制。作为 SIP 管委会直属基层行政管理机构,娄葑、斜塘、唯亭、胜浦和金鸡湖五个街道,按照法律、法规在各辖区内承担社会治理、城市管理、综合执法、社区建设和公共服务等社会治理职能。"街道—社会"社会治理机制的构建使得街道日常事务的聚焦点发生了变化,聚焦于公众服务、民生底线等基础工作,其所承接的 SIP 管委会赋予的社会管理职能更为清晰(表1)。

表1 SIP 街道构成及其内部职能权限一览表

街道	内设机构	职能权限
娄葑街道	党政办公室	党的建设、宣传统战、组织人事等综合协调和统筹调度工作
唯亭街道	财务和资产管理局	加强财务收支、富民增收等辖区内部财务和资产管理工作
胜浦街道	改革创新局	制度建设、政策研究、考核评估等改革举措推进和监督工作
金鸡湖街道	社会治理局	城市建设管理、基层政权与社区建设、社会治安等条线工作
	网格管理局	规范和优化网格设置、网格管理服务标准化建设等工作
	综合行政执法局	街道内安全生产监督管理工作等综合行政执法工作
	行政审批局	政务服务标准化、规范化、便利化工作
	集成指挥中心	一体化指挥平台的建设和管理工作

(续表)

街道	内设机构	职能权限
斜塘街道	党政综合办公室	党建、组织、行政事务等综合协调和统筹调度工作
	城市管理办公室	市容市政、社区建设等社会管理和城市建设工作
	社会事务办公室	民政、残联、文化、教育等民生服务保障和社会事务管理工作
	综合治理办公室	司法行政、社会治安综合治理等社会秩序综合治理工作
	财务和资产管理办公室	负责经费预算、富民增收、社区集体资产等财务管理工作

SIP 城市功能的持续完善以及服务"城市新中心"建设的现实需要,直接推动了行政区划的变革和"街道—社会"社会治理机制的形成。唯亭、娄葑、金鸡湖和胜浦街道统筹街道党政机构和事业单位职责,综合设置改革创新局等 8 个职能机构,斜塘街道设置社会事务办公室等 5 个内设机构。街道具体的机构部门主要分为两种类型:一是以街道承接的条线事项为划分依据进行设置,娄葑街道等四个街道采用了该划分方法,因而其机构设置一致,每一职能部门负责同一领域下的不同条线工作,从而保证了事务的全覆盖;二是以街道职能为划分依据进行设置,斜塘街道采用了该划分方法,主要围绕城市管理、规划建设、社会治安综合治理等权责内容设置了相应的部门机构。

(二)"功能区—市场"经济建设机制

我国在改革开放进程中推进城镇化的路径是在局部区域先集聚资源、政策,通过对外开放、吸引外资、承接全球产业转移,促进经济发展和技术进步,待经济发展到一定程度后再带动周围区域发展。① 开发区是地方经济社会发展状况的集中展现,地方政府间的竞争以地方政府为主导、以地方官员为推动者、以开发区为重要载体而展开。② 经济绩效是地方竞争结果的重要表现点,也是中央和上级政府政绩考核的重要参考因素。为此,各开发区将经济绩效作为治理模式推行的直接动力,以要素集聚和经济增量为治理模式和政策制定的出发点,以此谋求区域增长极的出现。为构建区域板块发展新格局,SIP 于 2018 年印发实施《苏州工业园区优化内部管理体制方案》,将内部管辖区域划分为四个特色鲜明的功能区(表 2)。譬如,高端制造与国际贸易区对接融入中国(上海)自由贸易试验区建设,努力打造辐射全国的智慧商贸平台、面向全球的自由贸易园区和具有国际竞争力的现代产业高地;又如,独墅湖科教创新区以高端人才为引领、以合作办学为特色、以协同创新为方向,瞄准加快建设成为高新产业聚集、高等教育发达、人才优势突出、环境功能和创新体系一流的科教协同创新示范区。

四大功能区内部均设有党工委和管委会,管理部门为各功能区管委会。SIP 管委会逐步分批次下放与经济建设、企业服务相关的权限,功能区管委会承接经济发展层面的权限,为区域内经济发展环境和秩序构建提供宏观指导,统筹区域资源为企业法人和部分个体户等市场主体提供服务。由于主导产业和专业分工的不同,各功能区发展重点和发展目标差异化明显,但施策重心均为域内产业链集成创新、优良营商环境打造优化等方面。譬如,经梳理发现,各功能区持续聚焦生物医药"一号产业",通过加大产业链、创新链、服务链和资金链布局等多项举措的实施,促使生物医药产业成为 SIP 产业发展中最为活跃、成效也最为显著的领域。

---

① 韩俊、王翔编:《新型城镇化的苏州工业园区样本》,中国发展出版社 2015 年版,第 246 页。
② 李云新、文娇慧:《开发区与行政区融合发展的制度逻辑与实践过程——以武汉经济技术开发区(汉南区)为例》,《北京行政学院学报》2018 年第 1 期。

表 2 SIP 各功能区内设机构及其管理领域一览表

功能区	运行模式	板块定位	内设机构	经济领域
高端制造与国际贸易区	独立运行	智慧商贸平台 自由贸易园区 现代产业高地	党政办公室 产业发展局 建设局 安监局	电子信息 智能制造 健康医疗 金融贸易 电子商务
独墅湖科教创新区	独立运行	科教协同创新示范区	党政办公室 高校合作发展局 科技创新局 产业发展局	生物医药 纳米技术应用 人工智能 集成电路
阳澄湖半岛旅游度假区	独立运行	特色旅游度假区	办公室 产业发展处 规划建设处	工业智能化 医疗大健康 数字文化、体育、旅游
金鸡湖商务区	独立运行	长三角上海金融副中心 高端商业商务中心 产城融合先导区 宜居城市核心区	党政办公室 产业发展局 金融服务局 建设局 回购办	总部经济 流量经济 消费经济 城市功能要素经济

（三）跨组织系统的协调机制

行政线与经济线的单独运行,实际上形成了两个相对独立、专业化程度高、自上而下的垂直式管理体系。这促成了功能区管委会与街道两个管理主体组织功能、职能责任和人员管理的分开,理顺了公共服务和政务服务的承担主体。在界分治理的改革思路下,SIP 管委会以下的治理结构、治理侧重点和治理方式发生了深刻的变化,基于新治理单元和治理领域的机制得以重塑并取得了显著成效。但同时也造成了条块分割和"信息孤岛"的出现,两条线上不同部门间的资源交换和配置优化受到了阻碍。此外,在运行中,由于功能区与街道行政区域的面积和范围重叠,实际上存在着职能交叉事宜无法由某一单独的机构进行处理的情况,其中矛盾最为突出的是失地农民待遇问题(如动迁社区所属的街道仍需发展集体经济反哺失地农民)及街道辖区内部小型商业街的管理权属问题。

基于各自的资源和优势,通过建立跨组织系统的协调机制,成为联结垂直式管理体系中确保功能区管委会与街道职能实现的重要路径。在运行过程中,跨组织系统的协调机制主要通过设置议事协调机构和交叉任职的方式来促成功能区和街道两个组织系统的沟通交流。在任职上,如街道党工委书记同时兼任功能区党工委委员,这种主要负责人之间交叉任职有助于在面对交叉领域亟须解决问题时以最短时间和最快速度进行双向组织联结和信息反馈,有利于减少梗阻,提高协作治理的效率。

(四)嵌入式运行的总体机制

在开发区域内,地方政府转型的核心在于政府、市场与社会的职能确定与实现方式。[①] 权力逻辑偏好控制和秩序,通过公共政策实现公正;资本逻辑追逐利润与效率,运用市场机制达致效率。[②] 在开发区转型升级过程中,权力、资本这两重因素对治理空间进行了重塑。地方政府在公共治理中运用其特有的强制力主导治理的合理、有序运行,并在政策和法规的制定、区域市场的培育与完善、公共产品和公共服务的供给中发挥着不可替代的作用。在界分治理的运行过程中,无论是行政线上"街道—社会"的社会治理机制,还是经济线上"功能区管委会—市场"的经济建设机制,背后都离不开地方政府这一拥有强制力的组织化力量的参与和主导。通过组织化的调适,以权力逻辑为主导力,重构对经济建设领

[①] 黄建洪:《中国开发区治理与地方政府体制改革研究》,广东人民出版社2014年版,第351页。

[②] 陈水生:《中国城市公共空间生产的三重逻辑及其平衡》,《学术月刊》2018年第5期。

域的资本逻辑以及社会治理领域的权力逻辑之间的关系。

在界分治理的运行过程中,功能区管委会运用公共政策等治理工具对市场主体进行开发建设,并对生产经营的行为进行服务和协调,街道则通过公共政策等治理工具对社会群体的日常城市生活进行秩序构建。SIP 管委会将直接或间接地作用于市场环境保障和基层社会的服务供给,作为经济区管理主体的功能区管委会和作为城市治理主体的街道则分别在主业主责方向下予以承接、组织和落地。如何确保这样的调整能够在面向市场和面向市民的治理过程中得以实现,需要建立起责任与利益的闭环系统。其中,最为组织化和实操性的举措便是双线考核机制的建立(图2)。譬如,对功能区的考核由 SIP 发展和改革委员会牵头负责,集中考核经济发展高质量、党的建设及管理工作,以及围绕经济发展、经济质量、科技创新、运行安全展开的加减分项三个指标,其年度综合考核得分最终形成"功能区年度综合考核得分 = 经济发展高质量得分×85% + 党的建设及管理工作得分×15% + 加减分"的评分机制;对于街道的考核则由 SIP 社会事业局牵头负责,以重点工作(如城市管理、社会治理、民生服务等)、常规工作(行政管理、协助服务、内部管理等)、党的建设和满意度测评以及加减分项为重点。这样的考核,具有较强的目标设定和行为引导功能。

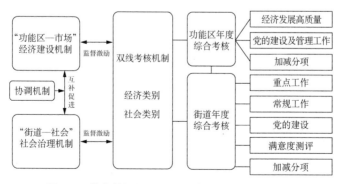

图2　双线考核机制作用下的嵌入式运行总体机制

（五）比较视野下的 SIP 治理模式

苏州经济的发展离不开开发区的强力驱动。截至 2022 年，苏州全市开发区总量位居全国之首，其中，SIP 与苏州高新区（SND）经济发展最为迅速，共同发挥经济"增长极"的作用。相比较而言，SIP 与 SND 在实践探索过程中却形成了两种截然不同的治理模式。调研发现，SND 受到管委会高效服务与行政区程序管制之间机制差异的约束，同时，经济的快速增长需要以及土地资源的日渐匮乏迫使其对资源与权限需求更加迫切，因而实施强化开发区管理职能的政经合一治理模式。SND 与虎丘区合并，管委会既承担开发区的开发建设任务，又承担区政府的行政管理和社会职能。SND 内部划分为商务创新园区、先进制造园区、科技生态园区三大特色园区，不同功能园区产业发展的侧重点不一，各功能园区分别与不同街道、镇实行融合发展。在考核上，SND 施行"大统一、小分类"考核，即：在功能片区组，设置功能片区统筹开展的工作事项、功能片区和镇（街道）都开展的工作事项、功能片区不开展但镇（街道）开展的工作事项等共性指标，同时另设个性指标；在镇（街道）组，设置面向基层治理的共性与个性指标。显然，这样的考核考虑了作为一级政府与作为一个经济发展使命为主的功能区在实现其任务过程中的张力甚至矛盾，故而其考核举措也相应地比较具有整合性，甚至可以讲这是开发区与政府融合型体制下不得已且又充满合理性的选择。这与 SIP 较为清晰的双线考核存在诸多差异。SIP 政经双线治理模式并没有改变原先开发区以块为主的管理体制。功能区与街道的机构分立和职能分离使得两者职责边界更加清晰，对经济建设领域和社会治理领域管理机构分别进行绩效考核的方式，弥补了原先考核体制重经济指标忽视民生指标的弊端，提高了各部门的行政效率，为企业主体营造了优良的营商环境。

四、界分治理的机理:SIP 政经双线治理模式的形成逻辑

(一)事权配置:开发区生命周期新阶段新需求

经过多年快速发展之后,开发区建设进入一个新的"十字路口"。对于进入生命周期新阶段的 SIP 而言,其从经济增长的工具理性向注重人的发展与社会管理服务的价值理性转变。① 随着全国大量较高水准开发区的出现,既有的区位优势或将弱化甚至不复存在,曾经有效的开发发展模式也将趋于饱和而出现功能衰竭甚至有"触顶"之忧,"前有标兵、后有追兵"的紧逼态势已然形成。从外部环境来讲,开发区数量的猛增以及其独有空间排他性优惠政策的减少②,使得开发区之间的竞争加剧并由优惠政策力度的竞争转向管理制度效用的竞争。越来越多的行政区域被纳入开发区发展区域,这使得开发区管理机构不再仅仅承担单一经济事务开发的职能,而是需要承担起统筹经济与社会协调发展、服务市场和服务市民相结合的职能。从开发区的内在诉求来看,行政权力直接介入市场形成的行政性经济治理对市场有效运作的阻碍和不利影响开始凸显,市场不再需要行政力量的直接干预并要求其逐步退出深度介入,以释放自身应有的自主性、自决性与灵活性。与此同时,开发区基础定位发生了由工业区到产业新城、综合性新城的转变,其叠加功能属性显著增多。正是在这些内外部多重因素的作用下,开发区管委会这一行政主体的管理需求和管理职能发生极大转变,开发区事权配置也随之进行了动态调整。

---

① 毕铁居:《开发区与行政区融合发展模式及转换机制研究——一个从分立到融合的过程逻辑》,中南财经政法大学行政管理专业博士学位论文,2018 年,第 150 页。
② 汤志林、殷存毅:《治理结构与高新区技术创新:中国高新区发展问题解读》,社会科学文献出版社 2012 年版,第 86 页。

在委托—代理框架内,如果委托人要求代理人同时完成多项任务,且不同任务之间存在冲突,那么对委托人来说,最优委托策略就是将多项任务分别委托给不同的代理人,形成多任务委托—代理关系。① 让两个或两类代理人分别各承担一种任务的激励成本,要低于让一个代理人承担两种任务的激励成本。② 因而,面对开发区功能定位综合化要求和管理事权复杂化态势,即高质量经济发展事务和社会治理任务的双重压力,管委会对承担经济发展和社会治理任务的机构分别实施垂直化管理,这在激励效率上要优于让同一机构同时承担两类任务。SIP管委会通过设立功能区管委会以及撤镇设街道的区划改革,实现了垂直化管理机构的改革以及双重职能的分离与下放。在多任务委托—代理结构中,作为委托人的SIP管委会采取任务分离的策略,经济发展和社会治理任务得以独立归口到功能区和街道,而相关任务的决策权、人事任免权、考核权和监督权则仍由SIP管委会拥有。通过对多任务的拆解和事权的重新配置,SIP管委会建立起政治与经济并重的双线考核和激励机制,从而促成委托人既能够控制任务间的冲突程度,又能够激励不同代理人认真履职。

(二)尺度重构:高质量发展面临行政治理困境

通过尺度重构的方式构建的新型国家战略空间,并配套相应的治理结构,是一个不同尺度政府权力和社会力量的重组与博弈过程。③ 在转型发展期,发展方式的趋同以及原有开发政策优势的消失,使得开发区面临着前所未有的挑战和压力。面对追求经

---

① 高恩新:《城镇化的开发区何去何从?——基于 C 开发区管理体系变迁的研究》,《南京社会科学》2020 年第 11 期。
② 王赛德、潘瑞姣:《中国式分权与政府机构垂直化管理——一个基于任务冲突的多任务委托—代理框架》,《世界经济文汇》2010 年第 1 期。
③ 晁恒、李贵才:《国家级新区的治理尺度建构及其经济效应评价》,《地理研究》2020 年第 3 期。

济高质量增长的迫切需求,以及城镇化进程加快带来的社会治理难题和土地资源的日益紧缺等问题,进一步完善治理尺度成为开发区挖掘新动力、形成新发展的必然选择。这直接助推了 SIP 政经双线治理模式的形成。在实践中,地域空间的尺度重构更多表现为以行政区划调整为主的空间重构,社会空间的尺度重构则表现为对权力配置、行政体制等内容的变革与调整。① SIP 政经双线治理模式的基础是行政区划的合理调整,如调整镇区范围、镇改街建制改革等,这些行政改革为后续的政经双线探索奠定了基础,是以地域空间治理尺度的重构为主的实践举措。

不仅如此,开发区治理的经济权力与社会权力的分离,则是进一步实现社会空间的重构。作为肩负多重国家试验使命的 SIP,其社会空间的治理尺度重构是通过将多种权力重新打包组合,以更有效地作用于某一特定的已有城市空间,使得这一地域范围内的物理空间和社会空间被重构和再生产。其中,存在如下四方面路径:一是将 SIP 管委会的社会治理执行职能下沉至街道(自上而下);二是将 SIP 管委会的经济发展执行职能下沉至功能区(自上而下);三是将街道的经济发展执行职能转移至功能区(平行移动);四是进一步强化 SIP 管委会的宏观决策与市场监管等职能(内部调整)。这样的调整,有三个权力责任"流"的汇集:街道社会治理权力责任流、功能区经济发展权力责任流、SIP 管委会统筹管理权力责任流。正是在这样的路径下,不同空间范围内的组织方式与治理模式进行了重新组构。

(三) 政治势能:多元政策叠加的纵向行政压力

在现行体制下,政府以"行政发包"的方式向下级分配任务,同级区域的政府之间则面临着任务分包、抓包等压力传导式的动员链条。开发区则是地方政府承接各种常规和非常规任务的"包垒"。

---

① 王佃利、于棋、王庆歌:《尺度重构视角下国家级新区发展的行政逻辑探析》,《中国行政管理》2016 年第 8 期。

作为苏州最具代表性的开发区和"经济技术开发区、高新技术产业开发区、国家自由贸易试验区"三区多重功能集合于一体的改革试验区域,SIP被赋予特定空间特殊的经济发展权限,拥有上不封顶的自行审批特权、灵活高效的外事管理权和快速的物流通关优势,承载了多元政策叠加产生的多项发展任务。通过综合研判任务内涵,以及在可能的情况下极大范围地整合资源,SIP才有可能在"任务超载"的情势下,以系统化的"内变"来缓解、稀释巨大的"外变"压力,同时也才能实现其"蜕变""裂变""巨变"。SIP构建了"党的领导在场—构建权威—借势成事"的场域,借助权威领导、工作专班、权能调整以及分项考核等举措,最后将政治压力转化为行政动力并"撬动"各方力量的参与积极性,从而实现将政治势能转化为治理动能。

在常规行政区政府体制跨层级事权配置约束下,虚体性治理单元只有高度依赖政治权威才能有效运行。[①] 在行政线和经济线双线实现独立运行和管理之后,仍存在部门职能交叉的经济社会事务,由功能区党工委委员与街道党委委员两方定期召开讨论会议进行沟通和协调,将党政"一把手"放在议事协调机构组长或负责人的位置,构建"党的领导在场",从而将日常性、行政性工作转化为关键性、中心性工作。

五、界分治理的价值:SIP政经双线治理模式的意义及限度

(一) SIP政经双线治理模式的意义

1. 组织功能的优化

在界分治理的框架下,功能性板块与行政性板块实现了相对

---

① 高恩新:《跨层级事权约束下自贸区政府管理体制调适逻辑——以21个自贸区为例》,《苏州大学学报》(哲学社会科学版)2021年第6期。

的分离,管理体制得到了进一步优化。SIP管委会面对社会治理需求的增加,选择在空间上重新划分功能区:成立新的组织即功能区管委会,并将其纳入SIP管委会的组织体系内来专门承接经济发展任务,街道则专门承接其日益繁重的社会治理专项任务。这种经济与社会的治理功能两分,是一种典型的域内组织化调适。一方面,避免了SIP管委会因承载职能过多而从派出机构走向一级政府的体制复归风险,保证了组织结构的精简高效;另一方面,采取组织功能分离的方案使得SIP管委会以下管理系统的职责权限更加明晰,内部经济发展和社会治理工作实现了有机平衡。功能区与街道之间班子交叉任职等方式,则推动行政线与经济线的联动协同,实现了各自主业的专门化以及交叉业务的协同治理,从而适应开发区转型升级的现实需求。

2. 经济效益的提升

企业是经济发展的重要主体,更是市场保持生机活力的重要动力。开发区的发展,最重要的是营造环境促进企业的健康可持续发展。政经双线治理模式一个突出的亮点,就是"让专业的人做专业的事"。现阶段的经济发展,从根本上讲是企业转型升级,实现集约化、集群化、联动化的内涵式发展,是一种构筑创新生态基础上的创新集群式发展。对于SIP而言,已然走过了粗放阶段,需要的是对标世界一流高科技园区的企业发展和经济建设。为此,界分治理中分出的经济线给出了系统的回应。SIP对全域进行了统筹规划,围绕特色产业、高端产业、集群式产业等发展所需的环境、要素、条件等,进行系统性的多专项建设。基于承载来自SIP管委会的经济管理权限,功能区陆续推出一系列人才、金融、投资等领域的新政,不断强化产城融合和区域联动发展。功能区自设立以来,吸引上市企业49家、"独角兽"企业69家以及科创企业8 000多家,SIP的经济效益获得了持续提升。截至2022年1月,SIP规上工业总产值突破6 000亿元人民币,同比增长17.3%。作为"一号产业"的生物医药产业取得傲人成绩,创新型龙头企业数量、创新型人才规模、获批生物创新药临床批件数量、生物大分子药物总产能、企业融资额五项指标均占全国20%以上。

3. 治理效能的增强

在社会治理层面,政经双线治理模式的施行促使SIP基层治理架构被重构,各街道成为辖区内公共事务的实际管理者。SIP管委会与街道之间形成垂直管理关系,街道是管委会这一派出机构的派出机构,但治理重心和资源大幅度下沉,直接面对基层社会的建设发展需求。剥离招商引资等经济发展指标之后,街道能够集中精力做好城市管理、社区治理等涉民事务,SIP区域的社会治理创新新招迭出,成果频频。譬如,近些年,SIP相继获得"中新社会治理合作首个试点单位"、"中国首个以邻里中心为特点的社区商务模式"、中国首批"智慧社区及社区公共服务综合信息平台"试点、第二批全国社区治理和服务创新实验区等荣誉或项目,在探索市域社会治理一体化方面多有建树。以街道为核心协调运转的基层社会治理组织体系开始发挥作用,在化解矛盾纠纷、保障服务民生、促进依法治理和维护社会稳定和谐方面,能动性越发强劲。

(二) SIP政经双线治理模式的限度

政经双线治理模式在推进SIP经济现代化和社会现代化方面起到了重要的作用。分析发现,科学的管理架构、特殊的政策支持和强大的财政支撑,是SIP界分治理得以施展开来并取得极为显著治理效应的基础。譬如,良好的政务服务供给以及经济发展前景,使得SIP受到市场主体的信任和青睐,国内外大量优质企业进驻SIP的意愿强烈。也正是在这样的态势下,其发展重心由经济发展向公共治理与经济发展并重成为可能。招商职能不再是基层政府工作机构——街道的首要任务,其前提和基础是SIP管委会有充分的决策能力和财力来"补缺"街道相关职能的撤离,同时,还有要分流出来的专门机构,即功能区能够完全接续甚至更好地实现经济执行职能。这对于那些普通的行政辖区、经济产业基础薄弱、政策财政支撑有限、涉农人口规模较大的其他开发区而言,其借鉴意义相对有限。这是因为,对那些仍处于谋求经济快速发展阶段、招商工作和经济发展仍是重中之重的开发区而言,界分治理尚难以复制推广。概括说来,SIP政经双线治理模式的特殊性有以下三方面。

1. 强有力的外部环境

SIP的实践探索是在特定的环境下进行的,其自开始就获得了来自中新两国政府的高度重视,多层级互动形态的形成为SIP发展运行提供了有力的外部条件支撑。其他同类型开发区,无法争取到如此多的支持。SIP建立中新联合协调理事会、联合工作委员会、联络机构三级协调机构,形成了多层次互动的形态,实践过程中各个领域、层级都有相应的协调对话机制来沟通。其中,中新联合协调理事会的级别之高,是全国其他任何开发区都难以企及的,这一对话平台的存在确保了重大战略问题能得到及时沟通和充分协商,SIP的紧急事务可以直接向中央汇报,极大地提高了行政效率。

2. 多领域的审批权限

在单一制——集权型的政府管理体制的作用下,SIP经验的对外辐射推广有赖于中央政府的适当授权和地方政府积极发挥自身能动作用。① 在建设发展过程中,SIP拥有享受副省级的外事和经济审批权限,以及部分省级的外事和经济审批权限。而其他开发区受制于中央政府的垂直管理和职权划分,获得的审批权限无论是层级高低还是涉及领域都较为有限,这也成为影响政经双线

---

① 金太军、王建润、汪波:《寻求公共管理创新与经济发展的良性互动——中新苏州工业园区的成功探索及启示》,《中国行政管理》2003年第3期。

模式推广复制的重要因素之一。根据国务院的授权，SIP 在项目审批、财政税收、金融债券等方面获得诸多特殊政策与功能支持，在机构设置上也不要求完全与苏州市政府各职能部门对口。这给作为跨区域合作共建开发区典型代表和制度创新空间的 SIP 持续高效率和高质量的发展①，注入了源源不断的活力。

3. 高优惠的财政政策

我国开发区基本实行"属地征管、各级分税"的财政管理体制，一般分为独立型财政和非独立型财政两种类型。② SIP 建立的财政管理体制属于一级财政、一级预算的独立型财政管理体制，在设立之初就倾斜性地获得了国家金库苏州市中心支库独立设置账户、自主负责区域内财政预决算管理并在市年度财政预决算中单独表述的政策支持③。高优惠的财政政策有别于其他开发区，因此也成为其他区域难以复制和推广政经双线治理模式的重要因素。

六、结论与讨论

当前，我国开发区建设进入生命周期的新阶段。一系列新挑战、新机遇叠加，新常态下开发区自身的转型升级成为地方经济社会高质量发展的重要"枢纽"和发展依托。基于对建设世界一流高科技园区和城市新中心的目标功能设定，尤其是在面对制度型开放成为新时期开发区发展主流趋势的大背景下，SIP 以界分治理、政经双线展开的组织化调适，显得弥足珍贵。特定发展愿景驱动

---

① 苗洁：《联合开发区运行机制研究》，《区域经济评论》2016 年第 6 期。
② 吉志鹏：《创新开发区财政体制机制的建议》，《中国财政》2018 年第 1 期。
③ 苏州工业园区地方志编纂委员会编：《苏州工业园区志：1994～2005》，江苏人民出版社 2012 年版，第 492 页。

下形成的"街道—社会"社会治理机制、"功能区—市场"经济建设机制以及跨组织系统的协调机制,构成了界分治理的核心行动体系,双线组织、双线运行、双线考核的组织化调适为 SIP 的转型升级注入了新动力。这种统合式治理下的双向模式和交互机制,既明确了 SIP 管委会、功能区与街道三者间的相互关系和职能定位,又有助于促进开发区经济社会相对平衡发展的转型升级需要。前者促使"渐弱式市场替代体制"逐步呈现政府限度介入和有效引导市场的服务型特征,以及大幅度升级基层社会治理的建设特性,从而推动一个更为完善的经济建设格局和基层社会治理结构的出现,实现了 SIP 内部组织功能的优化、经济效益的提升和治理效能的强化。从根本上看,界分治理这种复合型治理,本质上是在秉承开发区的"开发逻辑"大前提下,根据情势所做出的"建设逻辑"更新。作为一种"应激行为",这种系统性的组织化调适,是开发区既有治理体制的延伸、叠加和嵌套。值得注意的是,当前越来越多的开发区进入转型升级期,SIP 政经双线治理模式或将有助于部分开发区通过学习借鉴该模式而实现经济社会的跨越式发展,然而该模式对于适用区域的外部环境、审批权限以及财政政策所依存的特定要求,又提醒人们需严肃对待其可借鉴性和可复制性的复杂条件和内在张力。

在 SIP 政经双线治理运行现状和意义限度的研究过程中,还有许多深层次问题值得关注和延伸讨论。开发区完成了吸引外资、企业集聚等经济发展任务之后,实际成为领先于城市内其他区域的经济"极化地区"并在此基础上逐渐升级成为新城。面对新发展需求和新发展形态,SIP 给出了政经双线治理模式这一应对之法,而一些开发区则依旧受制于体制机制的差异难以解决体制归属这一新城崛起以及社会建设需求激增而带来的发展难题。面向未来,界分治理这一模式是否能够持续地运行下去,还面临哪些深层次的问题?对于其他开发区,可以从中学习到哪些经验以及如何让这种经验本地化、在地化？实际上，对于前一问题的思考，已然涉及经济治理与社会治理的行政属性如何交互，涉及组织化调适过程中所面临的行政权力逻辑与市场条件下资本逻辑、社会流动条件下权力逻辑的耦合、抵牾甚至激烈冲突。这对于一个行政主义较为强势且在合理预期内既具有合理性又具有现实性的行政生态而言，此类问题是躲不了、绕不开的，而且极有可能在短期之内理论无解，但在实践之中却有多重套叠基础上的实践力。对于后一问题的追问，表面上是涉及相对后发开发区的发展路径问题，实则是对于开发区全生命周期的治理模式转换及其未来前景问题。在开发区地理版图和政区管理权限上相互嵌套的社会空间关系生产和再生产过程中①，提出这样的问题，深层次地，还是需要思考一个基本事实：各种各样的开发区，其作为特殊经济发展功能区域的使命，在一个国家市场经济发展和民生福祉改善的过程中，究竟应该扮演何种角色，是否也曾有一个明确的归宿？还是说这样多层、多域和交叉性的试错性经济治理模式将一直持续？这之中，探索创新尤为可贵，但始终不要忘记，这种可贵之中当然包括对于种种不确定性治理中昂贵试错成本和交易成本的"贵"。对此，需要有警醒和思忖，并审慎应对之。

[本文系研究阐释党的十九届四中全会精神国家社会科学基金重点项目"新时代中国政府职责体系优化研究"（批准号：20AZD031）、国家社会科学基金后期资助项目"新型城镇化战略与国家治理现代化研究"（项目编号：19FZZB008）和苏州大学重大培育项目"县城城镇化社会风险深度治理的制度研究"（批准号：NH33720122）的阶段性研究成果，获得江苏高校优秀创新团队建设项目"地方政府与社会治理"（项目编号：NH33710921）的支持。]

---

① 蒋明华：《行政区与功能区嵌套空间的生产与重构——国家尺度重构视角下的深圳特区扩容》，《人文地理》2022年第2期。

探索跨区域治理创新的中国方案:以长三角生态绿色一体化发展示范区为例

焦永利[*]　谭笔雨[**]　刘斯琦[***]　刘淑妍[****]　葛天任[*****]

[内容摘要]　跨区域治理是实践需求、政策探索、理论供给"三位一体"的螺旋上升过程。近年来,一些地区正在开展跨区域治理的前沿探索,本文选取其中最具代表性的长三角生态绿色一体化发展示范区作为案例,系统分析其设立背景、试验任务与制度创新的经验。研究发现,长三角生态绿色一体化发展示范区在"不破行政隶属、打破行政边界"的理念指引下,探索了"五位一体"的整合型合作模式,搭建起促进区域一体化的新型治理架构,以治理层面的"立体结构秩序"降低"博弈熵"。坚持系统集成方法论,通过八个主要领域的改革探索,初步形成了跨区域治理的整体性方案,为其他地区提供了可复制、可推广的政策经验。展望未来,需要进一步发挥中国特色社会主义制度优势,为跨区域治理体系和治理能力的现代化贡献更加系统完善的中国方案。

[关键词]　跨区域治理;长三角一体化;示范区;制度创新

---

[*]　焦永利,中国浦东干部学院教授、公共政策创新研究中心主任。
[**]　谭笔雨,同济大学政治与国际关系学院博士研究生。
[***]　刘斯琦,同济大学政治与国际关系学院本科生。
[****]　刘淑妍,同济大学政治与国际关系学院教授。
[*****]　葛天任,同济大学政治与国际关系学院副教授。

■ 新城新区建设与特殊经济功能区治理

一、引言：跨区域治理是现代化进程中的共性问题

空间属性是人类各项经济社会活动的必然属性之一，空间边界是行政体系必然面对的约束条件。在以工业化、城市化为主旋律的现代化进程中，伴随着要素集聚、人口流动、城市扩张的动态演变，往往出现区域差距拉大与利益冲突的现象，从而产生区域治理的需求。进而，在市场力量及有效的区域治理作用下，区域发展进入从分化走向协同的更高级阶段。因此，推动区域一体化发展必然会面对不同空间板块、不同行政区域之间的协调问题，跨区域治理就成为一项天然任务。其治理域通常表现为在产业转移、生态保护、基建对接、公共服务等需要区域间协调的领域，努力降低负外部性，创造正面增量，从整体上提升竞争力与民生福祉。上述规律性认识具有普遍性，各国概莫能外。

具体到我国当前的区域治理，在上述一般规律基础上又有一定的时代特性。在经历了长时期的高速发展之后，我国东、中、西部几大板块的大尺度区域差距在扩张中有所收敛，而中等尺度的城市群、都市圈内部的区域差距与区域一体化发展同步成为政策关注的重点。由于长时期积累的发展落差以及行政边界等因素，我国城市群、都市圈发展普遍面临着在基础设施互联互通、生态环境联防联治、产业发展协同协作、公共服务共建共享以及一体化发展体制机制等方面的挑战，制约着区域一体化的推进、空间功能的整合优化以及跨地区通勤、公共服务水平落差等突出民生问题的改善。因此，当前亟须深化理论研究，借鉴国内外有益经验，探索促进区域一体化发展的更优政策框架。这就产生了一类新的改革试验任务，长三角生态绿色一体化发展示范区是此类改革任务和新型区域中最具代表性的案例。

二、国内外研究进展

在具有发展基础和集聚优势的地区,城市化发展和城市空间扩张是经济社会发展的必然趋势,由此也必然产生跨区域治理的需求。由于发展时间早,该趋势最先在西方发达国家出现,并产生理论需求。相关研究呈现阶段性发展的特点,对我国发挥后发优势应对这一问题具有很大启发。同时,也必须注意到,这些理论发展主要基于国外相应国家和地区的制度基础、治理体系、文化认知以及相应时期的经济技术特征,在借鉴的过程中也要充分考虑我国的相应维度特点,加以整合与运筹。

(一)国外跨区域治理研究历经三个发展阶段

针对以大都市区治理为典型代表的跨区域治理问题,国外主要历经了理论发展的三个阶段:传统区域主义理论、多中心治理理论和新区域主义理论。

首先是传统区域主义理论阶段。19世纪末,一些西方国家城市化进程加快,城市群开始出现,具有复合特征的大都市区域崛起。地方高度自治的传统,导致具有跨区域特征的公共服务职能在地区间分割,造成"政治碎化"现象,使得区域管理效率低下。基于此,美国学术界展开了对大都市区统一政府的研究,单中心治理理论应运而生。早期代表人物包括威尔逊(Thomas Woodrow Wilson)、古德诺(Frank Johnson Goodnow)、泰勒(Frederick Winslow Taylor)、伯吉斯(Ernest Watson Burgess)、玛克西(Chester Collins Maxey)、斯杜邓斯基(Paul Studenski)、琼斯(Jones Victor)、古力克(Luther Halsey Gulick)等,这些学者提出应建立集权的大都市政府。到了1950年代,该理论被称为"巨人政府论"或"传统区域主义",认为"权威的碎片化以及为数众多的地方政府之间的辖区重叠,是城市政府制度失败的根源"。① 维克多·琼斯提出,大都市治理的基本问题是地方政府结构体系分散化,分散的地方政府结构带来了一系列负面效果,诸如地方政府恶性竞争、道路设施、医疗、消防等公共资源配置不合理等。② 斯杜邓斯基在《美国大都市政府》一书中提出,一些必要的区域管理职能需由大都市政府来执行,为区域范围内的市民提供相应公共服务。③ 这一理论范式奉行"一个区域、一个政府"的理念,认为单一的管理组织更有效率,主张设立统一的具有政治权威的区域性政府,实现地方财政均衡、提供跨区域服务、促进经济发展等综合目标。在具体治理模式上,大都市政府可以采取单层大都市政府和双层大都市政府的形式。单层大都市政府主要通过"兼并"或"市县合并"建立统一的大都市区政府;双层大都市政府则保留现存的治理单元,但要"在大都市区内建立综合政府机构,为大都市区居民提供区域公共产品"。④ 可见,传统区域主义理论及其解决方案十分类似于我国近年来通过行政区划(如县改区)来处理区域问题的应对思路。

随后出现的是多中心治理理论阶段。20世纪50年代后,随着强调政府干预在实践中出现新问题与自由主义思潮的兴起,传统区域主义受到挑战,多中心治理理论逐渐主导了此后一段时期区域治理的理论思潮。文森特·奥斯特罗姆(Vincent A. Ostrom)

---

① Bish Robert Lee, Ostrom Vincent, *Understanding Urban Government: Metropolitan Reform Reconsidered*, Washington, D. C.: AEI Press, 1979, p. 8.

② Jones Victor, *Metropolitan Government*, Chicago: University of Chicago Press, 1942, p. 108.

③ Studenski, Paul, *The Government of Metropolitan Areas in the United States*, New York: National Municipal League Press, 1930, p. 23.

④ [美]理查德·C. 菲沃克:《大都市治理:冲突、竞争与合作》,许源源、江胜珍译,重庆大学出版社2012年版,第8页。

和埃利诺·奥斯特罗姆(Elinor Ostrom)夫妇证明了多中心治理理论的有效性,并将其全面引入公共事务及区域治理的分析。蒂尔伯特(Charles Tiebout)于1956年提出"以足投票"理论,提出居民可以通过"以足投票"来选择符合偏好的居住地。① 在1961年发表的经典论文《大都市区的政府组织:理论探讨》中,文森特·奥斯特罗姆等提出,多元化地方政府通过相互竞争才能提供更好的公共服务。20世纪七八十年代,由布坎南(James M. Buchanan)和塔洛克(Gordon Tullock)等人创立的公共选择理论被引入治理理论之中,强调市场化和政府分权的重要性,强化了注重市场、分权和自治的多中心治理理论。多中心治理理论不回避政治碎化问题,但却否认传统区域主义的解决方案,认为由于公共服务的规模经济和外部性特征,完全由政府提供并非明智选择,而且区域政府也容易忽略公民需求的多样性。在治理主体方面,认为主体不是一元,而是多元,包括政府、企业组织、社会组织、公民等,本质上是政府、市场和社会共同参与公共事务的治理。倡导采用治理网络模式,呈现权力分散和管辖交叠的特点。② 各主体通过竞争与合作参与公共治理,在公共产品的生产、使用和后期维护等各环节上进行博弈。在实践中,初期这一理论取得了成效,但由于存在政府权责不明、社会组织力量薄弱、无力承担综合与长远的治理功能等问题,区域行政碎片化进一步加剧,该理论的缺陷日渐暴露,而新的城市治理潮流也在悄然兴起,这就是新区域主义。

最后是新区域主义理论阶段。传统区域主义和多中心治理理论都未能很好地解决跨区域治理问题,至20世纪90年代,欧美学术界出现了新区域主义理论。新区域主义以区域公共事务治理与

---

① Tiebout, Charles Mills, "A Pure Theory of Local Expenditures", *Journal of Political Economy*, 1956, 64(5), pp.416-426.

② Savas, Emanuel Steve, *Alternatives for Delivering Public Services: toward Improved Performance*, Boulder, Colorado: Westview Press, 1977, p.34.

协作网络为基础,倡导形成各种新型的城市群组织模式。代表人物包括唐斯(Downs Anthony)、奥菲尔德(Myron Orfield)等。唐斯把政府权力在地理上的破碎结构归结为制约大都市治理的首要原因,正是这些因素阻碍了区域一体化治理。① 新区域主义的回归对优化政府间协调产生了深刻启示,该理论不再单纯追求区域一体化的治理体系,而更加关注区域内地方政府间协作和政策网络化发展。其特点包括:第一,区域治理重点从地理空间转向功能空间,更关注功能分析与组合。第二,强调治理主体多元化和多层次化。吸收多中心治理理论的合理之处,倡导把区域内各级政府、非营利组织、私人部门、公民主体都纳入治理网络,共同设计和遵守相关理念、制度。第三,更加关注治理过程而非结构。在新区域主义看来,区域治理是多元政策主体持续谈判协商与合作的过程,并不能依靠单中心治理理论和多中心治理理论得以有效的解决。

在实践过程中,新区域主义也逐渐表现出一些缺陷,主要体现在尺度重构对于空间功能的改造不足。尺度重构促进了网络化区域关系的发展,将零散的资源分配进行重新整合,但同时也导致了空间极化。此外,当突发事件爆发时,功能性缺陷将对区域功能体系产生重大影响,出现政府失灵现象。在面临突发事件(如疫情)冲击时,为保障小区域的利益与生产,地方政府倾向于自我封闭。同时,非政府组织也不具有满足庞杂公共需求的能力。

(二)国内跨区域治理及长三角一体化研究进展

进入 21 世纪以来,随着国家区域协调发展战略的制定与不断升级,区域协调发展及跨区域治理问题逐渐成为研究热点,学术界

---

① Downs Anthony, *New Visions for Metropolitan America*, Washington D. C.: The Brookings Institution and Lincoln Institution of Land Policy, 1994, p. 17.

积累了丰富的研究成果。

第一,关于区域协调发展的内涵。郝寿义认为区域协调发展是使区域之间的发展条件、人民生活水平的差距保持在合理的范围内,人与自然之间保持和谐的发展状态。① 范恒山认为区域协调发展的内涵包括五个方面:人均生产总值差距保持在适度范围内、各地区享受均等化的基本公共服务、各地区比较优势得到合理发挥、不同地区之间形成良性互动机制、各地区人与自然关系处于和谐状态。② 徐康宁认为区域协调发展的新内涵应当包括福利的共同增进、区域发展的互利协调以及生态环境的自然协调。③

第二,关于跨区域治理的影响因素与推进机制。杨龙认为区域协调政策可以作为中央的政策工具,地方政府也可积极参与。④ 锁利铭认为交易成本和契约风险是府际协作机制的重要影响因素。地方政府间高意愿、低风险的条件将更有利于地方政府间的合作。⑤ 覃成林认为区域协调发展机制体系由市场机制、空间组织机制、合作机制、援助机制和治理机制构成。⑥ 刘志彪认为应以竞争政策为基础协调其他经济政策,为市场一体化创造政策协同环境。⑦ 王一鸣认为,要促进区域协调发展,关键在于深化改革和体制机制创新:首先,要清除各种显性和隐性的市场壁垒,促进生产要素跨区域有序自由流动;其次,要创新区域合作机制,支持产业跨区域转移和共建产业园区等合作平台;再次,要完善区域互助机制,加强发达地区对欠发达地区在教育、科技和人才等方面的帮扶力度;最

---

① 郝寿义:《区域经济学原理》,上海人民出版社 2007 年版,第 177 页。
② 范恒山:《我国促进区域协调发展的理论与实践》,《经济社会体制比较》2011 年第 6 期。
③ 徐康宁:《区域协调发展的新内涵与新思路》,《江海学刊》2014 年第 2 期。
④ 杨龙:《区域的"实体性"及其政策含义》,《理论探讨》2017 年第 4 期。
⑤ 锁利铭:《地方政府间正式与非正式协作机制的形成与演变》,《地方治理研究》2018 年第 1 期。
⑥ 覃成林:《区域协调发展机制体系研究》,《经济学家》2011 年第 4 期。
⑦ 刘志彪:《长三角区域市场一体化与治理机制创新》,《学术月刊》2019 年第 10 期。

后,要建立健全区际补偿机制特别是生态补偿机制。①

第三,跨区域治理的政策协同研究。杨宏山、石晋昕认为中国跨部门治理形成了党委总揽全局、协调各方的统合治理模式。② 满舰远、张可云认为共赢型区域合作、互补型区域合作、共建型区域合作等的机制各有不同。③ 柳建文提出目前区域协同发展战略需要促进企业、民间组织等社会力量对区域事务的参与,形成区域主体间新的协作治理结构。④ 李兰冰提出要促进地方政府形成由低水平均衡向高水平均衡的偏好一致性与行为一致性。⑤

第四,长三角一体化发展研究。许多研究认为长三角区域一体化发展水平处于国内领先位置,有条件迈向更高水平,构建一体化发展的新模式。胡彬等人从国家战略出发观察指出,国家的治理需求开始下移到一些具体领域,触及行政区经济固化的路径依赖并尝试进行路径替代,显现出向上与向下的尺度重组交织进行的现象,引发新一轮区域治理体制变革。⑥ 高丽娜等提出长三角区域一体化应构建普惠型政策体系,完善更高质量一体化发展行动框架。⑦ 在此背景下,许多研究开展了在空间格局重塑⑧、生态环境共保⑨、交通

---

① 王一鸣、兰宗敏、朱鸿鸣:《全球经济新变局与中国的应对策略》,《重庆理工大学学报》(社会科学)2017年第11期。

② 杨宏山、石晋昕:《跨部门治理的制度情境与理论发展》,《湘潭大学学报》(哲学社会科学版)2018年第3期。

③ 满舰远、张可云:《演化博弈视角下的区域合作机制研究》,《区域经济评论》2019年第2期。

④ 柳建文:《中国区域协同发展的机制转型——基于国家三大区域发展战略的分析》,《天津社会科学》2017年第5期。

⑤ 李兰冰:《中国区域协调发展的逻辑框架与理论解释》,《经济学动态》2020年第1期。

⑥ 胡彬、林柏韬:《国家战略导向的空间价值变迁与长三角一体化发展》,《区域经济评论》2021年第3期。

⑦ 高丽娜、蒋伏心:《长三角区域更高质量一体化:阶段特征、发展困境与行动框架》,《经济学家》2020年第3期。

⑧ 徐毅松、吴燕、邵一希:《国家战略与规划使命——从长三角一体化示范区规划看新时代国土空间治理》,《城乡规划》2020年第4期。

⑨ 张健、张舒:《长三角区域环境联合执法机制完善研究》,《中国环境管理》2021年第2期。

等基础设施网络建设①②、区域公共服务一体化③、协同治理的体制机制④等领域的创新思路研究。

(三) 简要评述

区域治理理论自20世纪初期开始在西方孕育兴起,主要经历了三个发展阶段,每一阶段的主流理论在治理主体、治理方式以及治理模式上的观点既有共性,也有差异,其中的一条主线是在统一与分权的谱系两端寻求新的更优组合。随着实践发展,国内的区域研究成果日益丰富,但总体而言理论分析很大程度上借鉴西方理论,相对缺乏中国本土化理论的构建。国内学者梳理了关于区域协调发展的内涵、政策协同与治理模式、影响因素以及治理体制机制,在西方一些理论的基础上结合国情进行了新的解读,但尚未达到体系化的程度。面对国家治理体系和治理能力现代化的改革目标,亟须在跨域治理方面推进理论创新,而这一理论创新必将来源于三个方面的重要基础:根植中国特色社会主义制度优势、广泛吸收借鉴国际经验与理论成果、与时俱进研究总结最新的实践进展。

针对长三角一体化发展,诸多学者从空间、生态、交通、经济、基础设施、公共服务等方面进行了研究并提出政策建议,但目前成果仍较少针对长三角生态绿色一体化示范区这一新的政策试验案例进行理论层面的分析研究。因此,本文力求总结该示范区取得

---

① 方大春、孙明月:《高铁时代下长三角城市群空间结构重构——基于社会网络分析》,《经济地理》2015年第10期。
② 王富强、马尚钰、赵衡等:《基于AHP和熵权法组合权重的京津冀地区水循环健康模糊综合评价》,《南水北调与水利科技》(中英文)2021年第1期。
③ 于迎、唐亚林:《长三角区域公共服务一体化的实践探索与创新模式建构》,《改革》2018年第12期。
④ 方创琳、张舰:《中国城市群形成发育的政策保障机制与对策建议》,《中国人口·资源与环境》2011年第10期。

的制度创新经验,提炼理论启示与政策价值。

三、长三角生态绿色一体化发展示范区的设立背景与试验任务

党的十九大报告指出,我国社会主要矛盾已经转化为人民日益增长的美好生活需要和不平衡不充分的发展之间的矛盾。在此背景下持续推动的区域协同发展、共同富裕战略等都要求区域一体化迈向新高度,而区域一体化往往在一些毗邻区域或特殊功能区有着最为迫切的需求。因此,国内一些此类区域正在同步开展这一方向的试验探索。如京津冀区域的北京市通州区与河北省廊坊市北三县地区,长三角区域的长三角生态绿色一体化发展示范区,粤港澳大湾区的前海与横琴合作区,成渝双城经济圈推动交界地带融合发展等。

本文选取其中的长三角生态绿色一体化发展示范区作为分析案例,主要原因有二:一是在试验的广度、深度以及可推广性方面,这是最具代表性的一个区域。目前,国家层面的推动长三角一体化发展领导小组办公室(设在国家发展和改革委员会)已经两次印发通知,向长三角地区省市县际毗邻区域、省际合作园区以及全国有条件的省际、市际毗邻区域复制推广该示范区所取得的制度创新经验;二是前期开展了比较系统的调研。

(一)设立背景:长三角一体化发展迈入新阶段

长三角生态绿色一体化发展示范区的设立是在长三角区域一体化发展的历史逻辑和实践逻辑下展开的。长三角区域一体化大体上经历了五个阶段:一是改革开放前的计划经济时期,区域间自发性的交流合作较少;二是20世纪80年代的早期探索阶段,开始

打破行政分割,但因缺乏有效的协调架构而成效有限;三是20世纪90年代伴随着浦东新区开发开放而来的起步阶段,以政府为主导,市场、社会等多重主体开始共同推动区域协作;四是加入WTO之后的加速发展阶段,生产要素的区域流动日益频繁,城市间交流合作的领域不断扩展;五是进入新时代的高质量发展阶段。党的十八大以来,习近平总书记亲自谋划推动长三角区域一体化发展上升为国家战略。2016年,《长江三角洲城市群发展规划》发布实施;2019年,中共中央、国务院印发《长江三角洲区域一体化发展规划纲要》,标志着长三角一体化发展进入新阶段,一体化和高质量成为两个关键词。

上述历程展现了长三角一体化发展在国家战略全局中肩负着探索一体化高质量发展路径的重要使命。面对这样的使命,在实践中仍面临一些制度性、深层次的问题需要破解,尤其是在涉及各省市切身利益的许多重大问题上仍面临挑战,如在行政分割、环境保护、产业布局、财税分享、公共服务共享等方面,需要通过改革试验予以破解。2018年11月,习近平总书记在听取上海市委、市政府工作汇报时,充分肯定在沪苏浙交界区域建设长三角生态绿色一体化发展示范区(下文中一些地方简称"示范区")的设想。2019年12月,中共中央、国务院印发《长江三角洲区域一体化发展规划纲要》,明确了以上海市青浦区、江苏省苏州市吴江区、浙江省嘉兴市嘉善县为长三角生态绿色一体化发展示范区。同年8月,沪苏浙两省一市联合上报《长三角生态绿色一体化发展示范区总体方案》,10月25日,国务院正式批复该方案,标志着进入实施阶段。

示范区横跨沪苏浙,毗邻淀山湖,涵盖上海市青浦区、江苏省苏州市吴江区和浙江省嘉兴市嘉善县,总面积约2 413平方千米。选择青浦区的金泽镇、朱家角镇,吴江区的黎里镇,嘉善县的西塘镇、姚庄镇五个镇作为先行启动区,面积约660平方千米。一体化示范区地理相近、文化同源、人文相亲,历史上同属于"吴根越角",具有一体化融合发展的良好基础。

从发展态势看,三地经济基础及区位优势较好(图1)。2020年,两区一县的经济总量为3 853亿元,其中,青浦区1 194亿元,嘉善县655.8亿元,吴江区2 003亿元。常住人口约346万,其中,青浦区127万,嘉善县65万,吴江区154万。

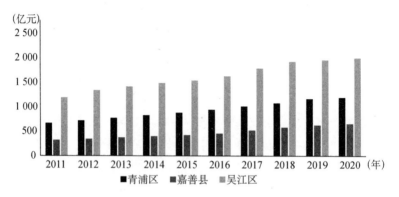

图1 两区一县GDP总量与增速(2011—2020年)

资料来源:根据各地统计公报整理。

(二)经验借鉴:跨区域治理的国际案例

在调研中了解到,示范区的发展思路与制度创新借鉴了一些跨区域治理的国际案例及其发展经验(表1)。例如,借鉴了亚洲的新马印"成长三角"(IMS-GT)区域相关经验。该区域的合作从20世纪80年代后期开始,由新加坡、马来西亚柔佛州和印度尼西亚廖内群岛组成"新柔廖三角地带",后被称为"成长三角",逐步成为东南亚经济发展的重要区域。此外,还借鉴了欧洲的相关经验,主要是瑞典与丹麦毗邻区域的厄勒地区合作发展案例,以及瑞士与法国毗邻的日内瓦湖区跨区域协同发展相关经验。

表 1 跨区域治理国际案例

序号	案例	时空背景	合作框架	治理创新
1	新马印"成长三角"(IMS-GT)	20世纪80年代后期,新加坡、马来西亚和印度尼西亚毗邻区域开展跨域合作	三国政府签署《印度尼西亚-马来西亚-新加坡成长三角经济合作多边协议》,主要开展经济合作	经济互补联合发展、广泛的政策协调、高度的对外开放
2	厄勒地区区域合作	1984年提出在瑞典和丹麦之间建立厄勒海峡大桥,厄勒海峡周围一体化发展起步	哥本哈根港和马尔默港形成跨国组合港,由哥本哈根-马尔默港务局(CMP)统一管理运营	发挥市场主体作用,建立市场化合作机制。要素跨区域自由化、便利化流动
3	日内瓦湖跨区域协同发展	日内瓦湖位于瑞士与法国交界处,面积582平方千米,1973年成立日内瓦湖理事会,关注范围包括瑞士的三个州以及法国的两个省	理事会进行跨境协商,目标是增强地区的吸引力,塑造具有归属感的环日内瓦湖区域,主要关注环境保护与产业发展	在生态治理方面,开展联合治污;每十年发布《日内瓦湖行动路线》,制定未来十年的治理重点和治理计划;在产业发展方面,通过区域协调,形成彰显湖区特质的城镇品牌

资料来源:根据《打通"制度之路"让要素自由流动》(作者马海倩,《解放日报》2019年11月2日)一文整理。

(三)试验任务:新使命与新型治理域

《长三角生态绿色一体化发展示范区总体方案》中明确的发展目标是:到2025年,一批生态环保、基础设施、科技创新、公共服务等重大项目建成运行,先行启动区在生态环境保护和建设、生态友好型产业创新发展、人与自然和谐宜居等方面的显示度明显提升,一体化示范区主要功能框架基本形成,生态质量明显提升,一体化制度创新形成一批可复制、可推广经验,重大改革系统集成释放红利,示范引领长三角更高质量一体化发展的作用初步发挥。到2035年,形成更加成熟、更加有效的绿色一体化发展制度体系,全面建设成为示范引领长三角更高质量一体化发展的标杆。

示范区的战略定位是"一田三新":(1)生态优势转化新标杆。要求充分发挥环淀山湖区域生态环境优势,构建蓝绿交织、林田共生的生态网络。(2)绿色创新发展新高地。要求集聚创新要素资源,打造国际一流的产业创新生态系统,构建更大范围区域一体的产业创新链。(3)一体化制度创新试验田。要求聚焦规划管理、生态保护、土地管理、要素流动、财税分享、公共服务政策等方面,探索行之有效的一体化制度安排,推进改革系统集成,为长三角一体化发展提供示范。(4)人与自然和谐宜居新典范。要求构建现代化基础设施体系,建立多层次、跨区域、高水平的公共服务网络,为居民创造高品质生活环境。

上述四个方面的战略定位明确了示范区主要的试验任务,其中"一体化制度创新试验田"这一独特定位尤其突出,是其他三项偏重"高质量"定位的支撑。因此,一体化制度创新也就成为与发展轴并行的新型治理域,需要系统设计与摸索实践。

在此背景下,示范区明确了坚持"不破行政隶属、打破行政边界"的理念,推动如下八个重点领域制度创新:(1)建立统一编制、联合报批、共同实施的规划管理体制。主要任务是建立统一的国土空间规划体系、实现"一个平台"管规划实施。(2)统一的生态环境保护制度。主要任务是建立统一的饮用水水源保护和主要水体生态管控制度,建立生态环境"三统一"制度,探索生态治理的新机制。(3)跨区域统筹土地指标、盘活空间资源的土地管理机制。主要任务是建立统一的建设用地指标管理机制与存量土地盘活机制,建立建设用地收储和出让统一管理机制。(4)项目跨区域一体化管理服务机制。主要任务是统一项目准入标准和项目管理平台。(5) 促进各类要素跨区域自由流动的制度安排。主要任务是统一企业登记标准并完善全生命周期服务体系,推行人才资质互认共享,推进要素资源跨区域交易。(6) 跨区域投入共担、利益共享的财税分享管理制度。主要任务是推动税收征管一体化并创新财税分享机制。(7) 共建共享的公共服务政策。主要任务是加强区域基本公共服务标准和制度衔接,探索区域公共服务便捷共享的制度安排。(8) 统一的公共信用管理制度。主要任务是统一公共信用评价体系并建立联合奖惩机制。

四、示范区探索跨区域治理创新的历程、做法与成效

在明确改革试验任务的基础上,两省一市开始推动具体工作,通过一系列重要决策推动示范区的改革发展。在"不破行政隶属、打破行政边界"的理念指引下,搭建起推动发展和制度创新的治理架构,开展了八个主要领域的改革探索,初步形成了体系化的经验。

(一) 长三角跨区域治理创新的政策体系

2019年11月1日,江浙沪两省一市召开长三角生态绿色一体化发展示范区建设推进大会,示范区、示范区理事会、示范区执委会在这次大会上正式揭牌,示范区理事会举行了第一次全体会议,这标志着示范区正式开始启动行政化运作,随后开展了密集的制度和政策创新活动。

从政策演进的视角来看,示范区的政策创新以大约半年召开一次的理事会为重要节点,在理事会层面议定重要合作方向与内容,部署重要的规划、项目、工程、资金等事务,同时也注重同步总结和上报推广经验成果。表2展现了示范区发展历程中的一些重要事件、政策及其创新意义。

表 2 示范区发展过程中的重要决策

时间	重要事件与政策	意义
2019年11月8日	示范区执委会印发《关于建立长三角生态绿色一体化发展示范区执行委员会主要职责、内设机构和人员额度的通知》	明确执委会的职责、机构设置及人员编制,为示范区发展奠定体制基础
2020年3月1日	示范区执委会印发《关于推进中国(上海)自由贸易试验区临港新片区、长三角生态绿色一体化发展示范区干部管理模式创新的若干意见(试行)》	干部管理模式创新
2020年4月9日	示范区理事会第二次全体会议	通过5份文件,标志着两省一市在示范区全面开展实质性合作
2020年5月20日	示范区执委会发布《长三角生态绿色一体化发展示范区先行启动区产业项目准入标准(试行)》	首次实现产业项目准入标准跨省域统一
2020年6月11日	两省一市人民政府出台《关于支持长三角生态绿色一体化发展示范区高质量发展的若干政策措施》	两省一市政府联合发文,明确政策措施
2020年8月26日	首届示范区开发者大会举行,示范区开发者联盟正式成立	创新业界共治模式
2020年9月24—25日	沪苏浙人大常委会分别表决通过《关于促进和保障长三角生态绿色一体化发展示范区建设若干问题的决定》	两省一市人大授权示范区执委会行使省级项目管理权限
2020年10月9日	两省一市共同编制的《长三角生态绿色一体化发展示范区国土空间总体规划(2019—2035年)》(送审稿)上报国务院	首个由省级行政主体共同编制的跨省域国土空间规划
2020年11月11日	推动长三角一体化发展领导小组办公室印发《关于复制推广长三角生态绿色一体化发展示范区第一批制度创新经验的通知》	在全国推广制度创新经验

(续表)

时间	重要事件与政策	意义
2021年1月7日	示范区执委会印发《长三角生态绿色一体化发展示范区共建共享公共服务项目清单(第一批)》	推动公共服务共建共享
2021年1月14日	示范区理事会第三次全体会议	总结2020年工作,部署2021年工作
2021年4月28日	示范区理事会第四次全体会议	审议先行启动区国土空间规划(草案)等规划
2021年5月7日	示范区执委会印发《长三角生态绿色一体化发展示范区重大建设项目三年行动计划(2021—2023)》	从区域项目协同走向建设一体化
2021年5月26—27日	长三角地区主要领导座谈会举行	审议通过先行启动区国土空间规划(草案),明确重点建设片区
2021年6月11日	上海市委决定设立中共长三角生态绿色一体化发展示范区执行委员会党组	强化党的领导
2021年8月20日	长三角三省一市主要负责同志专题视频会议	加快"水乡客厅"建设,推进示范区生态环境保护和绿色发展
2021年9月23日	长三角生态绿色一体化发展示范区开发者大会	扩大开发者联盟
2021年10月16日	长三角生态绿色一体化发展示范区两周年建设工作现场会	肯定示范区对长三角全域乃至全国区域经济高质量发展发挥了重要示范带动作用
2022年1月11日	示范区理事会举行第五次全体会议	通过长三角一体化示范区2022年重点工作安排等

资料来源:本文作者整理。

(二) 长三角跨区域治理创新的架构体系

为了做到"不破行政隶属、打破行政边界",基础性任务是搭建能够有效落实《长三角生态绿色一体化发展示范区总体方案》的治理架构,目前示范区已经构建起"纵横结合、多方联动、高效运行"的决策执行体系(图2)。

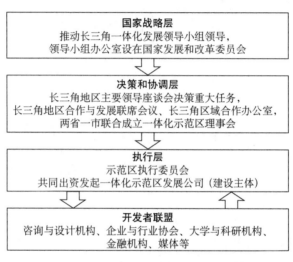

图2 长三角生态绿色一体化发展示范区决策执行体系

资料来源:作者绘制。

国家层面的推动长三角一体化发展领导小组及其办公室进行国家战略层面的部署和决策,长三角地区主要领导座谈会决策落实层面的重大任务。

示范区理事会容纳"三级八方"(省级层面的上海市、江苏省、浙江省,设区市层面的苏州市、嘉兴市,以及青浦区、吴江区、嘉善县"两区一县")以及发展和改革、自然资源、生态环境、交通、经济信息化、市场监管、财政、税务、人力资源社会保障、农业农村、文化旅游、教育、医疗等有关的省级部门,开展执行层面的重要决策。

为了充分凝聚各方智慧力量,理事会还纳入相关的重要企事业单位、金融机构、社会组织、专家智囊等作为特邀成员。理事会的运作特点是多地轮值、统一决策,由两省一市重要的省级领导担任理事长,定期召开理事会,研究确定区域发展规划、改革事项、支持政策,协调推进重大项目。这一做法实现了纵向府际关系与区域横向府际关系的创新,例如,在理事会上县级行政官员可与省级行政官员同桌议事。在省级层面,两省一市还建立了人大联动执法检查机制,推动各项改革运行在法治轨道上。

在具体执行层,以示范区执委会为主,与其他相关主体一起推动各项改革及项目落地。执委会作为理事会的常设办事机构,是示范区的开发建设管理机构,其运作特点是"授权充分、整合行政"。两省一市依法将有关行政职权调整由执委会实施,探索行政区与经济功能区适度分离的管理体制。执委会负责示范区的发展规划、制度创新、改革事项、重大项目、支持政策等方面的具体实施与组织协调。

在干部人事方面,《长三角生态绿色一体化发展示范区总体方案》明确,要探索更加开放灵活、互联互通的干部选用和激励机制。执委会的设立和运作就实现了这一方面的多重制度创新。针对示范区跨行政区域共建共享的定位及执委会由两省一市共建共管的机构性质,沪苏浙两省一市党委组织部门在坚守党的全面领导、党管干部、党管人才等基本原则要求之下,指导执委会开展了多项干部管理模式创新和党建模式创新。一是确立执委会的新型法人治理结构。执委会由两省一市共同发起成立、共建共管,在上海市登记为"其他类机构"。二是探索在新型机构中成立党的领导机构和基层组织的路径,形成在新型机构中落实全面从严治党各项要求的举措。三是实行全员聘任管理。核定人员额度,探索"企业化管理、市场化运作"的用人方式。通过选聘、招聘、特聘方式聘任工作人员,通过聘任合同确定与工作人员的聘任关系。选聘干部在执委会工作期间,采取"身份保留、档案封存"的方式,人事、工资、党组织关系转入执委会。四是实行市场化、差异化薪酬激励。薪酬总额与区域社会发展、财政收入增长、生态环境保护、制度机制创新等方面的绩效挂钩,设置薪酬"固定+浮动"机制,同级可以不同酬,同岗可以不同薪。五是构建干部互联互通平台。执委会可以面向两省市各级党政机关、各类国有企事业单位选聘工作人员,也可以面向海内外公开招聘紧缺急需的专业人才。六是建立职位序列管理制度。针对选聘干部的不同身份,在参照现行公务员职务与职级并行制度、企业人事管理制度的基础上,探索建立执委会职位序列管理制度。

为了进一步凝聚市场和社会力量,示范区还整合咨询与设计机构、企业与行业协会、大学与科研机构、金融机构、媒体等各方力量,成立了长三角生态绿色一体化发展示范区开发者联盟。开发者联盟在示范区执委会的统筹指导下,由市场和社会专业机构本着平等、自愿、互利、共赢的原则发起,致力于以业界共治的形式参与示范区建设发展,目前联盟成员数已超40家。

(三)长三角一体化跨区域治理的制度创新

对应于《长三角生态绿色一体化发展示范区总体方案》中明确的试验任务,本节依次简述各个领域的制度创新做法与取得的成效。

第一,统一规划管理。在规划编制方面,涵盖三个层次:示范区全域、先行启动区以及"水乡客厅"片区。上海市、江苏省、浙江省人民政府共同组织编制了《长三角生态绿色一体化发展示范区国土空间总体规划(2019—2035年)》,这成为我国首个跨省域共同编制的国土空间规划。在此规划框架下,进一步划定先行启动区并编制了国土空间总体规划。在规划实施方面,为推进"一张蓝图管全域"和"一套标准管品质",示范区执委会组织编制了《长三角生态绿色一体化发展示范区先行启动区规划建设导则》,探索"就高不就低"的标准研判路径,重点聚焦构建人类与自然和谐共生的生态格局,打造绿色、高效、多样的综合交通系统,形成国内首部跨省域的规划建设标准。同时,两省一市联合编制生态环境、水利、供排水、产业发展、文化旅游等专项规划。在重大项目方面,"水乡客厅"片区实现了规划设计一张图以及控制性详细规划的联合审批,示范区执委会会同沪苏浙自然资源部门共同编制了《关于细化长三角生态绿色一体化发展示范区先行启动区控详规划编制审批流程的实施意见》,执委会联合两区一县人民政府共同组建了示范区规划委员会并制定了《长三角生态绿色一体化发展示范区规划委员会章程》,制定了《长三角生态绿色一体化发展示范区先行启动区控详规划编制审批操作手册》,明确了具体的流程、环节和责任主体。

第二,联合生态保护。一是构建了生态环境"三统一"(标准、监测、执法)实施机制。2020年10月,沪苏浙生态环境部门会同示范区执委会联合印发《长三角生态绿色一体化发展示范区生态环境管理"三统一"制度建设行动方案》。此后,在标准统一方面,示范区执委会会同两省一市生态环境、市场监管部门先后发布了《环境空气质量预报技术规范》等7个统一标准清单,成为长三角区域首批统一的地方标准;在监测统一方面,开展了大气、水、应急和污染源等7个监测监控统一网络建设;在执法统一方面,组建了综合执法队伍并明确了统一执法作业标准。综合吸收两省一市在强化规划环境影响评价与项目环境影响评价联动、告知承诺审批、"两证两办"、碳评价等方面的改革经验,推动环境影响评价制度改革集成。二是创新建立"一河三湖"环境要素功能目标、污染防治机制及评估考核制度。共同制定太浦河、淀山湖等重点跨界水体联保专项治理方案,明确跨界水体生态修复和功能提升工程一体化实施标准,以此应对富营养化和蓝藻水华爆发、流域功能定位尚不清晰,以及上下游、左右岸跨界管控等问题。

第三,统筹土地管理。一是创新了建设用地机动指标统筹使用机制。预留一定的建设用地指标由执委会统筹使用,主要用于交通和市政基础设施、水利设施、特殊项目、乡村公益设施、旷地型商办文旅设施等类型项目。二是创新了不动产登记"跨省通办"工作机制。运用大数据、人工智能、区块链等新技术手段,通过线上流程,推出了"跨省通办"窗口建设标准和服务指南,做到异地不动产登记"马上办、网上办、就近办、一地办"。

第四,统一项目管理。一是联合谋划项目。示范区执委会会同两省一市发展和改革部门制定了《长三角生态绿色一体化发展示范区重大建设项目三年行动计划(2021—2023)》,将推动项目作为制度创新的应用场景和最佳实践。二是创新跨区域投资服务机制。根据《长三角生态绿色一体化发展示范区政府核准的投资项目目录(2020年本)》,两省一市人大常委会会议分别表决通过《关于促进和保障长三角生态绿色一体化发展示范区建设若干问题的决定》,授权示范区执委会行使省级项目管理权限,按照两省一市人民政府有关规定统一管理跨区域项目,负责先行启动区内除国家另有规定以外的跨区域投资项目的审批、核准和备案管理,实行跨区域项目统一受理、并联审批、实时流转、跟踪督办,实现项目信息互联共用。两区一县政府相关部门负责项目立项后各阶段的行政审批、过程监督管理和竣工验收,构建了"一个项目、一个路条、分段受理、多地联审、同评互认、联合验收"的创新机制。三是设立投资项目在线审批监管平台。建设了国内首个跨区域投资项目在线审批监管平台,具有在线填报、信息交互等功能,该平台与国家信息中心平台直连,独立赋码,便于示范区项目直接纳入国家发展和改革委员会的项目库。

第五,促进要素自由流动。除前述土地要素外,示范区还通过制度创新为科技、人才、知识产权、金融等要素创造自由流动的条件。一是推动科技创新券通用通兑。目前,长三角大部分城市已实施科技创新券制度,但通用通兑一直没有实现。为此,示范区执委会会同两省一市科技部门发布了《关于开展长三角科技创新券通用通兑试点的通知》,以促进科技资源流动,助力企业研发。二是共促人才发展。执委会会同两省一市人才部门印发了《长三角生态绿色一体化发展示范区人才发展"十四五"规划》,这是长三角首个跨域联合人才规划。其创新之处包括:职称联合评定,统一组建评审机构、制定评审标准、实施评审流程,推动专业技术人员职业资格互认,推出《长三角生态绿色一体化发展示范区高峰人才联合激励清单》,探索文旅休闲、社会保障、职业发展等在内的人才联合激励体系。三是创新知识产权跨区域联保共治和管理服务一体化机制。2021年3月,示范区执委会会同两省一市有关单位联合印发了《关于在长三角生态绿色一体化发展示范区强化知识产权保护推进先行先试的若干举措》,这是知识产权保护领域国内首个跨省域的指导性文件,在知识产权联合保护、资源共享、管理服务一体化、制度保障等方面有许多创新举措。四是促进金融资源流动。示范区执委会会同两省一市金融主管部门发布了《长三角生态绿色一体化发展示范区银行业金融机构同城化建设指引(试行)》,这是国内首个该领域跨省域指导性文件,还出台了《长三角生态绿色一体化发展示范区绿色金融发展实施方案》,促进跨区域融合的绿色金融发展。五是推进统一标准。执委会联合沪苏浙市场监管部门印发了《长三角生态绿色一体化发展示范区标准管理办法(试行)》,这也是全国首个跨区域标准管理办法,提出"限定区域实施的地方标准"概念并制定了标准清单制度。六是创新"跨省通办"综合受理服务机制。"跨省通办"综合窗口实现了"跨省授权、全盘受理、一窗综合、同城服务",通办事项数量成为全国之最。

第六,创新市场监管与信用管理一体化机制。一是推动市场监管合作。允许示范区内企业在同一登记管辖区域内实行"一照多址",制定统一的禁限用名称字号使用规则,共建禁限用名称字号数据库,开展联合执法行动等。二是开展公共信用体系一体化建设。制定了统一的信息数据归集标准,建立"智慧大脑",实现了三地公共信用数据的统一汇聚和实时共享交换,开发了跨区域的"信用+审批""信用+金融"两大特色应用场景,形成了"统一标准、打通数据、应用落地"的推进模式,让信用数据发挥现实生产力。

第七,创新财税合作机制。这项任务是改革的深水区和难点,《长三角生态绿色一体化发展示范区总体方案》提出,要"逐步探索财税分享机制,研究对新设企业形成的税收增量属地方收入部分实行跨地区分享,分享比例按确定期限根据因素变化进行调整"。为落实上述要求,示范区执委会出台了跨区域财税分享实施方案,以土地、资本、人口等因素为基础指标构建共投共建共享体系,以"共同账"管理模式分享示范区范围内的财税权益,分享范围为青浦区、吴江区、嘉善县"水乡客厅"区域范围内新设企业税收收入的区(县)留成部分,以及由上海市、江苏省和浙江省三地政府或国有资本共同在示范范围内主导出资成立的从事示范区跨区域相关工作并经执委会认定的企业或者组织产生的新增税收收入的区(县)留成部分。同时,对于协同招商、协同迁移、园区共建等不同类型合作模式,示范区也提出了税收分享的引导性方案。此外,在税收领域还开展了税务信息共享、跨区域一体化纳税、税收规范统一精准执法、涉税风险联防联控精准监管等工作。

第八,创新公共服务共建共享模式。示范区执委会牵头并联合两省一市多部门,在硬件、公共服务、教育等领域不断推出政策创新。在硬件方面,推动多条断头路打通,开通跨域常态化运行的公交线路。在公共服务方面,出台了两批"共建共享公共服务项目清单",包括卫生健康、医疗保障、教育、养老、政务服务、综合应用六个领域。在《国家基本公共服务标准(2021年版)》和两区一县原有的"基本公共服务清单"的基础上,形成了属地政府保基本民生,示范区执委会促进一体化高质量的公共服务工作格局。为促进共享,推进了以社保卡为载体的居民服务"一卡通",实现居民在交通出行、旅游观光、文化体验等方面的"同城待遇"。在病人跨省异地就医便利的基础上,实现公立医疗机构间35项医学检验结果和9大类医学影像检查资料的互联互通。在教育方面,开展了教师一体化培养,探索轮值主持、名师联训、规培互通、学分互认、品牌联建等创新。

五、长三角示范区跨区域治理创新的理论启示

作为一项前沿改革,长三角生态绿色一体化发展示范区推动跨区域治理创新的历程可以带来多方面的理论启示。

(一)拓展治理视野,探索"五位一体"整合型合作模式

在国内外成功的区域一体化发展模式中,最常见的动力源是经济合作。事实上,长三角一体化发展最初也是以经济为启动领域,但随着新发展理念的提出,传统的合作模式已不能满足高质量发展和共同富裕等政策目标的要求,因此,长三角一体化示范区从一开始就积极推动发展模式的创新,在规划、建设、管理等重要环节都体现了新发展理念的要求,从经济领域拓展到多个领域,体现出"五位一体"集成整合的特点。一是推动经济转型发展,探索生态文明背景下高质量发展的新模式、新路径,探索生态本底和人文历史优势的现代转化。二是全面发挥政治优势,实现跨域合作治理创新,如理事会、开发者联盟、两省一市人大联动执法检查机制、执委会干部管理模式创新等做法,都有助于理顺区域内各行政层级间的关系,推动"跨域治理"向"无界治理"转变。三是推动提升

公共服务与社会治理的跨域联合供给,实现不同行政区居民的社会资源共享。四是发挥人文相亲的地缘优势,推动江南文化的现代表达。示范区内拥有朱家角等7个中国历史文化古镇,在一体化进程中不仅保持了江南水乡的小镇风情,还将探索与传统的建设高楼大厦和中央商务有区别的城市发展路径。五是深入探索生态优势转化为发展优势的系统路径,建设"生态优势转化新标杆、绿色创新发展新高地、人与自然和谐宜居新典范"。

(二)发挥制度优势,以治理的"立体结构秩序"降低"博弈熵"

长三角一体化示范区为跨区域治理提供了开展政策试验、探索理论前沿的平台。如研究回顾中所述,国外理论发展主要经历了早期的区域主义理论、中期的多中心治理理论以及第三阶段的新区域主义理论。新区域主义理论强调治理重点要从地理空间转向功能空间,促进区域内功能联合,加强各级各类治理主体之间的秩序化互动,搭建治理和协商平台,长三角一体化示范区的治理结构设计中体现了这些趋势。

同时,新区域主义理论虽然试图结合前两个阶段理论的优势,但在指导区域融合的实践方面仍面临挑战,其根源在于制度和文化层面,从局部出发的利益博弈视角导致难以摆脱"统一与分权"之间的摇摆。随着区域发展的扩展,各类利益主体的数量增加、类型分化、互动密度提升,如果采用"平面化"的治理结构,必然导致博弈的无序程度上升,对应于物理学中熵的概念,笔者称之为"博弈熵"的增加。

熵的概念由德国物理学家克劳修斯(Rudolf Julius Emanuel Clausius)于1850年提出,用于对热力学第二定律进行定量表述,这一定律表明,一切自发过程总是向着熵增的方向发展并趋于热寂,因此,其重要作用是衡量系统的无序程度。1877年,物理学家玻尔兹曼(Ludwig Edward Boltzmann)在《论热理论的概率基础》

一文中进一步提出用宏观概率值来度量熵的无序程度,通过统计力学研究从微观运动过渡到宏观运动的过程,"从没有温度和熵的微观世界过渡到有温度和熵的宏观世界,两个世界之间的桥梁搭起来了"。① 对抗熵增、增加有序度的途径是开放系统下持续与外界交换物质、能量并使之向有序方向做功。根据这一原理,区域治理面对的各类要素、主体也构成一个系统,如果没有好的制度规则与互动框架,就会提升各类利益之间的"博弈熵"。因而,为了对抗这种"博弈熵",必须依靠治理的"结构秩序"升级。如图3所示,长三角一体化示范区发展中所构建起来的治理架构具有显著的"立体和网络化"特征,把区域发展相关的从国家到地方的各级党委政府及其部门、各类市场主体、社会组织、居民等纳入一个立体的治理秩序之中,构建适合的决策和协商规则,共同设计和遵守相关理念和制度,共享权利与资源。

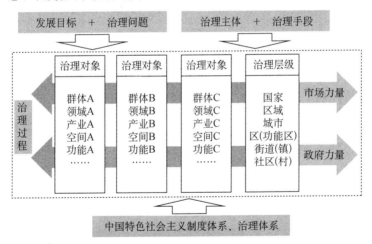

图3 中国区域治理体系的"编织"结构模型

资料来源:作者绘制。

---

① 钱学森:《现代科学技术》,载彭学诗编:《钱学森在中央党校的报告》,上海交通大学出版社2015年版,第1—49页。

总体而言,与国外的一些跨域治理安排相比,长三角一体化示范区实现了从横向的平面多主体合作秩序到立体的治理结构的跨越,这种跨越一方面是基于示范区的创新探索,更深层次的基础还在于我国的制度优势。中国特色社会主义制度体系为实现整体利益、长远利益提升了制度基础,在党的领导下,市场力量、政府力量双轴发力,能够将各类主体纳入治理的结构秩序。

(三)坚持系统集成,探索跨区域治理的整体性方案

长三角生态绿色一体化发展示范区改革创新的一个显著特点是坚持系统集成,追求跨域跨界治理、统一市场生成以及公共服务的共享提质,通过贯穿规划、建设、管理各个阶段,覆盖各个主要领域,积累成为跨区域治理的整体性方案(图4)。从这个角度看,示范区的改革试验任务与自贸试验区改革有类似之处,都是以制度创新为核心任务,通过系统集成的制度创新,提升区域发展质量并为全国其他地区提供可复制、可推广的经验。

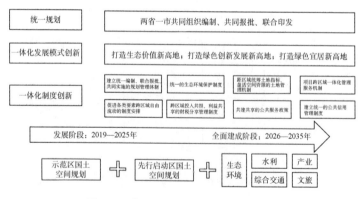

图4 示范区规划与制度创新整体框架

资料来源:作者绘制。

近年来兴起的"新-新国际贸易理论"为认识这一特点提供了理论资源。传统的贸易理论认为要素禀赋是比较优势的来源,而

该理论认为制度质量更重要,"一种产品的技术水平越高级,它涉及的分工网络就越复杂。……这就会导致供应链上厂商之间的契约变成了一种高度不完全契约。在契约不完全时,制度的作用就非常重要"。① 把这一原理对应于跨域治理就意味着,当区域协同进入高水平阶段时,各类市场和政府事务密集交织,相互之间的交往与分工网络愈加复杂,需要在规划建设管理的全周期中更加重视制度和政策设计,探索新型治理模式,让更高质量、更可预期的制度服务于区域之间要素的高频流动重组,提升区域整体竞争力。因而,为实现更高质量一体化,必须进行系统集成的改革,为市场在资源配置中起决定性作用创造条件,同时,要通过府际关系的协调消除竞争导致的负外部性,增进更多的正外部性。

长三角一体化示范区在这方面的经验主要体现为:一是推动统一规划和统一规则标准,例如前文提到的国内首份跨省域共同编制、具有法定效力的国土空间规划;二是畅通要素流动。在项目管理、土地、人才、资金、监管等方面搭建统一管理体系;三是破解深层制度障碍,启动财税分享制度改革探索,建立共投共用共享的投资模式,真正做到区域间的深层次利益融合;四是充分运用科技力量,广泛应用人工智能、大数据、云计算、区块链等先进技术,实现数据共享、智能监管等治理场景。

六、结语:展望跨区域治理的中国方案

历史经验表明,跨区域治理是实践需求、政策探索、理论供给"三位一体"的螺旋上升过程。发达国家在现代化进程中最先遇到

---

① 聂辉华:《一切皆契约:真实世界中的博弈与决策》,上海三联书店2021年版,第270—271页。

此类问题并开始政策探索与理论研究,主要经历了三个认识阶段,积累了丰富的经验与教训,这些都为我国推进跨区域治理提供了可资借鉴的资源。与此同时,也必须认识到,当前有条件基于我国发展经验来探索跨域治理新模式。以长三角生态绿色一体化发展示范区为代表所取得的制度创新经验,虽然目前仍以"帕累托改进"为主,但已经初步形成了体系化成果,并且开启了更深层次的融合探索,展现出显著的治理绩效。

展望未来,需要进一步发挥中国特色社会主义制度优势,形成更为系统全面的治理思路,在治理理念、管理架构、运行机制、具体工作领域等方面不断积累,形成跨区域治理的整体性方案和政策图谱,为跨区域治理体系和治理能力的现代化贡献中国方案。

[本文系国家社会科学基金青年项目《协调推进新型城镇化与乡村振兴战略研究》(项目编号:19CJY013)的阶段性研究成果,也是国家发展和改革委员会地区经济司2021年度研究课题的研究成果。]

上海五大新城建设的动力与路径研究

刘文富[*]

[内容摘要] 本文采纳国外最新的城市发展理论和案例,结合上海五大新城的建设实践,针对新城新区与市中心缺少有机联系、发展动力不足、韧性不够、地下空间缺乏规划和利用、人文关怀缺失等问题,明确新城新区的发展动力和发展路径。未来新城新区建设需要从新生活、新生产、新交易和新治理来构建其发展框架。同时抓好新城新区发展的八个关键成功因素,包括制定基于共同价值的愿景规划,创造差异化的独特卖点,设置高水平的知识机构,构建优良的创新生态,具有独特的创新文化,建立政府、知识结构、企业、市民四螺旋的组织架构,创建新的枢纽式管理模式等。

[关键词] 新城新区;发展动力;路径选择;关键成功因素

一、未来新城新区建设的关键因素

2016年12月23日,第三届联合国住房和城市可持续发展大会通过的《新城市议程》指出:到2050年,世界城市人口预计将增

---

[*] 刘文富,上海前滩新兴产业研究院首席研究员、副秘书长,复旦大学大都市治理中心特聘研究员,上海开放大学教授。

加近一倍,使城市化成为 21 世纪最具变革性的趋势之一。① 人口、经济活动、社会和文化互动以及环境和人道主义影响越来越集中在城市,这对住房、基础设施、基本服务、粮食安全、卫生、教育、体面工作、安全和自然资源等方面的可持续性构成重大挑战。当前,全球城市化加速,上海作为全球特大型城市,为应对以上重大挑战,规划并建设临港新片区及南汇新城、嘉定新城、青浦新城、松江新城、奉贤新城五大新城新区。

我们应该如何理解和定义城市?又该如何创造未来城市中的一切?对此,英国伦敦大学建筑学教授迈克尔·巴蒂(Michael Batty)在《创造未来城市》中进行了深刻的阐述:"自古典时代以来主导城市规划的确定性正在消失。城市正以超出我们理解能力的速度变得越来越复杂……"②这一观点及理论都对上海的新城新区建设具有很强的启发意义。

(一) 新城新区发展的内在驱动力

迈克尔·斯托珀尔(Michael Storper)从城市与地区发展的经济、制度、社会互动与城市经济、政治环境与区域发展四个维度阐述了城市发展的背景和逻辑。③ 一座城市成功的标志是它能够提供物理环境文化和风景,利用其具有吸引力的城市风景和聚会场所,以及对于社区商业文化承诺和领导角色等观念的支持,来推动并提高多样化的社会互动。城市其实就是刺激和融合物理与社会之间持续的正反馈动力学的机器,两者之间的相互作用使双方共同成长。

---

① 联合国:《新城市议程》(2016 年 10 月 20 日),联合国中文网,https://www.un.org/zh/documents/treaty/A-RES-71-256,最后浏览日期:2022 年 10 月 19 日。

② [英]迈克尔·巴蒂:《创造未来城市》,徐蜀辰、陈玥怡译,中信出版集团 2020 年版,前言第Ⅳ页。

③ [法]迈克尔·斯托珀尔:《城市发展的逻辑:经济、制度、社会互动与政治的视角》,李丹莉、马春媛译,中信出版集团 2020 年版,总序第Ⅲ—Ⅳ页。

当代主导城市规划的确定性正在消失,城市通过每个个体的行为自下而上地自组织形成,不是通过自上而下的规划而建成。"城市是一个自然形成的复杂适应系统,是两种'流'集合的产物:一种是维持并促进自身基础设施和居民发展的能源和资源流;另一种则是连接所有公众的社会网络中的信息流,这两种完全不同的网络的整合和相互作用,魔法般地带来了基础设施的规模经济效益,同时也带来了社会活动、创新和经济产出的极大增长。"[1]随着各种人流、物流、信息流和资金流在全球范围内激增,城市的复杂性也越来越强,当前城市最重要的焦点是位置之间的相互作用,而不是区位本身。随着越来越多的信息技术开始主导城市中的生活方式,城市形态和动能之间的关系日益复杂。

在新型城镇化的浪潮中,我国与全球其他国家一样,大力进行城市建设并大力发展新城新区。但是在城市发展的普遍实践中,大多采用了"摊大饼"式的发展方式,而新城新区普遍面临发展动力不足、缺乏地下空间规划和利用、与市中心缺少有机联系甚至是割裂、韧性不够、缺少人文关怀等问题。

为了应对这些挑战,世界各地的学者都进行了深入的研究,出现了新城市主义思潮。它于20世纪80年代初在美国兴起,并逐渐影响到房地产开发、城市规划和市政土地利用战略的许多方面。新城市主义试图解决与城市扩张和第二次世界大战后郊区发展相关的弊病。[2] 美国成立了新城市主义协会(Congress for the New Urbanism,简称CNU),其使命是倡导适合步行的都市主义,提供资源、教育和技术援助,以创造社会公正、经济稳健、环境弹性和以

---

[1] [英]杰弗里·韦斯特:《规模——复杂世界的简单法则》,张培译,中信出版集团2018年版,第302页。

[2] Roger W. Caves, *Encyclopedia of the City*, New York: Routledge, 2005, p.491.

人为本的地方。① 该协会在《2020年战略计划》中明确提出:"增加步行和负担得起的社区的供应;努力改变阻碍步行城市化的法规和条例;推进设计策略,帮助社区适应气候变化并减轻其未来影响。"②上海前滩新兴产业研究院对新城新区建设开展了长期跟踪研究,何万篷提出:"新城应该是区域性'公地',对内集约集成,成为上海新生产、新生活、新交易、新治理的策源地,对外'次区域融合、跨区域联动',实现与中心城区的空间接应、政策接力和产业接续,双向赋能,共同构成上海都市圈的'核心内圈'"。③

(二) 郊区新城成为重要的增长极

"城市化是推动持久和包容型经济增长、社会和文化发展以及环境保护的积极力量,因此,我们需要利用城市化带来的机遇,发挥城市化促进实现变革型可持续发展的潜力。"④国内外的城市发展史表明,大城市的两极分化已经变得更加突出。大城市的核心区变得更加密集了,但是郊区的范围也更广了。随着长距离运输成本的下降,郊区的价值越来越大。在向城市数字世界迈进的进程中,位置正失去它的力量,而交互变得越来越重要,城市的物理边界正被迅速侵蚀。建设新城,是全球城市破解发展难题、促进空间协调与经济社会持续发展、提升城市竞争力的重要发展经验。

杰弗里·韦斯特(Geoffrey West)认为:在城市发展过程中,"人口规模每增加一倍,城市只需要增加85%的加油站,而不是翻

---

① "The Charter of the New Urbanism", CNU — Congress for the New Urbanism, 2001. https://www.cnu.org/who-we-are/charter-new-urbanism, retrieved October 19, 2022.
② "Strategic Plan 2020", CNU — Congress for the New Urbanism, 2020. https://www.cnu.org/organization/strategic-plan-2020, retrieved October 19, 2022.
③ 何万篷:《新城,远不止是"城"》,《前滩综研·封面观点》2020年10月12日。
④ 联合国:《新城市议程》(2016年10月20日),联合国中文网,https://www.un.org/zh/documents/treaty/A-RES-71-256,最后浏览日期:2022年10月19日。

番",而且"这一规模经济是系统性的,几乎所有国家都如此,都遵守相同的规模法则,而且指数都是近 0.85。更加令人惊讶的是,其他与交通和供给网络相关的基础设施的数量也都以同样的指数比例缩放……此外,无论数据从何获得,这一系统性行为似乎在全球范围内都一致"。[1]

一个城市的发展,关键是人从哪里来,城市能容纳多少人。英国的巴蒂教授认为,在定义城市的时候,有三个关键指标一再出现:第一个是密度,用每公顷(1 公顷 = 10 000 平方米)的人数来衡量;第二个是相互作用指数,衡量了任何两个地区之间相互作用或者相互依赖的程度,例如上班的人流;第三个是邻近度或邻接度,构成城市的所有单元,不管是个人、家庭、社区,还是地区,在某种意义上,都必须彼此接近。城市的主要变化将是人口迁移带来的增长或衰落。[2] 美国西北大学凯洛格商学院有关团队就中小城市发展开展了一项为期 16 年的研究,"通过对美国 350 个城市的人口和就业数据进行详细分析,研究人员发现,人口达到 120 万左右的城市才能建立强大的科技产业"。[3] 美国布鲁金斯学会认为,目前全球各国创新区的基本类型主要包括以下三种:一是"锚+"(Anchor Plus)类型,主要分布在城市中心区和次中心区;二是重塑城市区域(Re-Imagined Urban Areas)类型,主要分布在历史悠久的海滨城市,这里的工业区或仓储区往往正处于转型升级的新阶段;三是城市化科学园区(Urbanized Science Park)类型,主要分布在城市郊区和远郊区。这类创新区往往与传统的市中心相互隔离,通

---

[1] [英]杰弗里·韦斯特:《规模——复杂世界的简单法则》,张培译,中信出版集团 2018 年版,第 279、280 页。

[2] [英]迈克尔·巴蒂:《创造未来城市》,徐蜀辰、陈玥怡译,中信出版集团 2020 年版,第 71 页。

[3] Hyejin Youn, "Could a Small City Become the Next Silicon Valley? It's Unlikely", Kellogg School of Management, Northwestern University, https://insight. kellogg. northwestern. edu/zh/article/could-a-small-city-become-the-next-silicon-valley-its-unlikely, retrieved September 3, 2020.

过提高空间密度、注入新的商业形态(包括零售和餐饮等),为集聚区企业创新提供广阔空间。①

(三)城市的运转方式必须是流体的

复杂适应系统(Complex Adaptive System,简称 CAS)理论将研究对象视为一个复杂系统,并从主体适应性的角度来阐释导致系统复杂性的根源,强调主体应具有智敏感知和主动效应的能力,形成有目的性、主动性和积极的"活性",能够自动调整自身状态来适应环境,以及与其他相关主体随机进行交互作用、达成有效合作。

新城新区的运行是一个复杂适应系统,具有聚集、非线性、流、多样性等特性。城市把人们联系起来,但是城市的运转方式并不像机器,而更像有机体。随着城市的发展和变化,人们不断地建立和断开联系。"城市表现出一种新的流动性,一种关于速度的融合,并最终成为一个流体城市。在这里,物质欲望、面对面接触和数字思考提供了新的创新纽带。支持城市的物理特性的是流、网络和联系,而不是惰性结构。与此同时,基础设施开始体现这种建立在层层流量和流之上的新流动性。"②所有这些都为新时代的城市设计——将城市视作一个物质与数字融合的自组织系统,城市的流动性为社会和经济活动提供了新的机遇。

城市是巨大的社会孵化器。③ 一座城市并不仅仅是物理基础设施的道路建筑管道和线路的结合体,同样也是所有公民的生命

---

① Bruce Katz and Julie Wagner, "The Rise of Innovation Districts: A New Geography of Innovation in America" (June 5, 2014), Brookings Institution, https://www.brookings.edu/essay/rise-of-innovation-districts/, retrieved October 19, 2022.

② [英]迈克尔·巴蒂:《创造未来城市》,徐蜀辰、陈珝怡译,中信出版集团 2020 年版,第 162 页。

③ [英]杰弗里·韦斯特:《规模——复杂世界的简单法则》,张培译,中信出版集团 2018 年版,第 302 页。

和彼此互动的累积,是所有这一切融合而成的一个充满生气的多维度的活的实体,城市只有通过与人的沟通和交流,才能不断成长。只有推动人与人之间的互动,创造莫名的活力和精神,才能成为创新和兴奋的源泉,也才能为城市经济和社会领域的韧性和成功作出重大贡献。如果只把注意力集中在建筑物和基础设施上,没有社区的感觉,这样的城市将会是没有灵魂的。

五大新城具备内外循环的基础、产城融合的特质和本地文化的底蕴,是在"四个放在"的要求下,面向全球、面向未来,精准识别上海面临"变与不变"的重大战略部署。①

二、上海市新城建设的新背景与新任务

上海市是长三角经济网络中的重要节点,承担着引领长三角城市群、辐射带动长江经济带发展的重要使命。五大新城更是上海对外辐射经济廊道上的重要节点,能起到增能、提速、扩容作用,也是连接周边、链接全球的重要承载,为实现长三角共同的美好生活提供坚实支撑。新城之"新"体现的是迭代更新。

(一) 重新认识上海新城建设的战略意义

经过改革开放 40 多年的高速发展,特别是浦东新区开发开放 30 年来的系统性崛起,上海市发展的环境、优势、动力、空间都发生了巨大变化。当前,上海市中心城区面临发展空间受限、发展动力不足的突出问题,遇到了发展的"阶段性天花板"。"十四五"面

---

① 上海前滩新兴产业研究院:《上海未来发展最具活力的重要增长极和发动机——"五大新城"建设研讨会》,《前滩申客会》2020 年第 6 期。

临着产业结构调整,特别是创新产业对办公空间、生产空间的新需求,需要新的产业承载空间。五大新城有空间、有风景、有文化底蕴,能为中心城区承载更多的非核心功能。

首先,大力开发五个新城,可以解决长三角资源的集聚与辐射问题。在长三角一体化层面,希望通过高举高打新城建设,解决资源导入的短板与困境,以新城作为吸引,解决长三角交通、公共服务、产业高一致性发展问题。

其次,大力开发五个新城,解决上海市一方面需要吸引大量人口,另一方面中心城区承载空间不够的发展两难问题。城市发展必须要有人口红利,只有把新城建成面向长三角的节点城市,才有依据去解决人口导入问题。

最后,大力开发五个新城,解决城市内部发展不平衡的问题。新城作为解决超大城市中心城区发展瓶颈的使命没有变。在上海城市内部,城市副中心对新城的截流功能强大。明确提出建设新城,可以解决上海市的空间平衡问题。

(二)上海市新城建设的国际对标与借鉴

建设新城,是全球城市破解发展难题、促进空间协调与经济社会持续发展、提升城市竞争力的重要发展经验。例如,东京都市圈围绕"都心"建设大量功能定位清晰的新城,通过多层次、高密度、高运量的交通体系与配套齐全的公共服务体系,有效缓解了资源要素向"都心"一极化集聚的压力,实现了要素资源的有序流动,促进了新城与"都心"的良性互动,共同形成了承载力更高、吸引力更强的网络化城镇体系。①

现在很多国家都提出未来城市发展的构想。"全球有害温室

---

① 上海前滩新兴产业研究院:《把上海"五个新城"作为"十四五"增长极,成为内外开放的发力点》,《前滩综研研究报告》2020年9月。

气体占比超过65%和世界经济占比超过70%的国家将作出承诺——到本世纪中叶实现净零排放。"①伦敦2070愿景提出："建设更具复原力、更平衡、强联通、有担当的国际都市,重塑当地市民中心。"新一代城区将具备联通性、环境多样性、可持续性和多元性等特点。② 日本新政府提出与世界连接的"数字田园都市国家构想"。③ 这对上海市新城建设都具有较好的借鉴和启发意义。

(三)上海市新城建设的新任务

首先,新城建设要重形态。目前,新城的产业形态和空间已基本定型,可调整的空间有限,应提供与主城区特别是副中心差异化的生产、生活方式。新城建设不应大规模全面开发,可在某些集中连片地区进行局部重点开发,通过搭建一块块"积木"的形式,实现功能的整合与重构。

其次,新城建设要重功能。新城要体现针对长三角的服务功能。作为未来之城的典范、示范样本,应聚焦未来之城建设相关的应用场景与产业发展的结合。生活领域的公共服务功能应该注重小切口、下沉化、精细化。

最后,新城建设要重联结。靠主城以外五个孤立的点"截流"资源的思路是不可取的,应主动融入长三角地区的发展洪流中,变堵为疏。新的技术边界、产业链条可推动城市形成新的物理空间

---

① [葡]安东尼奥·古特雷斯:《到2050年实现碳中和:当今世界最为紧迫的使命》(2020年12月11日),联合国秘书长官网,https://www.un.org/sg/zh/content/sg/articles/2020-12-11/carbon-neutrality-2050-the-world%E2%80%99s-most-urgent-mission,最后浏览日期:2022年11月15日。

② Andrew Jones, "Towards 2070: A More Balanced, Resilient and Interconnected London City Region" (2020), AECOM, https://publications.aecom.com/london-2070/static/b0fd0c764883535aef7acf4d3a0c8c9c/3b1c04f5d50f50a9a99868220374624e.pdf, retrieved October 19, 2022.

③ [日]岸田文雄:《在第205次国会上发表的表明信念的演说》(2021年10月8日),日本内阁首相官邸官网,https://www.kantei.go.jp/jp/100_kishida/statement/2021/1008shoshinhyomei.html,最后浏览日期:2022年10月19日。

和新的数据空间。物理空间是指轨道上的新城加快人流和物流的空间转移;数据空间是指信息要素的流动极大拓展了人与人交往、工作、生活的空间。

三、新城新区建设布局:从环城经济圈转向科技创新走廊

一个城市及其区域的发展,取决于人流、物流、信息流和资金流是否流畅。世界上比较理想的区域发展模式,是科技走廊经济模式。新城市主义协会颁布的《新城市主义宪章》认为:"邻里、区域和走廊是大都市发展和再开发的基本要素。它们形成可识别的区域,鼓励公民对其维护和发展负责。"[①]通过快速路走廊,集聚创新要素,改革创新制度,形成高端人才资源汇集、新兴产业创业密集的重点发展区块。当前,科技创新走廊正成为区域创新竞争的新赛道和引领区域高质量发展的新引擎。

(一)上海市的环路建设思路面临的新挑战

上海市过去修了内环、中环、外环、郊环,形成了以环线为主导的经济格局和发展方式,对经济发展起到了一定的作用。但时至今日,这种环线布局的副作用也越来越明显。环城快速路形成的交通人流相悖,多层环路严重阻碍了人流、物流向城市内外的有效流动。上海市的交通堵塞状况说明了这一点,现在郊区主要区(宝山区、嘉定区、青浦区、松江区、金山区、奉贤区、崇明区)的直线高速都较窄,且这几条路在与内环、中环路交叉的出路口,几乎都是

---

① "The Charter of the New Urbanism"(2001),CNU — Congress for the New Urbanism, https://www.cnu.org/who-we-are/charter-new-urbanism, retrieved October 19, 2022.

严重的交通堵塞点,业内称之为工程型堵点。逸仙路高架、南北高架、沪嘉高速、沪宁高速等与中环路相交的地方也是堵点,且这种拥堵正在加剧,同时堵车引起交通事故高发。花费较大代价修建的北横道线,仅有双向四车道,甫一开通就是常堵、长堵,成为中心城区道路的鸡肋。

同时,环城快速路还造成了思想上的禁锢。印象中上海市修环城快速路是学的北京市。北京市为何热衷于修环路呢？北京市是传统的"围城"思想(实际上北京市也一直在反思)。上海市现在用同样的围城思想禁锢了自己。受区域行政体制的限制,各个区在经济上各自发展乃至互相竞争,无法形成环道经济。所谓的内环、中环思想,对居民购房、企业置业、投资发展都有一定的负面影响,以前是"宁要浦西一张床,不要浦东一套房",现在可能是宁愿蜗居内环内,也不愿意搬到外环外。在修建中环时,受到两边建筑的限制,很多路段不允许非机动车通行,形成了城市发展的非友好型道路,严重影响了中环两侧的人员、物资、信息的交流。某种意义上,环城路"环"住了上海人的手脚,直接影响到五个新城的发展,更影响到长三角一体化的发展。

一个城市道路较佳的设计方案应该是公路发射形和地铁网络形(发射+环道)。远郊的车到较近的地铁口,采取 P+R 方式。这样道路分布较均匀,车辆能选择最直接的道路,通过换乘到达目的地,市中心的停车问题也不再突出。但上海市刚好选择了相反的方案,地铁无限延长,快速路一环加一环。

(二)国外科技创新走廊建设的新启示

全球典型的科技创新走廊有美国加州 101 公路创新走廊、东京-筑波走廊、英国 M4 创新走廊、北欧厄勒海峡地区经济联盟等。

(1)加州 101 公路创新走廊(硅谷)。是沿着公路的走廊,大学、企业以及政府管理部门,通过与大量风险投资、各种专业服务机构、行业协会之间的正式或非正式的联系,克服了创新文化基因等方面的异同,孕育了硅谷独有的产业社群和创新生态。

(2) 东京-筑波走廊长约 70 千米,以常磐自动车道和筑波快线为发展主轴,具有集聚顶级科研创新资源的功能。包括了全球超级科学城——筑波科学城。该科学城以政府为主导,集聚了筑波大学和数十家高级研究机构,已经形成了功能复合的科技新城和产业新城。①

(3) 英国的 M4 创新走廊。是指从伦敦一路向西直到海滨城市布里斯特的 M4 高速公路沿线一带的高科技城市群。走廊带位于英国南部,沿途有雷丁、斯温顿、巴斯、布里斯托尔、加的夫等十几个城市,全长 308.8 千米。M4 创新走廊以 IT、生物制药以及软件设计等优势产业为主,英特尔、思科、微软、谷歌等各大科技企业纷纷将欧洲总部落户于此。

(4) 北欧厄勒海峡地区经济联盟。是厄勒海峡两边的丹麦哥本哈根和瑞典马尔摩,通过新建厄勒海峡大桥,实现顺畅的运输连接,使得商业伙伴的成本更为便宜,运输更为低廉,信息更容易通达,旅游业逐年改善,当地收入逐渐增加。这座桥不仅促进了地理上的接近,推动了两个国家的许多领域发展,包括商业、文化、劳动力市场以及双方的基础设施等。利用两国的科技创新资源,生物制药产业在这一地区得到了飞跃式的发展。②

国外科技创新走廊,一般都是依靠公路顺延而生,甚至不惜造桥通路,例如厄勒海峡地区经济联盟。为了加强协作,这些科技创

---

① 姬少宇、曹方:《科技走廊建设的国际经验及启示》(2021 年 7 月 22 日),澎湃网,https://www.thepaper.cn/newsDetail_forward_13610462,最后浏览日期:2022 年 10 月 19 日。

② Claire Nauwelaers, "The Case of Oresund (Denmark-Sweden) Regions and Innovation: Collaborating across Borders", OECD Regional Development Working Papers, https://www.oecd.org/cfe/regionaldevelopment/publicationsdocuments/Oresund.pdf, retrieved October 19, 2022.

新走廊都有一些协会、委员会等组织来加强协调,通过企业化的机构来落实;同时,一般都形成了由高校研究所、各类企业、各种服务机构、金融投资法律支持部门等组成的科技创新场。

(三) 上海市新城开发要强化科技创新走廊建设

新城市主义协会颁布的《新城市主义宪章》认为:"从根本意义上来说,科创走廊就是一个地域性的、完整的科技创新生态系统。从类型上来讲,科创走廊是科创集聚区的一种,在地理空间上呈现出带状或者条状的特点。"[1]

当前,上海市亟须转变现有的发展模式,大力建设通往五个新城的快速道路,建立相应的科技创新走廊,从而带动长三角的经济发展。上海市在五个新城的开发过程中,不光是立足于自身发展,更要从促进整个长三角的区域发展角度来考虑发展大计。通畅是核心问题,为此,应考虑核心城区与新城在长三角区域的创新文化、商业流通、信息畅通、物流丰富等方面的沟通与融合。要想富,先修路,现在的路已经不仅仅是交通的路,需要站高行远,立足于长三角的发展来布局和开发建设科技创新走廊,共同构筑信息之路、资金之路、思想之路、文化之路、创新之路。

国外经验表明,在各区建立良好的科技创新联盟,可以促进居民之间建立联系,促进共同发展。上海市当前亟须优化现有发展模式,不仅是对外开放,更要对内开放,大力建设或拓宽通往五个新城以及长三角的快速道路,建立相应放射状的科技创新走廊,从而带动长三角的科技创新和经济发展。当前,G60科技走廊上海段的科技含量明显不足,亟须丰富其内涵。作为引领区的浦东新区,也应规划建设一条南北向的科技走廊。

---

[1] "The Charter of the New Urbanism" (2001), CNU — Congress for the New Urbanism, https://www.cnu.org/who-we-are/charter-new-urbanism, retrieved October 19, 2022.

四、重视新城新区地下空间的整体性开发与利用

城市地下空间作为城市的第二空间,是未来城市发展的重要方面。我国"十四五"规划和2035年远景目标纲要明确提出,"统筹地上地下空间利用","推动城市空间结构优化和品质提升"。地下空间作为城市土地空间资源的重要组成部分,在城市建设中起着越来越大的作用。上海在把新城打造成创业之城、宜居之城、未来之城之际,从一开始就要统筹谋划好地下空间整体开发。

(一)国外城市地下空间规划开发的成功案例

全球每年都有大量人口迁入城市,对城市住房、办公室、商店和其他基础设施的需求不断增加。虽然建设更多社区、开垦土地、建造摩天大楼可以满足人口增加产生的一部分需求,但这些方法也存在局限性。城市土地扩张使供水、供电变得困难且昂贵,土地开垦增加了环境负担,摩天大楼可能会面临高度限制。

开发地下空间,能够更好地避免基础设施(如水库和发电厂等)免受极端天气的影响,也能满足不断增加的人口的需求。2019年9月,韩国首尔在地铁站建立了一个垂直的地下智能农场,它也是一个农产品销售空间和儿童教育空间。地下智能农场不受外部温度的影响,弥补了韩国传统农业季节性收获的不足。智能农场的播种、收获和监控都通过机器人进行。国际隧道和地下空间协会主席认为,"地下空间是城市的一项资产,对人类生存至关重要,地下空间能够提供热量、储存水。未来城市的发展很可能依赖于地下空间"。[①] 日本

[①] Feng Zengkun, "Breaking New Ground - Reinventing Underground Spaces" (January 31, 2020), Urban Redevelopment Authority, https://www.ura.gov.sg/Corporate/Resources/Ideas-and-Trends/Breaking-new-ground, retrieved October 19, 2022.

对地下空间的探索经历了80多年的历史,围绕着建设地下商业街展开,形成了由地铁、地下城市综合体、地下共同沟以及大深度地下空间开发等组成的地下空间开发模式。加拿大蒙特利尔地下设施齐全,拥有各种服务业发展的载体,包括面积不等的商业中心、大学城、体育中心、酒店、博物馆、医院、交通运输(地铁站点、轻轨车站以及长途客运站)等。美国开发利用地下空间也历史悠久。洛克菲勒中心的地下综合性空间,功能内容尤其丰富,除了商业、办公、娱乐空间外,还有旅馆、酒店、影院、溜冰场、舞厅和休息厅以及地下公共散步道、地下停车库等。

近年来,出现了老城区改造利用地下空间的案例。在泰国曼谷,朱拉隆功大学(Chulalongkorn University)占地44 500平方米的公园,将雨水注入地下储罐,这些储罐装有过滤和清洁水的植物,以便可以重复使用以保持绿化或更安全地将水排入公共排水系统,协同增效非常成功。

(二) 国外规划开发地下空间的有益经验

首先,建立相应的领导机构。新加坡成立了国家地质办公室,并修订法律,使政府在地下30米深度范围内开发地下空间。这些立法使新加坡更容易发展地下公共项目。新加坡正在开发该国地下空间的三维地图,包括每个地区公用设施的具体位置和用途,以帮助业主和土地开发商起草地下空间的方案。[1]

其次,确立科学的整体规划。伦敦、纽约、巴黎、东京等世界卓越城市的地下空间开发利用总体呈现地上地下统筹协调发展(科学化)、资源节约环境友好(生态化)、地下功能综合利用(综合化)、深度开发分层规划(深层化)、智能建造智能管理(智能化)、用户至

---

[1] Feng Zengkun, "Breaking New Ground - Reinventing Underground Spaces" (January 31,2020), Urban Redevelopment Authority, https://www.ura.gov.sg/Corporate/Resources/Ideas-and-Trends/Breaking-new-ground, retrieved October 19, 2022.

上以人为本(人性化)等特点。国外地下空间的开发利用从大型建筑物向地下的自然延伸发展到复杂的地下综合体(地下街),再到地下城(与地下快速轨道交通系统相结合的地下街系统),地下建筑在旧城的改造中再更新。

最后,构建明确的法制体系。日本的地下空间立法体系较为完善,《道路法》《共同沟建设特别措置法》《地下街的使用》《关于地下街的基本方针》《大深度地下公共使用特别措施法》等一系列法律法规的颁布实施,促进了日本地下空间的规范合理发展。

(三) 上海市新城地下空间开发利用的新方向

上海市地下空间开发利用取得了一定的成绩,但开发的深度和广度还不够,需要解决的问题有体制产权、规划质量、建设管理、综合效益、技术标准问题等。同时,有许多模糊区域亟须完善,如立法相对滞后、民众参与不够等。上海市由于自身的发展历史,老城区的地下空间开发面临很多地质条件的限制、已有空间利用的限制等约束性条件,地下空间在改善交通、商业布局方面的效果并不显著(不包括地铁主干线)。五大新城新区由于没有多少历史包袱,亟须在一开始规划时就做好地下空间开发和利用的战略规划。

首先,关注地下空间的综合利用。"十四五"期间,上海迎来地下空间开发的高峰时期,亟须统一科学规划,合理开发利用。未来上海市地下空间的建设与开发,应从单一功能走向复合功能,大型地下综合体应集交通、商业、市政、娱乐等多种功能于一体。同时,诸如物联网、人工智能、机器人、自动驾驶等先进技术在地下空间建设与运营中得到广泛的运用。

其次,开展深入的科学研究。尤其是大深度开发利用研究。通过对地下轨道交通系统、地下道路系统、地下防灾安全系统、地下物流系统、地下市政设施系统的综合、分层布局,形成高效、多维的城市基础支撑系统,有效提高城市综合承载能力,释放更多的地面建设空间。

最后,发动民众积极参与。城市地下空间的开发,要提前主动向公众、媒体等进行告知。制定更多居住和办公等综合性地下空间规划。通过节约能源、保留洁净的环境和开敞的地面空间、赋予土地多重用途等优势,促进环境保护和可持续发展。

五、上海市新城新区建设的思维框架体系

新城建设的总体目标是打造上海市未来发展最具活力的重要增长极和发动机,是上海市引领长三角高质量一体化、辐射带动长江经济带发展的"廊道上的节点城市",成为上海新生产、新生活、新交易、新治理("四新")的策源地。[①]

(一)未来新城生活将追求低碳化和高质量

未来的衣食住行都将发生新的变化,城市建筑及生活低碳是一个重要的发展趋势。未来的新城生活将丰富多彩、新城建筑应彰显城市的未来感与创新风尚。新城应宜居、宜教、宜医、宜乐,教育名校、三甲医院、高水平大学应该是标配。用生活的多样性,带来人口多样性。在规划建设中,应该有老年人五分钟生活圈,年轻人7/24小时生活圈。

新城新区建设要增加多层次、高水平的公共服务资源供给,适度发展夜经济,实施消费促进计划,激发城市活力,提升城市吸引力,汇聚创新创业人群,推动产业转型升级,依托良好的生态环境,吸引汇聚创新创业人群,推动产业转型升级。

---

① 上海前滩新兴产业研究院:《把上海"五个新城"作为"十四五"增长极,成为内外开放的发力点》,《前滩综研研究报告》2020年9月。

(二)未来新城新区的产业更注重科技创新

新城新区应打造创新创业生态系统,成为新生产所必需的人流、物流、资金流、信息流最畅通的地方。建立以知识机构(大学、高科技企业总部、大型研究院所)为锚的区域创新中心,利用新城内顶尖大学及科研机构的研发资源,进一步扩大生命科学、先进制造业和文化创意等重点产业的优势,形成多中心体系的经济集群。新城新区可以践行"有风景的地方兴起新经济"的发展模式,依托良好的生态环境,吸引汇聚创新创业人群,推动产业转型升级。

新城新区的产业集群应以企业发展场景为导向,通过数字经济催生新产业新业态新模式。在市场逻辑下,完整、连续的产业场景能最大程度地引智、留人。在国际产业链合作中,小而精的中小型科技企业越发成为亮点。伴随市场定制化、小规模的需求,国际产业链合作向着高端化、区域化迈进。然而,从小而精的中小型科技企业,到链头企业,进而成长为头部的"现金奶牛"(cash cow)企业,依赖保有基数庞大、具有活力的中小微企业的良好生态。因此,最好的营商环境是通过产业场景留住市场主体,产业场景要完整、连续,为此要努力的不仅是"补"产业链,更是"补"产业场景。①

(三)未来新城的经济动力是新交易

交易活动是城市发展的内生动力之一,城市发展的历程证明,贸易产业是经济生产率提高的主要实现方式。新城新区应该大力发展数字化交易中心,要为新交易创造好的环境。人才决定产业和交易的流向。"在工业经济时代,哪里有企业,哪里就有就业;在

---

① 刘文富:《构建长三角产业集群,参与全球产业竞争》,《群众》(决策资讯版)2021年第22期。

服务经济时代,哪里有人才,哪里就有产业。在'双循环'新发展格局下,随着开放格局的不断深化,需进一步破除国际人才来华工作、生活的体制机制约束,集聚更多世界顶尖的技术和人才要素。"①

贸易产业是经济生产率提高的主要实现方式。迈克尔·斯托珀尔认为:"城市地区的经济动力是贸易行业,它提供新的就业机会。将劳动力和收入锚定在一个特定地点,在此基础上建立国内市场。在任何时候,无论当地服务业可能看起来多么强大,如果贸易岗位消失,服务业就一定会衰退。"②新城新区应大力发展高端服务业。在保障产业链、供应链稳定的同时,还需要特别加强贸易链、金融链等方面的支撑。经济合作与发展组织(Organization for Economic Co-operation and Development,简称 OECD)的研究发现:在制造业全球价值链中,无形资本总额约占收入的 27%,而贸易和投资的开放度正是全球价值链中无形资本回报模式的重要决定因素;研发的直接公共资金和知识产权保护的质量与无形资产的更高回报正相关;贸易有助于缓和全球消费产品供应的冲击。新城新区产业集群亟须在研发、流通、贸易、金融服务和市场服务(包括信息、法律等)诸多功能的打造和发挥上,进一步提链强链。③

重大国际科技活动是一种崭新的交易方式。当今世界,各类重大科技活动成为科学家、企业家、投资家与广大公众连接的平台和桥梁,例如美国的西南偏南(South by Southwest,简称 SXSW,指

---

① 何万篷:《上海大都市圈是系统集成的区域高质量发展共同体》(2020 年 5 月 24 日),微信公众号"上海大都市圈规划",https://mp.weixin.qq.com/s/scOiO6ITIQE8C MgTsy34ig,最后浏览日期:2022 年 11 月 15 日。
② [法]迈克尔·斯托珀尔:《城市发展的逻辑:经济、制度、社会互动与政治的视角》,李丹莉、马春媛译,中信出版集团 2020 年版,第 39—41 页。
③ 刘文富:《构建长三角产业集群,参与全球产业竞争》,《群众》(决策资讯版) 2021 年第 22 期。

美国得克萨斯州州府奥斯汀举办的音乐节)、美国拉斯维加斯的CES(国际消费类电子产品展览会)、西班牙巴塞罗那的MWC(世界移动通信大会)、德国的林道诺贝尔奖获得者会议等活动模式,成为以大型活动促进经济发展、"以流促留、流留结合"的典范,不仅带动了本国相关产业的发展,更是为人类的科技事业进步搭建了很好的舞台。一场声势浩大的国际科技文化活动,可以大大激发当地经济发展的活力和潜力。[1]

(四)未来新城新区治理将更注重打造"共领域"

新城新区的治理应关注"共领域"。联合国《新城市议程》提出:"加强城市治理,建立健全的机构和机制,增强各类城市利益攸关方的权能,使其参与其中,并建立适当的制衡机制,使城市发展计划具有可预测性和协调一致性,以实现社会包容,促进持久、包容和可持续的经济增长,并促进环境保护。"[2]

新城新区是创新、创业、创造力和场所营造相交的密集经济活动中心,必须利用经济、地方、网络和领导力资产来推动长期发展。未来新城将更加注重韧性、弹性和可持续性。"建设包容、安全、有韧性和可持续的城市和人类住区"[3],需要充分发挥政府、企业、社会的"三螺旋"作用,通过政府规制、行政合同、财政补贴、税收优惠等措施,形成政府、非政府组织、相关企业、公众共同参与的城市应急保障体系。"城市管理在向城市治理转变,公共政策也更加开放,这被认为是城市更新过程中越来越重要的合作关系、社区参与和多

---

[1] 刘文富:《国外举办大型科技文化活动的特色》,《群众》(决策资讯版)2022年第8期。
[2] 联合国:《新城市议程》(2016年10月20日),联合国中文网,https://www.un.org/zh/documents/treaty/A-RES-71-256,最后浏览日期:2022年10月19日。
[3] 同上。

元利益主体不断强化。"①

未来新城治理将关注"共领域"。在现代社会,"公"和"私"的二元论已经达到了极限,贫富差距在不断扩大,环境问题也在不断恶化。今后,通过人与人之间的联系、相互支持而形成的"共",将社会与个人连接在一起,并通过个人之间的连接,创造出新的价值。未来社区"共领域",是指未来社区不仅可以使每个人实现自我,还能够与社会整体和可持续发展相结合。拥有共同目标的人们能够在此聚集,创造新的产业和价值。

六、结论:新城新区建设的关键成功因素

新型城市的发展特点将是空间无边界、形态多元化、功能特色化,并实现服务于日间和夜间人流"两手抓,两手都要硬"。新城建设虽然由于历史禀赋、自然条件等不同,但都应把握八个关键成功因素(Key Success Factors,简称 KSF)。

(一)制定基于共同价值的愿景规划

新城应能够与周边地区建立长期共同的价值和财富创造愿景,能纳入国家、省市创新政策范围。良好的创新区不会孤立地运作,而是与其更广泛的周边功能经济区协调工作,以确保组织和人员进出该区的开放流动。五大新城有空间、有风景、有文化底蕴,能为中心城区承载更多的非核心功能。新城作为解决超大城市中心城区发展瓶颈的使命没有变。

我国新城新区建设应处理好产城融合与人才集聚的关系。发

---

① [英]安德鲁·塔隆:《英国城市更新》,杨帆译,同济大学出版社 2017 年版,第 8 页。

达国家产业变迁的趋势体现出中低端产业领域职住功能相对集中、高端产业领域职住功能相对分离的现象。高端产业从业人群更倾向于选择在郊区生活。随着生产组织方式的变革,产城融合的特点和形式也将发生变化。

(二) 创造差异化的独特卖点

新城建设应该有自己独到的个性和环境特征。发掘自身的历史禀赋,强化高水平的教育和医疗设施。新城"新"在以人为本,本质特征是交通便利、产城融合、职住平衡、生态宜居。应明确优教、优医、优文、优才、优智、优生态"六优发展策略"。将优越的宜居性打造成新城在全市范围内最具显示度的竞争力。努力改变上海市郊区"灯下黑"的不合理现象,打造与上海市社会主义现代化大都市地位相符合的远郊新城发展路子。五大新城所在的郊区,拥有深厚的文化底蕴,也是实施乡村振兴战略的主阵地。新城建设不能简单复制城市建设形态,要精心保护和开发利用当地的古镇、古街、古建筑等,传承好新城的历史文化积淀。要充分发挥新城的文化资源,谋划举办具有全球影响力的公共活动,打响新城城市品牌,提高新城对外传播的辨识度、显示度和识别度。

(三) 设置高水平的知识机构

新城应主动招引高等教育机构和其他研究机构。与高校专家、科学家等建立牢固的合作伙伴关系,提高新城的科技创新绩效水平。国内外科技新区的成功案例表明,新城新区设置高水平大学是新城发展一个重要成功要素,特别是理工类的高水平大学,有更多的知识成果可以转让,并与新城的企业科技创新结合起来。与高水平知识机构的专家建立牢固的合作伙伴关系,可以提高新城新区的科技创新绩效水平和拓宽人才渠道。有人,才有未来;有人才,才有更好的未来。导入人口、吸引人才、集聚人气,这也是新城成为上海市未来发展的关键。要让年轻人愿意来新城,就要增加年轻人选择新城的信心和综合收益。

(四)构建优良的创新生态

领先的创新区受益于学术机构创新产品的具体支持,以及获得启动加速计划的机会,并最终获得风险投资资金的来源。建立一个成功的技术转移运作体系,建立有效的技术转移运营,专注于分拆、孵化和加速,以建立交易流程并支持新业务的创建。具有运作良好的创新/创意企业和机构网络,可以为新城发展的创新领域奠定坚实的基础。建立有效的技术转移业务,专注于孵化和加速,建立交易流程,支持新业务的创建,可以支持与创新区相关的大学的知识和人才流动。创新创业生态系统将是未来产业的重要内容。创业生态系统的概念起源于硅谷,由企业家、资金、营商环境和机会等要素组成。全球已形成各具特点的创业生态系统,自20世纪90年代以来,巴黎和伦敦制造业转移,通过创新发展未来产业,创业生态系统围绕着研发、产业、学术界和政府之间的合作。[①]亚洲经济体也有独特的创业生态系统,尤其是在电子商务和运输服务领域。例如,日本积极推动全球生态系统的合作,尤其在先进制造、机器人技术与金融科技领域。

(五)具有较好的产业结构

新城的区域产业体系是其成功发展的重要因素。新城新区管理机构通常需要强大的技术基础,较好的市场占有率和韧性的供应链。创新城市的政策制定者,需要考虑整个城市的产业生态系

[①] IOKI Tomoko, "Has the Startup Ecosystem in Japan Formed? Japan's Strengths and Weaknesses Compared to Major Countries (Japan)" (October 15, 2019), International Economy Division, Overseas Research Department, JETRO, https://www.jetro.go.jp/en/jgc/reports/2021/542b3256055c112e.html, retrieved October 19, 2022.

统，建设有机体的城市，而不是只注重一个产业。大城市能够吸引人才的原因，在于便捷的交通系统和便利的生活配套能够使人才工作效率更高。这类城市往往具有许多共同特征：生活的便利性、商业活动的丰富性、信息来源的广泛性、工作机会的多样性等等。好的城市往往具有便捷的公共交通系统、通往机场的地铁线、众多的杂货店和糕饼店等，能够提供相应的生活配套服务。城市的多样性是城市的灵魂。如同韧性和创新一样，多样性也成为一个被频繁用于形容成功城市的热门词。商业服务、社会活动的集合和不断变化，是城市生活的典型特点，加上人才活动的丰富多样，这些都是吸引企业家兴办产业的重要因素。五大新城要解决的问题，不仅是缺少年轻人的问题，更是让年轻人"留"在新城的问题，即让年轻人工作和生活都在新城。为此，吸引中小企业家实为良策。现在有更多年轻人愿意选择在郊区新城居住是源于社会生态的影响，因此，新城新区的产城融合要努力形成优良的自然生态、产业生态、社会生态与人文生态。

（六）具有独特的创新文化

成功的创新区的社会工程方面也至关重要，以便为志同道合的人创造机会和环境，让他们"碰撞"并形成新的和差异化的想法。文化因素在一定程度上决定了一个地区的创新实力。创新型企业的产品往往需要较长的开发周期。集中式知识中心可以提供有关未来技术机会的路线图，包括其开发成本和部署能力、实现的路径、可用的资金来源。新城要为志同道合的人创造机会和环境，提供知识"碰撞"并实现新想法的"舞台"。新城新区的活力取决于创造力和多样性。新城新区的活力不仅仅归功于它的人造环境，还要归功于居住在此的人们的工作、能量和创造力。正如英国创新区集团所指出的那样："在当今的现代经济中，成功的城市是那些能够利用其最具创新性和多样化的人民和机构的知识、创造力和想法并将其商业化的城市。大学、医院、政府职能部门、文化机构、初创公司和知识密集型公司都可以通过合作进行创新。这些拥有知识生产组织网络的城市地区被称为创新区。"[1]应充分利用海派文化特质打造更多具有独特人文生态的物理空间。

(七) 建立政府、知识结构、企业、市民"四螺旋"的组织架构

成熟发达的新城新区,良好的组织架构是影响科技园和其他创新领域成功的关键因素之一,因为它们易于获得熟练的人才、金融投资、支持机构、面对面的会议等,形成城市化效益或规模经济。这通常意味着从"三螺旋"(政治、企业、市民)向"四螺旋"的转变,从而更易于获得熟练的人力资源、金融资本和中介机构等,形成城市化的规模效应。新城的发展路径是市场逻辑驱动,政治逻辑和政策逻辑护航。市场经济的要义是流量经济。市场逻辑驱动,就是要"流"留结合、以"流"促留,以"投资贸易便利化、科技创新便利化、生活消费便利化"措施,创造、放大流量(包括货物流、资金流、人流、信息流);政治逻辑和政策逻辑护航,就是要打通和破解阻碍要素自由流动的堵点、痛点和难点。[2] 五大新城建设的要义是"通—流—留—转",创造、放大流量,其前提是要"通"——构建内外畅通的现代综合交通体系。

(八) 创建新的枢纽式管理模式(Hubs Management)

新城要主动"接":空间接应,政策接力,产业接续。为此,新城

---

[1] UK Innovation Districts Group, "Innovation Districts: How Can We Drive Growth in Major UK Cities?", ARUP, https://www.arup.com/perspectives/publications/research/section/innovation-districts-how-can-we-drive-growth-in-major-uk-cities, retrieved October 19, 2022.

[2] 上海前滩新兴产业研究院:《把上海"五个新城"作为"十四五"增长极,成为内外开放的发力点》,《前滩综研研究报告》2020年9月。

的管理风格和内涵也应该有很大的变化。从房地产开发到园区管理再到创新生态系统营造，从项目制管理到探索式管理，创新类型从单向走向交叉；管理风格从指挥与控制，走向互联互通和协作。在广泛的经济和人口趋势的推动下，世界各地的城市都在见证创新区的出现。新城新区应是创新、创业、创造力和场所营造相交的密集经济活动中心。无论是在早期阶段还是更高级阶段，新城新区都必须利用经济、地方、网络和领导力资产来推动长期经济成果。纵观国际发展历史，新区正从科技园—科技园 2.0—区域科技园—创新区/卫星城，向世界级创新区发展。新城的创新区将是科技园区、产业协同创新园区和创新社区的总称。其管理也从前期围绕房产转、中期围绕大学转，到现在的营造创新社区，围绕人转。①

总之，建设好五大新城是实施二十大报告提出的"新型城镇化战略，优化重大生产力布局，构建优势互补、高质量发展的区域经济布局和国土空间体系"的重要举措，是面向全球、面向未来，精准识别上海市面临"变与不变"的重大战略部署，是解决超大城市中心城区发展瓶颈、推动郊区转型升级的客观需要，是上海市进一步优化城市空间布局、完善城市空间治理、提升城市能级和核心竞争力的必然要求，是深度引领长三角地区更高质量一体化发展的必然选择，也是促进国内国际"双循环"的必由之路。

---

① Jacques van Dinteren, "The Management of Science Parks and Innovation Areas", Innovation Area Development Partnership (IADP), https://iadp.co/the-management-of-science-parks-and-innovation-areas/, retrieved October 19, 2022.

新城新区数字底座建设助推城市数字化转型的理论与路径研究

刘　奕[*]　沈双颖[**]

[内容摘要]　数字技术赋能城市发展，数字底座支撑城市数字化转型。进入"十四五"时期，上海市率先开展城市数字化转型实践，以新城新区试点先行，探索数字底座建设新路。面对整体性转变、全方位赋能和革命性重塑的城市数字化转型三大要求，数字底座依托"物联感知城市、数联驱动服务、智联引领决策"的功能架构，从流程再造、规则重构、空间治理、功能塑造和生态构建五个维度助推城市全面数字化转型。与此同时，新城新区的数字底座建设在技术、思维、组织、人才、价值五个层面存在共性问题。为更好地发挥数字底座对城市数字化转型的推动作用，建议沿"功能设计—理念引领—规则探索—场景拓展"的思路进行优化，即加强顶层设计，优化底座功能；强化价值引领，重视文化赋能；持续规则探索，制定统一标准；加快应用融合，拓展数字场景。

[关键词]　城市数字化转型；数字底座；数字治理；新城新区

一、问题的提出

数字技术与城市发展的融合应用，直接推动了城市经济发展、

---

[*] 刘奕，东华大学人文学院副教授。
[**] 沈双颖，东华大学人文学院硕士研究生。

人民生活、政府治理的全方位数字化转型,赋能城市治理体系和治理能力现代化。① 城市数字化转型的核心是借助大数据、云计算、人工智能等数字化技术,整合数据价值要素,统筹建设全场景数字底座支撑,最终实现高质量发展、高品质生活、高效能治理等城市发展模式的实体形态转变。② 智慧城市、城市大脑和数字孪生城市③等数字化应用场景成为未来城市发展的重要方向,是落实党中央网络强国、数字中国和智慧社会战略部署的关键抓手。④ 2020年,党中央先后多次提出要加快新型基础设施建设、加快数字化发展,"十四五"规划进一步提出要打造数字经济新优势,加快数字社会建设步伐,提高数字政府建设水平,营造良好数字生态。这为推进城市数字化转型指明了前进道路,开启了数字时代城市发展模式全面转型升级的新征程。

在中央顶层战略的支撑下,上海市率先开展城市数字化转型实践探索。从企业信用资质到园区产业辐射路径;从十五分钟生活圈、公共交通、医疗设施、文化旅游到人口数据,上海市大数据资源平台汇集城市各类时空数据信息,构筑起数字底座的核心基石。数字底座作为智慧城市操作系统的载体,将发挥技术工具对城市数字化转型的强力支撑。2020年以来,上海市人民政府发布的政策文件中多次提及数字底座,如"建成具有国际影响力的超大规模城市公共数字底座""构筑城市数字化转型'新底座'""形成面向未来的数字城市底座支撑"等,依托数字底座整体推进城市数字化转型。当前,上海市已出台新城新区数字化转型规划建设导

---

① 张蔚文、金晗、冷嘉欣:《智慧城市建设如何助力社会治理现代化?——新冠疫情考验下的杭州"城市大脑"》,《浙江大学学报》(人文社会科学版)2020年第4期。
② 顾丽梅、李欢欢、张扬:《城市数字化转型的挑战与优化路径研究——以上海市为例》,《西安交通大学学报》(社会科学版)2022年第3期。
③ 戴长征、鲍静:《数字政府治理——基于社会形态演变进程的考察》,《中国行政管理》2017年第9期。
④ 翁士洪:《城市治理数字化转型的发展与创新》,《中州学刊》2022年第5期。

引,率先布局,试点先行,助力打造数字化转型领域的"上海标准"。新城新区已成为上海市数字底座的骨干节点,以数据为纽带连点成片,推动实现"以智兴业、以智慧民、以智善政"的城市数字化转型目标。

数字底座为城市数字化转型奠定了坚实基础,但其对于城市数字化转型的推动变革能力存在局限。纵观各大城市数字底座建设的现状,普遍存在数据获取和共享困难、"技术关注不足"和"技术依赖过度"并存、部门相互联通不足、跨界人才供给相对缺乏等问题,充分反映出大多数城市的数字底座建设停留于概念化阶段,建设思路亟待明晰。只有把握技术限度、转变建设理念、注重规则探索、创新应用场景,才能洞悉城市数字化转型难题,探索数字底座建设新路,把握超大城市治理的规律。在数字底座建设过程中,新技术、新平台的搭建和运行向理论界和实务界提出了一系列亟须思考和解决的问题:何为数字底座?为何构筑数字底座?如何夯实数字底座?为此,面对新兴技术变革为城市治理和社会创新带来的新机遇,深入探析城市数字化转型要求下数字底座的建设思路以及数字底座从哪些维度助推城市数字化转型,并结合当前上海市新城新区数字底座的建设现状提出优化建议,具有重要的理论价值与现实意义。

二、面向城市数字化转型的数字底座建设逻辑

数字底座建设对于城市数字化转型的重要性和价值意义正广受各界关注。面向城市数字化转型建设数字底座,首先要对数字底座和城市数字化转型间的作用关系进行逻辑思考。本文尝试从数字底座对城市数字化转型的技术内驱和城市数字化转型对数字底座的外部要求两个维度,梳理出面向城市数

字化转型的数字底座建设逻辑,即数字底座建设助推城市数字化转型的内在意义以及城市数字化转型要求下的数字底座建设。

(一) 数字底座建设助推城市数字化转型的内在意义

数字底座的提出背景、本质属性及功能架构赋予其强大的技术优势,以新兴技术的融合创新释放内驱动力,进而从流程再造、规则重构、空间治理、功能塑造和生态构建五个维度作用于城市数字化转型。

1. 数字底座的提出

自 IBM(国际商业机器公司)提出"智慧地球"理念以来,从智慧城市到城市大脑、数字孪生建设热潮涌现,数字底座便由此而生。数字孪生是智慧城市的创新探索,是城市在信息和物理维度上虚实融合的未来形态,具有虚实交互、高度仿真、实时连接、动态交互、多层拓展等特征,将带来城市治理过程和模式的变革。[①] 为推进智慧城市、数字孪生城市建设,以技术驱动、数据支撑、平台赋能、业务协同为主要内容的城市数字底座支撑尤为关键。数字底座的建设并非从无到有,而是在既有设施、平台、技术的基础上,引入物体全域标识、时空 AI、BIM(Building Information Modeling,建筑信息模型)等新兴技术,以万物互联、实时感知实现多维度、多领域的数据汇集与融合,以"暴力算法"和分布式高速计算力优势来强化数据分析、降低物理空间的试验成本,以数字模型优化构建来辅助城市问题情境化决策,从而发挥感知和推演城市运行态势的新功能。

---

① 向玉琼、谢新水:《数字孪生城市治理:变革、困境与对策》,《电子政务》2021年第10期。

2. 数字底座的概念及功能

对推进城市数字化转型这一系统工程而言,构筑城市数字底座,首先要明确数字底座的概念边界及功能架构。关于数字底座的具体内涵,既有研究并未对其进行清晰界定,但不少来自研究机构、企业的专家学者从不同角度对数字底座的组成、功能及应用进行了描述。尽管学界对数字底座本质的认识尚未达成统一,但在数字底座特征的描述上基本达成了共识。"泛在/无处不在""连接/联接""智能""开放""共建共享""协同""生态"等高频词汇成为数字底座的共性特征。数字底座也在上海、深圳、合肥等城市发展规划的政策文件中得以体现(表1),现有政策主要结合上海市城市数字化转型、深圳市数字政府和智慧城市发展、合肥市城市大脑建设等,在顶层设计层面因地制宜地对数字底座建设作出总体性规划,明确建设目标。本文通过梳理政策文件和近四年专家学者对数字底座的观点,为全面系统地理解和认识数字底座的本质和功能提供了重要借鉴。

表1 有关数字底座的政策文件

名称及提出时间	观点
上海市人民政府办公厅印发《上海市全面推进城市数字化转型"十四五"规划》(2021年10月)	主要目标的第一条是:形成面向未来的数字城市底座支撑。打造泛在赋能、智能协同、开放共享的城市数字底座,实现基础设施国际一流、数据潜能全面激活、共性平台能级提升,率先建立健全适应数字时代需求的城市公共事业体系
上海市政府常务会议审议通过《上海市推进新型基础设施建设行动方案(2020—2022年)》(2020年4月)	提出建成具有国际影响力的超大规模城市公共数字底座,即建成1个市大数据资源平台、16个大数据资源分平台,构建若干个数据服务中台和1 000个左右数据训练集,建设500个以上服务于"一网通办""一网统管"的行业算法模型,更大范围、更宽领域、更深层次支撑城市治理全方位变革

(续表)

名称及提出时间	观点
深圳市政务服务数据管理局联合市发展和改革委员会发布《深圳市数字政府和智慧城市"十四五"发展规划》(2022年6月)	提出数字政府和智慧城市的建设离不开有力的数字底座支撑。在提升数字底座能级方面,从全面提升通信网络能级、前瞻部署算力一张网、集约建设一体化云平台、完善时空信息平台、加快建设物联感知平台五个方面重点打造
合肥市数据资源局发布《合肥城市大脑·数字底座·2020(政务云、城市中枢平台)》白皮书(2021年2月)	提出通过政务云(设施底座)+城市中台(数据底座和能力底座)构成城市大脑数字底座。城市大脑数字底座面向城市治理、公共服务、产业发展,提供统一、标准的数字化服务支撑,推动合肥市数字化转型

资料来源:笔者根据政府网站公开的政策文件整理。

关于数字底座的本质,主要分为两类观点。第一类观点侧重从技术属性认识数字底座,认为数字底座本质上就是信息技术和数据的各类基础设施的集成重组,比如"设施底座+数据中枢""云网融合""平台+大脑""政务云+城市中台"等。上海市经济和信息化委员会副主任张建明结合数字化转型背景,更加倾向于从信息基础设施的角度来理解数字底座,认为其主要包含信息网络基础设施、感知基础设施、为应用场景服务的融合基础设施和数字安全基础设施4个部分。[①] 中国电信研究院网络技术研究所副所长雷波则表示,算力时代的数字底座就是云网融合的数字信息基础设施。[②] 中国联通研究院在2022年5月发布的《算力时代的全光底座白皮书》中,针对算力时代的业务特点和联通的网络禀赋,提

---

① 金叶子:《上海夯实数字底座,下一代互联网建设重点工作有哪些》(2021年9月10日),第一财经网,https://www.yicai.com/news/101170066.html,最后浏览日期:2022年7月31日。

② 王禹蓉:《中国电信雷波:详解算力时代的数字底座》(2022年4月11日),通信世界网,http://www.cww.net.cn/article?id=70A0E1F7A88744A8A90A0CCDAF424F0F,最后浏览日期:2022年7月31日。

出了面向行业数字化、面向算力关键需求、具有综合承载能力的算力时代全光底座。① 此外,华为、京东等企业针对自身业务特征和战略规划,对数字底座给出了不同的企业级理解。华为轮值董事长郭平认为,数字底座是支撑纷繁复杂的城市数字化转型的多种技术的组合。② 京东数字科技副总裁、京东城市总裁郑宇在演讲中提到,智慧城市底座就是智能城市操作系统的定位。实现互联互通,打通"信息孤岛",必须建立基于开放的城市操作系统,打造一个智能城市生态。③

第二类观点则基于城市数字化转型的战略层面理解数字底座,将数字底座定义为智慧城市的操作系统,它不仅是5G、感知神经元、大数据、AI、可视化等多种技术的组合,更是设备、平台和标准规则、制度规范的多维融合。此类观点聚焦数字底座对城市有机生命体智慧化的助力,强调其为城市运行模式带来的根本转变,更为全面、系统,也更凸显全局意识和战略思维。上海市智慧城市发展研究院执行院长盛雪锋认为,数字底座涵盖智慧城市或城市数字化发展所需的基础网络、感知神经元、具有数据处置和智能能力的一系列平台,甚至包含与之相关的技术层面的标准和规则、业务层面的制度和规范。④ 上海市流程智造科技创新研究院院长贺仁龙进一步指出,数字城市底座是城市数字化运行发展到一定阶段的城市级操作系统,是物联设备、数据平台及一系列数字规则的

---

① 包建羽:《中国联通研究院发布〈算力时代的全光底座白皮书〉》(2022年9月21日),通信世界网,http://www.cww.net.cn/article?id=568563,最后浏览日期:2022年10月17日。

② 许维娜、夏晓伦:《打造智慧城市"数字底座"》(2019年5月15日),人民网,http://house.people.com.cn/n1/2019/0515/c164220-31085694.html,最后浏览日期:2022年7月31日。

③ 郭惠芬:《郑宇:京东智能城市不是"大脑",是城市操作系统》(2019年9月19日),中国新闻周刊网,http://www.inewsweek.cn/observe/2019-09-19/7069.shtml,最后浏览日期:2022年7月31日。

④ 盛雪锋:《加快打造城市数字安全底座》(2021年7月27日),政协头条网,http://www.icppcc.cn/newsDetail_1069717,最后浏览日期:2021年7月31日。

融合体,呈逻辑集中、物理分散的分布式链网架构,拥有大量骨干节点、企业节点和应用节点。① 时任浙江省委书记袁家军在总结浙江省数字化改革经验时提到,要建成"平台+大脑"的数据底座,打造覆盖省、市、县三级的一体化智能化公共数据平台,建设一体化数字资源系统,构建通用化的知识库、数据仓、模型库、算法库、规则和法律库,打造"浙里办""浙政钉"两个移动前端。②

关于数字底座的功能架构,突出体现为三个层面,分别与物联—数联—智联三位一体赋能智慧城市的逻辑相对应。③ 第一,物联层面体现全面感知功能。各类物联感知智能终端覆盖城市各个角落并连接成网④,获取、汇集城市每时每刻的运行参数和生命体征,并转化为数据,以全面、立体地感知城市,完成对实体城市的动态仿真。第二,数联层面体现全程思考功能。主要通过对各类感知数据的归集、存储、模型化、动态共享,从而依托数据深入融合分析,展开智能思考,作出理性判断,在此过程中充分释放数据价值潜能,以全面服务于城市数字化转型的数据需求。⑤ 第三,智联层面体现全局协同功能。以"三融五跨"的方式,对公共服务、产业经济、城市治理、环境保护等智慧城市各领域应用场景进行持续赋能⑥,全景洞察、动态把握城市运行规律,实现对城市治理的决策引领和对各类城市问题的协同处理。

---

① 赵菲菲、朱声波:《打造"城市数字底座"靠什么?》(2021年10月28日),看看新闻网,https://www.kankanews.com/a/2021-10-28/0039925412.shtml?searchType=search,最后浏览日期:2022年7月31日。
② 袁家军:《以习近平总书记重要论述为指引 全方位纵深推进数字化改革》,《学习时报》,2022年5月18日,A3版。
③ 单志广:《智慧城市中枢系统的顶层设计与建设运营》,《人民论坛·学术前沿》2021年第9期。
④ 陈栋、张翔、陈能成:《智慧城市感知基站:未来智慧城市的综合感知基础设施》,《武汉大学学报》(信息科学版)2022年第2期。
⑤ 张扬:《打造"物联、数联、智联"城市交通数字化底座的思考》,《交通与港航》2022年第3期。
⑥ 罗亚、宋亚男、余铁桥:《数字化转型下的国土空间数字化治理逻辑研究》,《规划师》2022年第8期。

3.数字底座助推城市数字化转型的方向

结合数字底座的具体内涵和功能架构可见,搭建统一的城市数字底座旨在依靠物联感知城市、数联驱动服务、智联引领决策的功能架构,聚焦科创金融、工业制造、交通出行、文化旅游、环境保护、规划建设等特定应用场景助推城市全面数字化转型。具体而言,数字底座对城市数字化转型的助推力体现于流程再造、规则重构、空间治理、功能塑造和生态构建五个维度。

其一,数字底座倒逼政府向扁平化、分权化方向转型,再造政府治理流程,破除政府部门壁垒。① 一方面,数字底座通过全面整合感知数据、互联网数据、政务数据,构建统一数据湖体系,打通底层数据汇聚通道和部门间信息壁垒,理清思路并重构业务流程,"最多跑一次"②和"一网通办"③等都是用"数据跑路"代替"群众跑腿"的典型实践,以数字化转型大大提升服务可得性、便捷性。另一方面,统一架构、互联互通的数字底座通过顶层规划和基层创新,破解政民联通、服务供给、部门管理碎片化的传统体制障碍,使政府治理模式转向数据驱动。如"便捷泊车""数据驾驶舱""1+1+1+N智慧救助帮扶"等应用场景就是利用数字底座的算力引擎赋能城市治理。

其二,数字底座以技术创新引发城市治理制度的适应性变革④和规则体系的渐进调整。数字底座深入运用数字技术、深度挖掘数字价值,实现数据共享、平台互通,在城市数字化转型过程中强化算力支撑,推动公民参与机制、监督体系、数字安全

---

① 龚艺巍、谢诗文、施肖洁:《云技术赋能的政府数字化转型阶段模型研究——基于浙江省政务改革的分析》,《现代情报》2020年第6期。
② 李春根、罗家为:《赋权与增能:"互联网+政务服务"何以打造地方发展软环境》,《中国行政管理》2021年第5期。
③ 赵勇、曹宇薇:《"智慧政府"建设的路径选择——以上海"一网通办"改革为例》,《上海行政学院学报》2020年第5期。
④ 陈水生:《城市治理数字化转型:动因、内涵与路径》,《理论与改革》2022年第1期。

保障等制度和社会管理规则在技术影响下进行相应的调整或重构。

其三,数字底座汇集数据,动态构建全覆盖、权威性的国土空间数据资源体系,对空间全域全要素实体和空间治理全周期规则进行数字化处理,为协调人地关系、优化资源配置、平衡利益分配及国土空间规划编制提供数据底盘和现状空间类数据参考,优化未来城市规划、空间布局和国土空间治理。①

其四,数字底座通过塑造场景支撑、数据支撑、GIS(Geographic Information System,地理信息系统)空间分析及模拟仿真的功能②,系统组织城市管理事务和服务职能③,支撑上层的产业经济、社区管理、安全与应急等城市管理应用场景,推动城市发展、服务、治理的功能集成以及城市管理各层级、单位、部门间的功能协同。

其五,数字底座充分挖掘和使用数据要素,打破部门和行业间数据孤岛,连接政府与企业、企业与企业、政府与公众、企业与消费者,促进跨地区、跨行业数据共享与合作创新④,加速赋能实体经济,实现共建共治共享的城市创新生态构建目标。

(二)城市数字化转型要求下的数字底座建设

上海市全面推进城市数字化转型的三大要求是坚持整体性转变、全方位赋能和革命性重塑,三大要求的提出为数字底座建设设定目标,构成外力推动数字底座在具体场景领域的应用。

经济、生活、治理三大领域协同并进、相辅相成,以实现整体性

---

① 罗亚、余铁桥、程洋:《新时期国土空间规划的数字化转型思考》,《城乡规划》2020年第1期。
② 王聪:《基于时空信息模型的智慧城市数字底座设计初探》,《测绘地理信息》2021年第1期。
③ 孙轩、单希政:《智慧城市的空间基础设施建设:从功能协同到数字协同》,《电子政务》2021年第12期。
④ 郑江淮、张睿、陈英武:《中国经济发展的数字化转型:新阶段、新理念、新格局》,《学术月刊》2021年第7期。

要求;数字技术、数据要素、数字底座依靠"数字"核心赋能城市创新,以实现全方位要求;流程、规则、功能、生态各领域全方面打破重塑,以实现革命性要求。数字底座通过技术集成、数据融合、业务协同,倒逼城市发展理念、模式、制度、手段的革新,进而推动城市发展、服务与治理的整体转型。经济运行、交通出行、政务服务等多源异构的城市时空数据在统一的数字底座上汇聚、联动、融合。

在经济数字化转型方面,算力底座是支撑数字经济的重要"地基",能够推动传统产业升级、新兴产业培育,实现产业协同发展。一方面,算力产业直接带动经济产出。相关研究显示,算力指数平均每提高 1 个百分点,数字经济和 GDP 将分别增长 3.3‰和 1.8‰。[1] 另一方面,算力新基建催生新产业、新模式、新业态。大数据、智能算法、算力平台共同支撑起数字经济[2],以数据中心、智算中心为代表的算力新基建的投入和使用,推动数据资源向生产要素、生产力的转化。[3] 算力底座以云网融合的高效协同,推进算力在制造、交通、航运、金融、能源、教育、农业等行业的深度融合。在算力底座的驱动下,车联网、互联网金融等跨界产业大量涌现,传统行业的业务模式得以突破,数字消费需求受到激发,统一的跨圈层的数字化生态圈出现,进一步发挥了数字化转型扩能作用[4],推动数字经济持续增长和高质量发展。

在生活数字化转型方面,数字底座可以提供便捷的民生服务和精准的公共服务供给,使人民获得高品质的幸福生活体验。以交通出行为例,数字底座基于 POI(Point of Interest,兴趣点)数据、

---

[1] 战钊:《全球首个计算力指数研究成果发布》(2021 年 2 月 4 日),光明网,https://tech.gmw.cn/2021-02/04/content_34599342.htm,最后浏览日期:2022 年 7 月 31 日。
[2] 石勇:《数字经济的发展与未来》,《中国科学院院刊》2022 年第 1 期。
[3] 李海舰、赵丽:《数据成为生产要素:特征、机制与价值形态演进》,《上海经济研究》2021 年第 8 期。
[4] 郑江淮、张睿、陈英武:《中国经济发展的数字化转型:新阶段、新理念、新格局》,《学术月刊》2021 年第 7 期。

定位数据、路况数据、实景地图等地图时空数据以及公交数据、气象数据、停车数据、交通卡口等行业多源数据①,构建智能交通一体化平台②,打造智慧高速、智能停车、智慧公交、智慧城轨等应用场景,衔接市民高效、便捷的出行需求和交通服务资源,缓解交通拥堵、保障交通安全,解决停泊困难,助力交通数字化转型。再如老年人养老,数字底座以建筑信息数据、社区空间数据和老人生理、行为数据为燃料,以数字技术为发动机,搭建智慧养老大数据管理中心③、数字化社区养老服务平台④,聚焦就医、出行、居家、文娱、学习等养老需求,提升养老服务供给的精准性。数字底座服务于健康、成长、居住、出行、文旅、消费、扶助、无障碍八大民生领域,助力民生服务数字化转型。

在治理数字化转型方面,数字底座为政府部门进行科学规划、建设监管、精细治理和应急防控⑤提供了更好的工具、更广的视角以及更优的环境。⑥ 第一,在线政务服务平台、"浙政钉"等移动办公平台,以及传感器和摄像头等终端设备的应用,有助于提高服务效率、加强沟通协作、及时感知问题,显著改变了政民互动模式,推动行政职能的数字化转型⑦,使城市治理由分离治理逐步转向连

---

① 罗桑、张永伟:《"新基建"背景下城市智能基础设施的建设思路》,《城市发展研究》2020 年第 11 期。
② 梁晓峣:《车路协同:智能交通领域的升维谋划》,《人民论坛·学术前沿》2021 年第 4 期。
③ 刘奕、李晓娜:《数字时代我国社区智慧养老模式比较与优化路径研究》,《电子政务》2022 年第 5 期。
④ 刘奕:《从资源网络到数字图谱:社区养老服务平台的驱动模式研究》,《电子政务》2021 年第 8 期。
⑤ 任远:《疫情防控中的特大城市人口流动性管制和人口数据应用》,《南京社会科学》2020 年第 4 期。
⑥ 孟庆国:《数字化转型中政府治理的机遇与挑战》,《山东经济战略研究》2020 年第 10 期。
⑦ 王伟玲:《中国数字政府形态演进和发展瓶颈》,《行政管理改革》2022 年第 5 期。

接治理。① 第二,"数字驾驶舱""政府首席数据官制度"②等地方探索,有助于发挥数据在细微识别、本质透视、趋势预测和长远规划中的作用,以发现、分析和应对城市运行中的问题,优化政府管理、服务和决策模式,构建数据驱动的服务型政府。第三,数字化为政府治理的数字化转型营造了良好的社会环境。以抗击新冠肺炎疫情为例,"健康码""同乘查询""防疫行程卡""核酸检测点位查询""非接触式网上疫情填报系统"等程序在疫情防控、监测分析、资源调配、复产复工各环节的广泛应用,有效地提升了政府治理效能。③

三、上海市新城新区数字底座的实践探索与存在的问题

上海市和上海市各区人民政府相关政策文件的出台为新城新区的数字底座建设赋予了新使命、创造了新契机。《关于本市"十四五"加快推进新城规划建设工作的实施意见》强调了新城作为独立综合性节点城市的功能定位,明确提出要将新城建设成为"数字化转型的示范区和上海服务辐射长三角战略支撑点"④,为此特制定产业发展、公共服务、交通发展、环境品质和新基建等专项方案。《上海市全面推进城市数字化转型"十四五"规划》进一步聚焦新城新区在城市数字化转型中的示范引领作用,指出要"推进城市数字

---

① 陈水生:《迈向数字时代的城市智慧治理:内在理路与转型路径》,《上海行政学院学报》2021年第5期。
② 蒋敏娟:《迈向数据驱动的政府:大数据时代的首席数据官——内涵、价值与推进策略》,《行政管理改革》2022年第5期。
③ 吴静、张凤、孙翊等:《抗疫情助推我国数字化转型:机遇与挑战》,《中国科学院院刊》2020年第3期。
④ 《上海市人民政府印发〈关于本市"十四五"加快推进新城规划建设工作的实施意见〉》(沪府规〔2021〕2号)。

底座实践试点,依托浦东新区和五个新城,先行先试城市数字底座建设和运行"①,相继制定五个新城数字化转型规划建设导引和浦东新区数字化转型"Future"工程计划,以"数字维度"引领"空间之变"。

基于清晰的政策目标和强力的政策支撑,上海市新城新区探索搭建数字底座,应用数字技术丰富智慧应用场景,突破城市的地理空间边界,在虚拟数字空间中筑起一个个功能节点。上海市五大新城和浦东新区在数字底座建设中各扬所长、各有特色,有所侧重地进行了示范。但通过对上海市新城新区数字底座实践探索的实证研究发现,各城区在数字底座建设过程中暴露了一些共性问题,成为阻碍数字底座建设进程的痛点、难点,亟待解决。

(一)上海市新城新区数字底座建设的实践探索

上海市正努力打造城市数字化转型的示范标杆,坚持市、区合力有特色、场景规划有特点、制度探索有特长。全力支持各新城新区围绕各自主导产业打造数字底座,先行先用,以支撑主导领域加速数字化转型。就新城新区数字底座建设现状来看,嘉定、青浦、松江、奉贤、南汇五个新城和浦东新区在城市数字化转型过程中主动抢占新赛道、探索新实践,围绕自身资源禀赋确定不同建设主题,成为上海市"国际数字之都"建设的品牌窗口。具体而言,嘉定新城重点定位"未来出行"为特色的数字城市示范区;青浦新城全力打响"长三角数字新干线"品牌;松江新城全面构建"科创走廊+数字云城+智慧枢纽"特色数字化转型功能框架;奉贤新城主打"数字江海"新城名片;南汇新城打造"原创技术+应用技术+开发实体"一体化数字孪生城市;浦东新区则重点实施"Future"计划,赋能城市智慧演进。

---

① 《上海市人民政府办公厅关于印发〈上海市全面推进城市数字化转型"十四五"规划〉的通知》(沪府办发〔2021〕29号)。

1. 嘉定新城：以"未来出行"推动数据资源开发利用

自2021年11月以来，嘉定新城基于"1个数字底座框架+2个示范样板+聚焦经济、生活、治理3大领域+形成N个应用场景"的整体架构，确立了"全域感知"要素数字化构建的新框架。其重点在于夯实"端、网、数、安"基础能力，具体包括：第一，建设泛在互联的全域智能感知终端，科学布局城市神经元系统；第二，建设快速高效的全域连接网络，支撑城市全域空间的信息交换和传输；第三，构建数据要素资源体系，建立绿色低碳的新型数据中心以及区大数据资源平台，提升大数据储存、计算和应用能力，以可视化技术反映城市生命体征，探索数字孪生城市；第四，健全网络和信息安全保障，加强数据安全监测管控。[1]

作为沪宁发展轴上的枢纽节点，嘉定新城重点定位于"未来出行"数字城市示范区。其中，最具特色的示范应用场景当属"一环三路"智慧交通，是智慧车列和智慧道路协同发展的典型。基于环境感知、精准定位、路线规划等自动驾驶技术及车联网直连通信技术，由配备智能终端的车辆组成智慧车列，具备集约化、大运量、点对点和专门化的特征，主要应用于缓解早晚高峰时段的交通拥堵状况。截至目前，白银路智慧道路建设已初具规模，沪宜公路智慧车列进入试运行阶段。出行者可在智慧车列小程序或APP进行搭乘预约，后台先对预约数据进行匹配、调度，接着集中时间点、出发站和到达站相近的乘客，最后派送与预约需求相匹配的特定车型(5座、15座或23座)车辆运送乘客。全息路口智能感知系统、交通数据智能处理系统、数字驾驶舱管理系统等配套交通数字底座建设火热开展，不仅通过智慧交通数字孪生平台实现道路信息的全息采集，还为网联车、自动驾驶车和传统交通参与者提供更多

---

[1] 《上海市嘉定区人民政府关于印发〈嘉定区城市数字化转型行动方案(2021—2023年)〉的通知》(嘉府发〔2021〕30号)。

数据支持,保障市民安全、高效、快捷、便利地出行。

2. 青浦新城:以"长三角数字干线"破除区域数字壁垒

青浦新城位于长三角的中心区域,拥有独特的区位优势。"长三角数字干线"依托 G50 主干廊道①,横向贯穿全区,体现为数字空间维度的无形廊道,是连接青浦新城与虹桥商务区、上海市区、一体化示范区等骨干节点的重要纽带。构筑"长三角数字干线"底座:一是有助于将青浦打造成为智慧新城;二是对展示、推广上海市数字化转型的成果有所裨益;三是能够进一步破除区域数字壁垒,加强沿线城市协同创新。青浦新城全面推进数字化转型的思路是"1 个数字新基建转型底座+1 条长三角数字干线+3 大空间",数字经济和未来产业的创新发展厚植于泛在智能的数字转型新底座之上。青浦新城积极布局、打造一体化数字中枢,全面推进包括网络通信设施、物联感知设施、算力基础设施及数字赋能中枢等在内的数字设施建设。

当前,青浦新城数字干线型布局雏形初显,数字产业领军企业集聚逐渐形成,部分特色行业数字化转型成效显著。自 2020 年 8 月长三角一体化绿色生态示范区成立以来,青浦区和吴江区、嘉善县的特色园区串联成线,逐渐描绘出清晰的数字产业版图。同时,华为、腾讯、阿里巴巴、网易、美的等企业陆续落地,在信息通信、移动终端、空间信息服务等数字产业领域发挥引领作用。

3. 松江新城:以"科创走廊+数字云城+智慧枢纽"促进产业转型升级

在上海市全面推进城市数字化转型的进程中,松江新城借助"一廊一轴两核"的空间格局优势②,立足"科创走廊+数字云城+

---

① 《关于印发〈长三角数字干线发展规划纲要〉的通知》(青府发〔2022〕13 号)。
② 《松江新城"十四五"规划建设行动方案》(2021 年 5 月 17 日),上海市人民政府网, https://www.shanghai.gov.cn/nw12344/20210517/16bd45ee903a45a884fed3d4cb36c736.html, 最后浏览日期:2022 年 7 月 31 日。

智慧枢纽"三大特色构建数字化转型功能框架,全力打造数字经济创新产业示范区。其中,G60科创走廊先进、先试、先行,发挥战略引领作用,激发科技创新动力,成为松江新城的特色数智品牌。"G60科创云"平台与实体G60科创走廊相对应,鼓励企业"上云",探索实体"云廊"的数字化转型升级,借力数字云城强化科创示范效应。依托科创走廊、数字云城,松江持续推进数字赋能,打造松江枢纽,发挥强节点功能,辐射联通长三角。

目前,松江新城数字基础设施的能级稳步提升,形成全区统一的城市数字底座和超级城市大脑。新型城域物联专网建设覆盖全区,基本形成"神经元网络"框架,赋能精细化城市管理。中国科学院脑智科创基地、腾讯长三角AI超算中心、海尔智谷、信创及商密产业基地等新基建项目先后落户G60科创走廊,领航工业互联网产业集群,涌现大批科创成果,丰富了数字化应用场景,夯实了重点产业的数字根基。但对标新城发力和长三角一体化目标,可以发现,松江新城产城融合、产教融合的效果尚未彰显,产业价值链向高端转型升级的力度不足。未来,在既有新基建体系上,松江新城将逐步搭建起数字孪生城市基础空间中台、集中共享的数据中台、集约共用的应用中台、集成赋能的人工智能中台等共性基础技术平台①,强化数字底座的支撑能力,建设松江新城"数智G60",重点推动数字化转型区域联动发展。

4. 奉贤新城:以"数字江海"加速推进产城融合

"数字江海"是继"东方美谷""未来空间"提出后的第三张奉贤新城名片,是奉贤新城新一轮建设的头号工程,聚焦产城融合全渗透和数字化国际产业社区。一则深度融合城市功能和产业功能,二则在"地上—地下—云上"三个层面上打造智慧数字产业社区。

---

① 《松江区城市数字化转型"十四五"规划》(2022年1月26日),上海市松江区人民政府网,https://www.songjiang.gov.cn/zwgk/009004/009004003/20211204/9e317e9e-98a4-4ccb-84ae-b9dcabb60fec.html,最后浏览日期:2022年7月31日。

项目位于奉贤新城核心区域,预计利用 10 年时间分 7 期完成开发,建成后产业用地将达 60 万平方米。

目前,其首发产业社区已步入施工阶段,预计在 2024 年年底建设完工。① 在空间布局设计上,该首发区坚持功能复合、产城融合、交通便利的原则,沿滨水布置产业服务及商业文化功能。东侧结合产业需求布置共享服务平台,打造智能网联汽车体验中心,提升用户互动体验;西侧打造 15 分钟生活圈,优化公共设施服务,辐射周边社区;北侧大叶公路门户设置垂直工厂,打造产业形象地标。首发区以数字底座为核心管理平台,发展工业互联网、智慧交通等产业及基础设施数字化场景,并在每个场景中都配备嵌入式传感器,实现人、商业场景、建筑物、汽车数据之间的互联互通,助力奉贤打造智慧新城。

5. 南汇新城:以"原创技术+应用技术+开发实体"实现数字孪生技术创新

南汇新城在推进城市数字化发展中主要进行了五个方面的探索,具体包括:加大高能级数字基础设施建设;加紧布局数据跨境安全流通试点;积极打造数字孪生城市试点区域;形成高效协同的数字治理能力;提供强大的组织和政策保障。② 打造"原创技术+应用技术+开发实体"一体化的数字孪生城市,是南汇新城数字化转型的亮点所在。

为此,南汇新城作出如下规划:第一,依托国际创新协同区、服务业开放区等重点区域,先行先试数字孪生;第二,解锁数字孪生技术应用场景,如智慧能源、智慧楼宇等,同时搭建"数字仿真平

---

① 《"数字江海"汇聚三座"未来之城"》(2022 年 3 月 2 日),新华网,http://sh.news.cn/2022-03/02/c_1310495171.htm,最后浏览日期:2022 年 7 月 31 日。

② 《南汇新城"十四五"规划建设行动方案》(2021 年 4 月 14 日),上海市人民政府网,https://www.shanghai.gov.cn/nw12344/20210414/35194ede4f5f4972a20ef515d884a8ca.html,最后浏览日期:2022 年 7 月 31 日。

台"模拟城市运行;第三,构建数字孪生园区智能服务体系,将信息飞鱼、东方芯港、生命蓝湾等升级为数字孪生园区,探索汽车工业、装备制造、芯片工厂等在数字孪生园区内的创新应用;第四,推动家园生活场景数字化,诸如消费、文化、旅游、交通、健康等,加速新型智慧社区落地。以数字孪生园区为例,物联网、车路协同等技术厚植统一的数字孪生底座,在此之上连接园区内各设备、系统,便能数字化地呈现园区体征,如实时监测水电煤能源使用情况、探索园区内无人驾驶接驳服务、拓展地下停车库反向寻车功能等。

6. 浦东新区:以"Future"计划夯实数字化转型底座

浦东新区是彰显上海现代化国际大都市数字化转型影响力的最前沿窗口。为打造可供借鉴的数字城市,建设"世界标杆""中国方案""浦东样板",《浦东新区全面推进城市数字化转型"十四五"规划》围绕"1314"总体框架,明确提出实施面向未来的数字城市任务工程("Future"计划),其首要建设任务即夯实数字底座,赋能智慧城市演进。与此同时,《浦东新区全面推进城市数字化转型"十四五"规划》还明确了100%5G网络覆盖、100%主城区城市信息模型建设覆盖、1 500万个物联感知神经元节点等15项"十四五"重点发展指标。

浦东新区为夯实数字化转型底座实行的举措具体包括:第一,统筹布局新基建。如推动浦东新区政务云数据中心向超算中心演变,推进"三千兆"极速网络工程、推进新技术与传统领域基础设施融合等。第二,深化建设城市智能中枢。如积极推进新一代信息技术赋能平台、业务中台、城市数字孪生平台建设。第三,强化公共数据治理水平。主要包括建立部门数据资源共享机制,强化数据服务能力,完善数据安全管理体系等。第四,推进新技术的发展与应用。加强6G、量子通信、类脑智能等前沿技术探索,聚焦中国芯、创新药、蓝天梦、未来车、智能造、数据港六大硬核产业基础设施建设。

（二）上海市新城新区数字底座建设中存在的问题

从上海市数字底座建设实践来看，当前数字城市底座顶层设计不断优化，各数字新基建项目相继在沪落地开花，成为城市数字底座的骨干节点，极大地提升了上海市数字化转型的底气。但数字底座的先行探索在技术、思维、组织、人才、价值五个层面反映了一些共性问题，只有尽快破解这些难点、痛点，才能更好地发挥数字底座对城市数字化转型的推动作用。

1. 技术困境

全域数据获取难、多源数据共享不足、数据安全保障难是数字底座面临的技术瓶颈。物联感知神经元、5G网络、城市信息模型的布局尚在进行，未实现全域覆盖，导致城市整体数据的信息化程度不足，城市运行的部分核心数据并未统一归集到数字底座中。数字底座涉及多领域、多主体、多部门的多维异构数据，数据在物理、几何、时间维度上的表现各不相同，统一标准的缺失则给公共数据平台、大数据资源平台的建设带来了难度。数据开放共享渠道的不成熟也导致了许多单位或部门数据无法得到有效汇集和融合，进一步加剧了数据本身的全面性、完整性、准确性、关联性以及标准统一性等技术风险。

此外，5G、AI、物联网等新基建激发生产、生活的数字化应用，数字工厂、在线教育、数字文旅等数据呈指数级增长趋势，数字底座将渗透城市的各个角落，在为人们带来更便捷的生活的同时，也将引发新的网络安全和数据安全风险。

2. 思维困境

建设概念不清晰、不统一以及两种技术观并存是思维层面存在的突出问题。在建设概念认知上，由于数字底座是近些年出现的新概念，上海市数字底座建设仍处于探索阶段，对概念的理解和认识不清晰导致了"一哄而上"的建设乱局,各自考虑如何建设数字底座,也容易造成重复建设、资源浪费等后果。

在对待技术的观念上,无论是"技术关注不足"还是"技术依赖过度",都不利于数字底座建设。就前者而言,由于前期数字底座的建设难度较大,短期内成效未完全发挥,加之尝试过程中经历失败,打击了部分部门的建设积极性,难以适应技术带来的组织结构、业务流程上的调整,进而将数字底座错误地视为"技术盆栽",导致建设搁置、资源浪费。就后者而言,对数字底座建设概念的认知不清,继而引发对其推动变革能力局限性的重视不足,导致城市可能面临"智能官僚主义"①、"数字利维坦"②的风险。过度依赖技术的单维赋能而忽视"非技术性"障碍,错误地将"赋能"等同为"必然能",而技术事实上只是为城市数字化转型提供更多的可能性,其作用并非决定性的。技术的解释力会受到数据质量和问题复杂性的双重影响,以现有的算力、模型可能无法实现对现实中所有真实问题的精准刻画,数字底座建设和城市运行实际的融合有待深入。

3. 组织困境

部门联通不足、整体行动不连贯是组织层面显露的主要问题。数字底座的建设和运行,驱动组织体系进行相应调整,这对部门协同提出了更高要求。政府如何借助数据化、平台化的数字底座提升数据治理水平,是治理数字化转型的重点。由于数字底座是由跨区域、跨部门的节点联结而成,部门间的有效联通势必会影响数字底座的功能发挥。个别部门为维持区域、部门优势,在数据流通、共享中存在刻意阻挠、不作为的行为,给部门协同造成不小的

---

① 胡卫卫、陈建平、赵晓峰:《技术赋能何以变成技术负能?——"智能官僚主义"的生成及消解》,《电子政务》2021年第4期。

② 张鸣春:《从技术理性转向价值理性:大数据赋能城市治理现代化的挑战与应对》,《城市发展研究》2020年第2期。

阻力。此外，各新城新区的建设进展不一，有初见成效的，也有刚开展建设的，还有停留于规划阶段的，各城区的整体行动不连贯。

4. 人才困境

跨界数字人才供给的相对缺乏是人才层面存在的突出问题。中国信息通信研究院2021年发布的《数字经济就业影响研究报告》指出，2020年中国数字化人才缺口达1 100万，且呈现长期存在、继续扩大之势。建设数字底座，不仅需要精通数字技术的专业人才，还需要能够同时掌握数字技术和传统行业知识的复合型人才，比如从事智能制造、工业互联网、虚拟现实的工程技术人员等。数字经济的发展促进了许多跨界产业的形成，数字经济规模的不断扩大更需要引入大量的跨界数字人才以作支撑。数字时代，全社会各行业数字化变革热潮兴起，加之疫情倒逼企业数字化转型加速①，使得短时间内既懂行业知识又具备数字化思维的跨界人才资源相对稀缺，形成跨领域复合型人才供给短板，从而制约城市数字底座建设进程。

5. 价值困境

"人民城市""人本价值"目标尚未完全实现是价值层面存在的关键问题。新时代中国特色社会主义的根本价值追求是"始终把人民放在心上"。② 上海市是"人民城市"重要理念的首发地，新城转型升级归根到底服务的是人民，人民的需求变化是城市发展和数字化转型的根本动力。③ "十四五"新城规划建设中也明确了新城作为人民城市建设创新实践区的新使命。要想优化城市运行模

---

① 中国企业数字化联盟：《数字化转型白皮书(2021)》(2021年2月18日)，腾讯网，https://new.qq.com/rain/a/20210530A0AGGD00，最后浏览日期：2022年7月31日。
② 唐亚林：《始终把人民放在心上：新时代中国特色社会主义的价值追求》，《南京社会科学》2022年第7期。
③ 林华、范宇、王世营：《建设面向未来的综合性节点城市——上海新一轮新城发展战略研究》，《上海城市规划》2021年第4期。

式和生产、生活方式,就要坚持以人为本的价值导向。① 目前,数字底座通过政务服务平台、公共数据平台,便利了公民参与虚拟城市的治理。但是,公民参与的积极性和整体参与程度都较低,公民需求尚得不到及时回应,更毋论对城市发展提出前瞻性建议。可见,依赖技术却忽视以人为本的价值取向也是数字底座建设需注意的问题。

四、上海市新城新区数字底座助推城市数字化转型的优化建议

数字底座是数字技术与城市运行的深度融合,这意味着数字底座不仅是一种单纯的技术集合系统,而应在城市转型发展中得到激活和完善。为助推城市数字化转型而进行的数字底座建设,可以沿"功能设计—理念引领—规则探索—场景拓展"的思路进行优化。

(一)加强顶层设计,优化底座功能

优化数字底座在物联、数联、智联三个阶段的功能设计,是顶层设计层面的首要任务,新城新区数字底座建设应在既有导引、规划的基础上结合实际推进情况加以完善。

在物联阶段,应围绕接入、设备、数据三大核心功能展开建设。重点搭建城域物联感知平台,加速接入车联网传感器、智能监测、物联网、5G、卫星互联网等感知基础设施和网络基础设施,实现全域范围物联感知。

---

① 钟伟军:《公民即用户:政府数字化转型的逻辑、路径与反思》,《中国行政管理》2019年第10期。

在数联阶段,核心在于城市大数据平台以及相关数据中心、计算中心等计算基础设施的搭建。面对全域全量的多源异构数据资源,应进一步升级分布式存储、实时动态可视化等数据处理技术,培育和强化大数据技术应用能力,打通行业、部门信息壁垒,深化城市数据资源和城市运行场景的融合。

在智联阶段,城市信息模型和应用支持模型平台的开发是关键,直接关系到城市经济、生活、治理三大场景领域服务赋能的效果。具体应优化共性应用组件、信息模型、核心使能技术三大服务。同时,应加强对城市地理信息的重视,探索空间地理信息技术创新。利用好城市地理信息系统 GIS 地图,汇集城市道路、建筑、水系等地形要素数据,接入房屋、人口、交通等城市公共数据,实现城市运行的可视化决策和城市发展态势的模拟推演。[1]

(二)强化价值引领,重视文化赋能

强化价值引领是贯彻数字底座建设始终的根本任务。城市转型将面临许多复杂、不确定风险,仅依靠技术的单向赋能是无法充分应对的。数字底座建设需要遵循"人民城市"理念,紧紧围绕"人民城市人民建,人民城市为人民",将市民在转型过程中的实际感受和需求作为衡量数字化转型的尺度,让技术和城市"为人而转"。[2] 换言之,数字底座作为一种技术支撑,必须融入社会性因素,加强社会多元主体参与,探索政民、政企协同交流机制,方能实现共建共享共治,发挥最优成效。因此,在新城新区数字底座建设和运行中,应重点遴选优质的技术开发团队,开启规划建设专家顾问与公众的对话。与此同时,数字底座建设无法避免对个人信息数据的收集,在打造透明的虚拟城市时,应注意进行加密、防火墙

---

[1] 胡坚波:《关于城市大脑未来形态的思考》,《人民论坛·学术前沿》2021 年第 9 期。

[2] 郑磊:《城市数字化转型的内容、路径与方向》,《探索与争鸣》2021 年第 4 期。

等技术创新,以保障个人隐私权不受侵犯,并及时对个人信息的使用权限、使用流程等加以制度规范。①

城市除了包含空间物理、社会因素外,还包含文化因素,城市数字化转型是城市内外部的社会、经济、文化等因素综合作用的结果。新城新区数字底座建设的亮点在于其更强调城市的智慧、宜居、韧性、绿色、人文的多重底色。② 因此,数字底座建设应注重文化赋能,利用数字底座带动城市文化创新产业与数字的融合,满足人的精神文化需求。还应坚持可持续发展建设理念③,深度融合数字化转型与绿色转型,使绿色成为数字化转型的底色,使数字成为绿色转型的重要抓手,打造绿色低碳的算力底座。

(三) 持续规则探索,制定统一标准

借助新城新区关键数字底座节点发力,建成一批数字底座示范区,是凝练城市数字化转型"上海标准"的必由之路。为了实现这一目标,需要在技术、组织、人才层面持续推进数字底座规则探索。

从技术层面而言,高质量的数据和标准化的数字系统是数字底座良好运行的前提,目前面临的很多技术困境都源于数据标准和数字系统的不足。针对此种情况,可以采取产学研合作模式,鼓励企业、科研院所和高等学校间合作,共同进行技术术语、参考框架、算法模型、技术平台等标准研制,进而推动数字标准体系的建构与完善,实现数字底座上数字系统、平台间的高度融合和连通。

从组织层面而言,纵向加深部门内交流共享,横向拓宽跨部门

---

① 王锋:《私密还是透明:智慧社会的隐私困境及其治理》,《行政论坛》2021年第1期。

② 《城市规划学刊》编辑部:《"上海五大新城建设及相关思考"学术笔谈》,《城市规划学刊》2022年第1期。

③ 同上。

协同合作,健全制度规范以固化协同机制,建立工作模块以推进数字底座重点项目高效运行。此外,还可设置"三权分置"的部门数据共享模式,明确规定各部门在数据管理和使用中的权力和责任,并通过建构相应的制度规则对各部门的数据归属权、数据使用权、共享管理权予以规范。

从人才层面而言:一则应加快制定和落实数字化人才培养计划,由本地高校、科研院所等带动牵引,开设诸如大数据、AI等重点专业和课程,从源头上扩大和集聚数字化人才队伍;二则应加大人才交流培训,落实数字化人才队伍的业务能力建设;三则应让各城区结合自身发展重点,聚焦区数字底座重点项目,有目的地引进数字化人才,制定相关数字化人才认定标准文件,同步落实人才税负、落户、住房政策,构筑人才底座。

(四)加快应用融合,拓展数字场景

城市是数字技术应用的实践场,数字技术创新可以通过融合应用反哺城市,在应用层打造数字经济产业集群、数字治理新范式①、数字生活新图景,营造良好的数字技术应用新生态。城市数字化转型,落点在于数字技术在经济、治理、生活中的应用。将数字技术融入各个领域,令数字技术服务于人,关键是拓展数字化转型标杆场景②,创新场景供给方式③,谋划数字时代的未来城市新形态。针对数字化应用场景建设,本文提出以下三点建议。

首先,加快全市数字化应用场景统筹规划,出台应用场景建设的相关标准指引。关于供应商和重点技术的选择,则可由市级层

---

① 李文钊:《界面理论范式:信息时代政府和治理变革的统一分析框架建构》,《行政论坛》2020年第3期。
② 沈波:《上海全面推进城市数字化转型的总体思路与发展路径》,《科学发展》2022年第9期。
③ 高骞、史晓琛、黄佳金等:《推进数字化转型应用场景建设需要关注的问题与相关建议》,《科学发展》2022年第9期。

面重点推荐,基层社区协助推进落实。针对数字化应用场景的方案编制、技术评估、监管挑战、经济带动等,可以吸纳行业代表、高校专家、政府部门多方参与,强化专家咨询评议。

其次,精准发现和征集群众所需的数字化应用场景,锚定产业转型、城市治理、民生服务中的痛点和难点,开发创新应用场景。除了场景实验室和产业新兴爆发点,新场景的挖掘还可通过自下而上广泛征集金点子和场景需求得到,即面向群众、企业用户等征集高频急难事项,并依据技术、风险、治理等各项要求进一步梳理和筛选,建立应用场景项目储备库。

最后,寻求多元化、可持续的应用场景建设投入,创新政府投资支持方式,加强政府和社会资本合作,推动应用场景持续运营与价值挖掘。一方面,梳理各区现有分散于信息化、人工智能、智慧城市等领域的政府补贴,进一步整合构成数字化转型专项扶持资金,发挥财政资金对数字场景建设的引导带动作用。另一方面,发挥市场机制作用,不仅鼓励科技企业围绕新场景开展技术创新活动,吸引社会资本加大投资力度,利用应用场景招商育商;还鼓励兼具资源和专业能力的企业或机构参与运营,加快推进应用场景运营的市场化、专业化。

五、结语

数字底座为城市数字化转型提供了强劲的技术支撑,新城新区的数字底座建设实践和数字化应用场景赋予未来城市以更大的想象空间,但距离充分发挥数字底座的技术优势仍有很长的路要走。一方面,数字底座建设在技术、思维、组织、人才、价值等层面存在的问题亟待解决;另一方面,最终实现整体性、全方位、革命性的城市数字化转型,数字底座建设与数字经济、数字治理和数字生活的融合有待加强。对于城市数字化转型而言,根本的出发点和落脚点是需求导向、人民中心,数字底座建设所涉及的技术创新、数据开发、应用场景等都不能违背这一原则和目的。

未来,新城新区在数字底座建设上须持续发力,强化部分新城数字化转型示范特色,密切贴合实际发展方向,进一步挖掘数据赋能价值,推动产业升级赋能。为最大程度地发挥数据资源和数字技术的应用价值,新城新区数字底座建设的各个环节需得到充分重视,并在实践中不断优化升级。

〔本文系国家社会科学基金项目"数字治理视域下社区智慧养老实践模式比较与政策优化研究"(项目编号:21BZZ061)和上海市人民政府发展研究中心科研项目"上海数字化转型空间数字底座建设的新思路"(项目编号:2022-YJ-M02)的阶段性成果。〕

研究论文

基于分层同化理论的新生代移民研究进展与展望

骆子康* 线 实**

[内容摘要] 已有的分层同化理论主要用于探讨移民的同化过程及其同化路径的差异性,然而,目前尚缺乏对其较为系统的综述研究。针对于此,本文利用范围综述的方法,较为系统地梳理了基于分层同化理论的新生代移民相关研究。通过对相关文献的梳理,本文阐述了分层同化的概念缘起与理论演进、归纳了相关研究中对同化的测度方法及其影响因素、并对已有研究中来源国与东道国的互动关系如何影响移民同化给予了重点关注。基于此,本文提出研究展望:在研究对象上,中国的新生代农民工及乡—城移民应被给予更多关注;在理论构建上,引入尺度的分析视角来探讨移民融入过程中的尺度作用与互动十分必要;在研究数据上,应探索更加多元动态的数据来源。

[关键词] 分层同化理论;新生代移民;研究进展

---

* 骆子康,广州大学地理科学与遥感学院、广州大学-伯明翰大学服务业与城市发展联合研究中心硕士研究生。
** 线实,广州大学地理科学与遥感学院、广州大学-伯明翰大学服务业与城市发展联合研究中心副教授。

■ 新城新区建设与特殊经济功能区治理

一、问题的提出

在移民研究领域,分层同化理论(segmented assimilation theory)最早由阿列汗德罗·波斯特(Alejando Portes)和周敏(Min Zhou)提出:与经典同化理论认为同化的过程是直线的且移民可以随着时间的累积逐渐融入主流社会的观点不同,分层同化理论认为移民在融入东道国主流社会时存在路径和速度的差异①,且其更加注重移民的人力资本、家庭社会经济地位等因素以及东道国与来源国之间的相互作用。② 国际移民的类型较多且数量庞大,一大批在西方出生或长大的新生代移民虽已成年③,但这一群体仍普遍面临着社会经济的不平等及遭受主流社会排斥等问题。④ 鉴于新生代移民的异质性突出及社会对这一群体发展的关注等现实情况,新生代移民的社会融入及其代际的社会流动一直是学者们关注的重要主题。

值得注意的是,西方的移民研究更多关注的是国际移民群体,但在中国的本土语境下,相关研究则更加聚焦于乡—城移民及城—城移民群体。在中国的快速城市化进程与制度转型的过程中,农民工的城市融入水平普遍较低,且在融入的过程中存在明显的阻碍⑤:

---

① Alejandro Portes And Min Zhou, "Interminority Affairs in the U. S. : Pluralism at the Crossroads the New Second Generation: Segmented Assimilation and its Variants", *American Academy of Political and Social Science*, 1993, 530, pp.74-96.
② [美]周敏:《美国社会学与亚美研究学的跨学科构建:一个华裔学者的机缘、挑战和经验》,[美]郭南审译,中山大学出版社 2013 年版,第 26 页。
③ Syed Ali and Tineke Fokkema, "The Importance of Peers: Assimilation Patterns among Second-Generation Turkish Immigrants in Western Europe", *Journal of Ethnic and Migration Studies*, 2014, 41(3), pp.260-283.
④ Haley Mcavay, "How Durable are Ethnoracial Segregation and Spatial Disadvantage? Intergenerational Contextual Mobility in France", *Demography*, 2018, 55(4), pp.1507-1545.
⑤ 参见任翠英:《新型城镇化背景下新生代农民工社会融入问题研究》,兰州理工大学马克思主义基本原理专业硕士学位论文,2016 年。

农民工在经济、社会、文化和心理层面都与城市居民存在显著差距,具体表现为其收入水平、生活质量与就业层次偏低,其行为适应水平较低,社会资本匮乏,且普遍存在自我认知模糊、对所在城市的认同感和归属感不强等现实困境。① 农民工群体更面临代际更替的问题,更好地促进这一群体融入城市对于中国可持续的城市化与城市转型十分重要,因此,在中国的本土语境下关注新生代的农民工及乡—城移民十分必要。

在西方移民研究的语境中,学者们对于移民的"代际"进行了明确的定义:1965 年以前从国外移民到东道国的被认为是第一代移民;出生在东道国、父母在 1965 年后来到东道国的移民则被归为第二代移民;在国外出生但在 12 岁之前到达东道国并在东道国长大的为"1.5 代"移民。② 因此,在西方语境中,新生代移民主要指第一代移民的子女;而在中国的语境下,最常被探讨的新生代农民工则是"出生于 20 世纪 80 年代以后、在异地以非农就业为主的农业户籍人口"③,是依据年龄结构从农民工群体分离出的亚人群,④其包括但又不仅限于第一代农民工的子女。⑤ 因此,单从定

---

① 钱泽森、朱嘉晔:《农民工的城市融入:现状、变化趋势与影响因素——基于 2011—2015 年 29 省农民工家庭调查数据的研究》,《农业经济问题》2018 年第 6 期;张蕾、王燕:《新生代农民工城市融入水平及类型分析——以杭州市为例》,《农业经济问题》2013 年第 4 期;庄海茹、崔永军、孙中宁:《新生代农民工城市融入的体制机制问题研究》,《东北师大学报》(哲学社会科学版)2013 年第 5 期。

② Sheruni De Alwis, Nick Parr and Fei Guo, "Hyper-Selectivity of Immigrants and Generational Differences in Occupational Status: Evidence for Asian Groups in Australia", *Population, Space and Place*, 2022, 28(1), pp.1-16; Mary C. Waters, Van C. Tran, Philip Kasinitz, et al., "Segmented Assimilation Revisited: Types of Acculturation and Socioeconomic Mobility in Young Adulthood", *Ethnic and Racial Studies*, 2010, 33(7), pp.1168-1193.

③ 全国总工会新生代农民工问题课题组:《关于新生代农民工问题的研究报告(摘要)》,《中国职工教育》2010 年第 8 期。

④ 任翠英:《新型城镇化背景下新生代农民工社会融入问题研究》,兰州理工大学马克思主义原理专业硕士学位论文,2016 年,第 11 页;王新云:《外来务工青年志愿服务参与行为研究》,《当代青年研究》2018 年第 5 期。

⑤ Xiangming Leng, Min Zhong, Junling Xu, et al., "Falling Into the Second-Generation Decline? Evidence From the Intergenerational Differences in Social Identity of Rural-Urban Migrants in China", *SAGE Open*, 2020, 10(3), pp.1-18.

义上来看,中国语境下的新生代农民工及乡—城移民概念比西方的新生代移民概念更为宽泛。但与西方的新生代移民相似,中国语境下的新生代农民工及乡—城移民与老一代农民工及乡—城移民群体相比,在价值观和生活方式上存在较大的代际差异。① 目前,虽然已有少数学者开展相关探索②,但对相关理论的本土化应用以及对中国新生代移民及乡—城移民中亚人群间差异的研究仍十分不足。因此,要探讨中国语境下的新生代农民工与乡—城移民的城市融入及其更加细化的群体差异问题,分层同化理论具有重要的参考价值。基于此,本文提出聚焦分层同化理论的新生代移民相关研究,并进行系统性的综述与梳理是十分必要的。

本文尝试利用范围综述法对于将分层同化理论应用于新生代移民的相关研究进行系统梳理,主要包括以下几部分内容:第一部分提出本文的研究问题;第二部分介绍了本文的研究方法与数据来源;第三部分的结果分析则基于范围综述法的分析框架,针对分层同化理论的理论内涵、探讨已有研究如何对分层同化理论进行概念化与应用,并追踪其理论演进过程。与经典同化理论相比,分层同化理论更强调自变量间的关系以及迁入和迁出背景间的关系对于移民同化的影响,因此,本文对已有研究中对于同化的测度方法及其影响因素进行了总结,并对来源国和东道国之间的相互作用对移民同化所带来的影响进行了特别关注;最后基于以上分析,本文对分层同化理论未来的发展趋势以及该理论在中国语境下的应用前景进行了展望。

---

① 庄海茹、崔永军、孙中宁:《新生代农民工城市融入的体制机制问题研究》,《东北师大学报》(哲学社会科学版)2013年第5期。

② Pei-Chia Lan, "Segmented Incorporation: The Second Generation of Rural Migrants in Shanghai", *The China Quarterly* (*London*), 2014, 217(217), pp. 243-265; Xiangming Leng, Min Zhong, Junling Xu, et al., "Falling into the Second-Generation Decline? Evidence From the Intergenerational Differences in Social Identity of Rural-Urban Migrants in China", *SAGE Open*, 2020, 10(3), pp. 1-18.

二、研究方法与数据来源

(一) 研究方法与数据来源

分层同化是一个相对较新的理论,其所聚焦的移民同化问题往往涉及多个维度与方面,不仅较为复杂,也存在着不同学科和方法间的交叉。而范围综述法(scoping review)[①]的优势恰恰是能够快速地对某特定领域的研究进行梳理,尤其是针对较为复杂的议题,该方法能够为文献梳理提供相对严格且透明的流程[②],并且能够详细描述特定领域的研究结果和研究范围,以及确定已有文献的研究空白。[③] 因此,本文选取范围综述法对分层同化理论在新生代移民中的研究进行系统性的梳理。本文借鉴了由阿克西(Arksey)和奥玛利(O'Malley)提出的范围综述法的分析框架,主要包括五个步骤:(1)确定研究问题;(2)确定相关研究;(3)选择纳入评价的研究;(4)数据制图;(5)对研究成果进行汇总和归纳。[④] 并且在实施时以迭代的方式不断重复上述步骤,以尽量确保综述的全面性。

在数据来源上,本文主要选取了中国知网(CNKI)、Web of Science 和 SAGE 三个代表性的检索系统,以这些数据库包含的将分层同化理论应用于新生代移民的研究作为分析对象,依照范围

[①] Hilary Arksey and Lisa O'Malley, "Scoping Studies: Towards a Methodological Framework", *International Journal of Social Research Methodology*, 2005, 8(1), pp. 19-32.

[②] See Nicholas Barron Mays, E. Roberts and Jennie Popay, "Synthesising Research Evidence", *Routledge*, 2001; Micah D. J. Peters, Christina M. Godfrey, Hanan Khalil, et al., "Guidance for Conducting Systematic Scoping Reviews", *International Journal of Evidence-Based Healthcare*, 2015, 13(3), pp. 141-146.

[③] Elliott M. Antman, "A Comparison of Results of Meta-Analyses of Randomized Control Trials and Recommendations of Clinical Experts", *Jama*, 1992, 268(2), pp. 240-248.

[④] Hilary Arksey and Lisa O'Malley, "Scoping Studies: Towards a Methodological Framework", *International Journal of Social Research Methodology*, 2005, 8(1), pp. 19-32.

综述法的步骤分别对相关中英文文献进行了检索和统计。

（二）搜索策略、相关性和资格筛选

首先,以"分层同化理论""多向分层同化理论""新生代移民""新生代农民工""新生代乡—城移民"为关键词在 CNKI 进行检索以获得中文文献;同时,以"segmented assimilation""second generation"和"new generation"为关键词在 Web of Science 和 SAGE 进行检索。具体的文献筛选流程如图 1 所示,相关数据库的检索工作于 2022 年 5 月完成。初步检索获取了 102 篇文献,在删除 7 篇重复的文献后,剩余 95 篇文献。

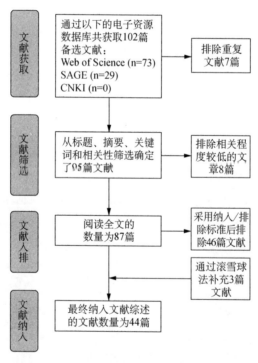

图 1　基于 PRISMA 的分层同化理论综述流程图

接着,通过阅读文献的标题、摘要与关键词,本文对所获取的

95篇文献进行了相关性的进一步筛选,在排除了相关程度较低的8篇文献后,剩余87篇文献。其后,通过对该87篇文献进行全文阅读,并基于纳入排除标准(表1)进行进一步的筛选,共有41篇文献通过了筛选。在文献阅读过程中,又通过滚雪球法补充了在前述阶段未从电子数据库检索出的3篇相关文献,最终得到44篇文献进入后续的分析、数据制图与总结步骤。

表1 入选排除标准

入选标准	排除标准
·日期:1993—2022年 ·1993年被定为最早的日期,因为分层同化理论是波斯特和周敏于1993年提出	·语言(非中文和英文排除) ·新闻、会议、书籍 ·探讨对象不是以新生代移民为主 ·并未重点对分层同化理论进行探讨

在分析、数据制图与总结步骤时,在文献综述的基础上,特别考虑到分层同化理论的理论内涵与相关研究所探讨的关键议题,本文将要梳理与汇总分析的关键问题设定为:(1)相关文献的一般特征;(2)已有研究如何对分层同化理论进行概念化与应用;(3)已有研究对同化的测度方法及其影响因素;(4)已有研究如何理解来源国和东道国的关系。

随后,通过对最终获得的44篇文献进行全文精读,依据数据提取表(表2)提取出每篇文献的相关信息并进行综合整理与后续分析。

表2 数据提取表

关注的问题	具体条目
(1)文献的一般特征	文献题目
	案例地所在国家
	年份
	研究背景

（续表）

关注的问题	具体条目
（2）已有研究如何对分层同化理论进行概念化与应用	分层同化理论的定义
	分层同化理论的优势和缺点
	与此相关的其他概念
	研究目的
	研究发现
（3）已有研究对同化的测度方法及其影响因素	用什么因素表征移民的同化
	移民的同化指的是什么层面的同化
	研究关注什么人群
	研究的数据来源类型
	因变量有哪些
	自变量有哪些
	哪些是重要的影响因素
（4）已有研究如何理解来源国和东道国的关系	用什么来表征来源国与东道国的关系
	来源国因素如何影响移民的同化
	东道国因素如何影响移民的同化

三、结果分析

本文将从文章总体特征和数据提取表中的主要问题对最终形成的44篇文献进行分析。

（一）文章的总体特征

从对最终选取的44篇文献的分析来看，分层同化理论被运用在移民学、人类学、社会学和医学等多个学科领域。其中，对新生代移民的研究成果以英文文献为主,且从文献案例地的所在国家数量来看,美国 28 篇、欧洲 11 篇(含英国、比利时、荷兰等)①、澳大利亚 1 篇、中国 2 篇,由此可知已有的研究区域主要集中在欧美,全球南方区域尚未得到充分关注,在中国语境下研究的代表性还十分有限。从已有文献的研究对象来看,群体差异较大(图 2):既有广泛的移民群体,也有特定族裔的移民群体,如华裔、韩裔、拉丁裔、西班牙裔、墨西哥裔和非洲裔等。还有研究从性别差异出发,聚焦老挝女性及广泛移民群体中的男性。② 此外,还有学者聚

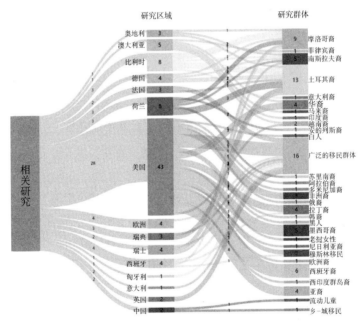

图 2　相关研究的研究区域与对应人群分布

---

① 此处以大洲为统计标准,主要是因为在部分欧洲的研究中涉及多个国家。
② See Bindi Shah, "Being Young, Female and Laotian: Ethnicity as Social Capital at the Intersection of Gender, Generation, 'Race' and Age", *Ethnic and Racial Studies*, 2007, 30(1); Sookhee Oh, Pyong G. Min, "Generation and Earnings Patterns among Chinese, Filipino, and Korean Americans in New York", *International Migration Review*, 2011, 45(4), pp.852-871.

焦特定宗教,例如关注穆斯林移民①,或以年龄结构划分的移民儿童。② 从研究区域与研究群体的联系来看,以美国为案例区域的研究涉及的移民群体最为多元和复杂,以欧洲国家为案例区域涉及的群体则以土耳其裔和摩洛哥裔等其他欧洲移民为主。总体上,已有研究主要围绕国际移民进行讨论,较少关注本国境内的移民群体,只有少部分基于中国的研究关注到中国农民工及乡—城移民。③

(二)分层同化的概念缘起与理论演进

移民的同化问题一直受到学术界的广泛关注。罗伯特·帕克(Robert E. Park)认为移民在经济和文化层面的同化是一种随着时间的推移逐渐强化的线性过程,主要包括接触、竞争、适应和融合四个阶段④,并且在同化的过程中移民需要抛弃自身文化⑤,具体表现为在语言使用、居住和通婚模式等方面表现出更弱的种族独特性。

随着社会的多样性逐渐被美国的主流社会所承认,多元文化主义鼓励文化的多样性,认为少数族裔的文化有其正当性和价值,并且对美国文化的多元化作出贡献。⑥ 越来越多的移民和少数族

---

① Amin Asfari and Anas Askar, "Understanding Muslim Assimilation in America: An Exploratory Assessment of First & Second-Generation Muslims Using Segmented Assimilation Theory", *Journal of Muslim Minority Affairs*, 2020, 40(2), pp.217-234.

② Pei-Chia Lan, "Segmented Incorporation: The Second Generation of Rural Migrants in Shanghai", *The China Quarterly* (*London*), 2014, 217(217), pp.243-265.

③ Pei-Chia Lan, "Segmented Incorporation: The Second Generation of Rural Migrants in Shanghai", *The China Quarterly* (*London*), 2014, 217(217), pp.243-265; Xiangming Leng, Min Zhong, Junling Xu, et al., "Falling into the Second-Generation Decline? Evidence From the Intergenerational Differences in Social Identity of Rural-Urban Migrants in China", *SAGE Open*, 2020, 10(3), pp.1-18.

④ Herbert J. Gans, "Comment: Ethnic Invention and Acculturation, A Bumpy-Line Approach", *Journal of American Ethnic History*, 1992, 12(1), pp.42-52;[美]米尔顿·M.戈登:《美国生活中的同化:种族、宗教和族源的角色》,马戎译,译林出版社2015年版,第55—64页。

⑤ [美]周敏:《美国社会学与亚美研究学的跨学科构建:一个华裔学者的机缘、挑战和经验》,[美]郭南审译,中山大学出版社2013年版,第21页。

⑥ 伍斌:《当代美国外来移民融入主流社会的困境》,《民族研究》2019年第2期。

裔群体通过建立族裔社区保持自身文化传统和观念等种族独特性。① 在移民同化的过程中,不同移民的经济发展状况和他们对自身文化的态度存在差异,且在同化过程中存在制度障碍,这些因素共同阻碍或延迟了移民群体的同化进程②,从而导致移民的同化进程出现了群体间的差异。③ 在此背景下,基于多元文化主义,波斯特和周敏提出了分层同化理论及其相关概念④,这一理论其后成为解释移民同化过程和结果差异的代表性理论之一。分层同化理论的提出,标志着移民同化路径的理论假设从单向线性转向了多向与多层次,其中心议题也由"新生代移民是否能融入主流社会"转变成"他们将会融入社会的哪一个阶层"。⑤

分层同化理论着重分析移民群体之间的同化差异,并从种族与社会经济特性两个方面来说明这一差异的成因⑥,在这一理论视角下,移民的同化过程可分为三种不同的模式。⑦ 第一种模式

---

① 崔卓缘:《周敏移民社会适应思想研究——以"多向分层同化理论"为中心》,上海师范大学都市文化学专业硕士学位论文,2018年,第4—5页。
② See Bean Frank D, Gillian Stevens, *America's Newcomers and the Dynamics of Diversity*, New York: Russell Sage Foundation, 2003.
③ See Warner, William Lloyd and Leo Srole, *The Social Systems of American Ethnic Groups*, New Haven: Yale University Press, 1945; Marjorie C. Meehan, "Beyond the Melting Pot. The Negroes, Puerto Ricans, Jews, Italians, and Irish of New York City", *JAMA the Journal of the American Medical Association*, 1963, 186(11), p.1027.
④ Alejandro Portes and Min Zhou, "Interminority Affairs in the U.S.: Pluralism at the Crossroads the New Second Generation: Segmented Assimilation and its Variants", *American Academy of Political and Social Science*, 1993, 530, pp.74-96.
⑤ [美]周敏:《美国社会学与亚美研究学的跨学科构建:一个华裔学者的机缘、挑战和经验》,[美]郭南审译,中山大学出版社2013年版,第26页。
⑥ Mary C. Waters, Van C. Tran, Philip Kasinitz, et al., "Segmented Assimilation Revisited: Types of Acculturation and Socioeconomic Mobility in Young Adulthood", *Ethnic and Racial Studies*, 2010, 33(7), pp.1168-1193; Maurice Crul, "Super-Diversity vs. Assimilation: How Complex Diversity in Majority-Minority Cities Challenges the Assumptions of Assimilation", *Journal of Ethnic and Migration Studies*, 2016, 42(1), pp.54-68.
⑦ Alejandro Portes and Min Zhou, "Interminority Affairs in the U.S.: Pluralism at the Crossroads the New Second Generation: Segmented Assimilation and its Variants", *American Academy of Political and Social Science*, 1993, 530, pp.74-96; Min Zhou, "Segmented Assimilation: Issues, Controversies, and Recent Research on the New Second Generation", *International Migration Review*, 1997, 31(4), pp.975-1008.

为"向上同化"(the classical upward-mobility pattern)模式,这种模式与经典同化理论的观点相似,指出随着时间的推移,移民通过经济和文化的融合抛弃自身的文化特色,自然地融入美国中产阶级的主流社会中。第二种模式是移民"通过族裔社区的向上同化"(the ethnic upward-mobility pattern)模式,这种模式认为族裔社区是移民融入当地社会过程中的重要因素,一些移民利用族裔社区中的社会和经济资本融入东道国的主流社会,同时有选择性地保留了本族裔的文化特征,而那些已经融入东道国主流社会的移民则丰富了所在族裔社区的社会和经济资本,进而可以帮助其他移民融入东道国社会。第三种模式是"向下同化"(the downward-mobility pattern)模式,这种模式认为在移民融入东道国的过程中,结构性障碍的存在或移民受到"向下风险"(如早婚、吸毒、入狱等)的影响,导致移民融入东道国的底层社会。值得注意的是,分层同化理论对主流社会的定义是"受种族分层和阶级分层制度影响的社会体系"[①],"底层社会"是一个不符合中产阶层的物质和文化标准的相对概念,在物质上体现为移民居住地位于城市边缘或落后地带,在文化上则表现为移民融入东道国社会的亚文化之中。[②]

此外,部分学者也尝试对分层同化理论进行新的演绎。例如,有学者为了更好地说明新生代移民在学校的同化过程,基于分层同化理论将学校的迁入背景因素细化为政府、社会、族裔三个层面。其中,政府层面指学校和区域的行政政策对移民的接受程度,社会层面指学校的(本地)白人教师和学生是否歧视移民,族裔层面指学

---

① [美]周敏:《美国社会学与亚美研究学的跨学科构建:一个华裔学者的机缘、挑战和经验》,[美]郭南审译,中山大学出版社2013年版,第25页。
② 崔卓缘:《周敏移民社会适应思想研究——以"多向分层同化理论"为中心》,上海师范大学都市文化学专业硕士学位论文,2018年,第37—38页。

校内部的移民网络对移民学生融入的支持的情况。① 基于澳大利亚的亚裔移民的研究提出,应在分层同化理论的基础上增加"超选择性分化"(hyper-selective differentiation)②的新类别来更好地描述澳大利亚第1.5代和第二代亚裔的职业成就高于其他世代移民的现象。也有学者运用分层同化理论建立了一个新的分析框架——分段合并(segmented Incorporation)③,并用其来解释中国农民工子女虽然能够通过制度融入的方式进入城市学校,但却由于文化融入的差异而导致不同的同化途径。

分层同化理论强调族裔间的差异性,有助于了解不同世代和族裔移民间的同化差异。但有学者认为向上和向下同化的两种模式过于两极对立④,向下同化的说法是对某些族裔的歧视。⑤ 因此,与分层同化理论不同,有学者提出的新同化理论则更加乐观地认为,随着技术进步和接受环境的改善,主流社会也会发生改变,所有移民后代最终都会实现同化,并比他们的父辈表现得更好。⑥

---

① Erin Michaels, "New Immigrant Destinations in Small-Town America: Mexican American Youth in Junior High", *Journal of Contemporary Ethnography*, 2014, 43(6), pp.720-745.

② Sheruni De Alwis, Nick Parr and Fei Guo, "Hyper-Selectivity of Immigrants and Generational Differences in Occupational Status: Evidence for Asian Groups in Australia", *Population, Space and Place*, 2022, 28(1), pp.1-16.

③ Pei-Chia Lan, "Segmented Incorporation: The Second Generation of Rural Migrants in Shanghai", *The China Quarterly (London)*, 2014, 217(217), pp.243-265.

④ Haley Mcavay, "How Durable are Ethnoracial Segregation and Spatial Disadvantage? Intergenerational Contextual Mobility in France", *Demography*, 2018, 55(4), pp.1507-1545.

⑤ Roger Waldinger, Nelson Lim and David Cort, "Bad Jobs, Good Jobs, No Jobs? The Employment Experience of the Mexican American Second Generation", *Journal of Ethnic and Migration Studies*, 2007, 33(1), pp.1-35.

⑥ See Richard Alba, Philip Kasinitz and Mary C. Waters, "The Kids are (Mostly) Alright: Second-Generation Assimilation: Comments on Haller, Portes and Lynch", *Social Forces*, 2011, 89(3); Richard Victor and Nee Alba, *Remaking the American Mainstream: Assimilation and Contemporary Immigration*, Cambridge: Harvard University Press, 2003, pp.11-13.

(三)同化的测度方法与影响因素

通过对所选取的 44 篇文献进行分析,我们发现已有研究主要从文化层面、经济层面、健康福祉层面、居住层面、个体活动层面和社会层面等来测度分层同化(图 3)。其中,文化层面的测度指标主要包括移民的受教育程度、其在校的学业成就,其对东道国(地)的社会认同程度和其对东道国(地)的政治信任程度(移民对东道国议会、法律制度、警察和政治家的信任程度)等。对于文化层面所强调的文化适应的测度指标,主要包括移民对来源国语言的熟练程度、其是否收看族裔节目、对东道国的归属感、是否打算返回

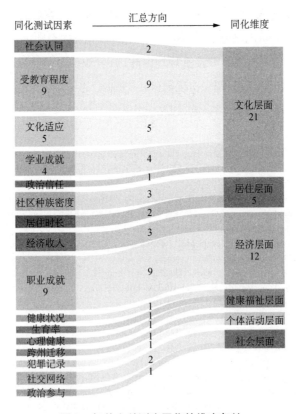

图 3 相关文献测度同化的维度归纳

来源国发展、宗教信仰等。经济层面的测度指标主要包括移民的职业成就与经济收入。健康福祉层面则更加关注移民的心理健康、移民儿童的健康状况以及移民的生育模式等。居住层面则普遍关注移民所居住社区的种族密度和移民在东道国的居住时长。个体活动层面则主要通过个人是否进行跨州迁移和移民的犯罪记录来进行测度。社会层面则重点关注移民在东道国的政治参与程度与社交网络。从研究数量的分布来看，已有的相关研究更多地将关注的重点聚焦在移民的文化和经济两个关键层面的同化过程。

从所使用的数据来看，已有的相关实证研究既有基于定量数据的，也有基于定性数据的。其中，仅有少量研究运用了访谈和民族志等定性数据，更多的研究主要基于各类型的普查与社会调查数据。定量数据以各国的人口统计数据、住房普查数据、移民儿童纵向研究数据、洛杉矶大都会移民和代际流动性调查数据为主，这些数据普遍具备以下特征：巨大的样本量、能有效识别移民的出生地和世代属性以及有效表征移民的社会经济属性。纵向数据（如移民儿童纵向数据）因能够随时间追踪个体和集体的变化，并在变量之间建立因果关系的优势，成为多数研究所依据数据集的首选。部分研究数据则针对某一主题进行重点关注，例如欧洲社会调查特别关注移民受歧视的情况，全美儿童健康调查则重点关注移民的健康状况。

对于移民分层同化的影响因素，基于对44篇相关文献的分析结果，本文将影响移民分层同化的因素归纳为四个维度：个体维度、家庭维度、迁入背景维度和迁出背景维度（图4）。

在个体维度下，移民融入的影响因素主要包括人口特征和文化特征两部分。人口特征主要包括年龄、性别、种族、代际属性、向下风险等方面。其中，年龄是影响融入的关键因素之一，例如，有研究表明30岁以下的南亚穆斯林移民更有可能坚持自己的文化

■ 新城新区建设与特殊经济功能区治理

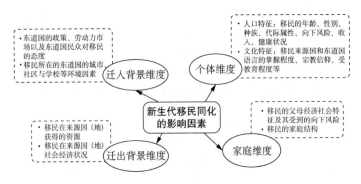

图4 相关研究中移民分层同化的影响因素

特征,并脱离主流文化,30岁以上的则恰恰相反。① 与年龄较大的群体相比,年轻的移民可能获得更多来自父母的教育支持,而这将有利于同化。② 并且,移民的年龄还通过影响他们的工作年限、代际类别等关键属性而起作用。性别差异则主要体现在移民的经济同化和其所受的向下同化风险上,例如,有研究发现二代非裔女性的经济收入比男性高③,逮捕和监禁则主要针对男性,而未婚生子和早婚对女性向下同化的影响则更明显。同时,向下同化的风险因素不仅会阻碍移民个人的同化,也会对族裔社区产生短期与长期的负面影响。④ 在分层同化的分析中,移民的种族属性差异与代际差异往往作为分析基本的单元组别,而其影响主要表现在移

---

① Syed Muhammad Basit Ali, "Understanding Acculturation Among Second-Generation South Asian Muslims in the United States", *Contributions to Indian Sociology*, 2008, 42(3), pp.383-411.

② Maurice Crul, "Super-Diversity vs. Assimilation: How Complex Diversity in Majority-Minority Cities Challenges the Assumptions of Assimilation", *Journal of Ethnic and Migration Studies*, 2016, 42(1), pp.54-68.

③ Arthur Sakamoto, Hyeyoung Woo and Changhwan Kim, "Does an Immigrant Background Ameliorate Racial Disadvantage? The Socioeconomic Attainments of Second-Generation African Americans1", *Sociological Forum* (Randolph, N.J.), 2010, 25(1), pp.123-146.

④ Rubén G. Rumbaut, "The Coming of the Second Generation: Immigration and Ethnic Mobility in Southern California", *The Annals of the American Academy of Political and Social Science*, 2008, 620(1), pp.196-236.

民的职业、收入以及文化适应上。有研究指出,与欧洲的第二代移民相比,第一代移民对东道国的政治信任程度更容易受社会歧视的影响。① 在健康层面也存在代际差异,有学者发现,美国第三代以后的非裔和西班牙裔儿童的疾病发病率都高于上一代。② 部分研究结果表明,与父母相比,在美国的所有二代移民在教育成就上都有所进步。③ 除了代际差异,移民的同化也存在明显的族裔差异,例如,有研究指出,1.5代的华裔和菲律宾裔美国工人的收入明显高于第二代移民工人,但1.5代的韩裔则并没有体现这一相似的优势④;而1.5代的墨西哥裔移民在向上同化的过程中存在"天花板效应"。⑤ 影响移民同化的文化因素,主要包括移民的来源国语言、其东道国语言的能力及宗教信仰。其中,移民对来源国的语言的掌握被认为反映了移民保留民族文化和身份认同的程度,而移民对东道国的语言的掌握程度被普遍认为对二代移民的受教育程度产生积极影响,有研究表明,移民拥有良好的双语能力有利于他们的经济同化。⑥ 在宗教方面,一方面,有学者发现移民

---

① Hoi Ok Jeong, "A New Typology of Perceived Discrimination and its Relationship to Immigrants' Political Trust", *Polish Sociological Review*, 2016, 194(2), pp. 209-226.

② Erin Hamilton, Jodi Berger Cardoso, Robert A. Hummer et al., "Assimilation and Emerging Health Disparities among New Generations of U. S. Children", *Demographic Research*, 2011, 25, pp. 783-818.

③ Rubén G. Rumbaut, "The Coming of the Second Generation: Immigration and Ethnic Mobility in Southern California", *The Annals of the American Academy of Political and Social Science*, 2008, 620(1), pp. 196-236; Katerina Bodovski and Rachel E. Durham, "Parental Practices and Achievement of Mexican and Chinese Immigrant Children in the USA: Assimilation Patterns?", *Research in Comparative and International Education*, 2010, 5 (2), pp. 156-175.

④ Sookhee Oh and Pyong G. Min, "Generation and Earnings Patterns among Chinese, Filipino, and Korean Americans in New York", *International Migration Review*, 2011, 45(4), pp. 852-871.

⑤ Georgina Rojas-García, "Transitioning from School to Work as A Mexican 1.5er Upward Mobility and Glass-Ceiling Assimilation among College Students in California", *The Annals of the American Academy of Political and Social Science*, 2013, 648(1), pp. 87-101.

⑥ Mark Ellis and Jamie Goodwin-White, "1.5 Generation Internal Migration in the U. S.: Dispersion from States of Immigration?", *International Migration Review*, 2006, 40 (4), pp. 899-926.

对于自身穆斯林的宗教信仰认同程度越高,则越反对美国文化,而难以融入主流社会①;另一方面,有研究则表明,参与宗教活动有助于加强移民间的联系与交往,进而增加他们的社会资本,有利于他们的同化。②

家庭因素对新生代移民的同化起着至关重要的作用。③ 有研究表明,父母的社会经济地位、法律地位、受教育程度均对二代移民的同化具有显著的正向影响④,双亲家庭的父母可以对其子代移民进行更恰当的监管,从而减少其向下同化风险的发生。⑤ 父母有早婚和被监禁的经历则对二代移民的教育成就具有显著的消极影响。可见,父母对教育的支持和期望可显著地促进二代移民的同化,但这往往取决于良好的家庭经济状况。⑥ 并且,移民父母可以根据其家庭所处的迁入地的社会背景来调节其子代移民的融

---

① Amin Asfari and Anas Askar, "Understanding Muslim Assimilation in America: An Exploratory Assessment of First & Second-Generation Muslims Using Segmented Assimilation Theory", *Journal of Muslim Minority Affairs*, 2020, 40(2), pp.217-234; Jordi Collet-Sabé, "Religious Discrimination in Young Muslim Assimilation in Spain: Contributions to Portes and Rumbaut's Segmented Assimilation Theory", *Social Compass*, 2020, 67(4), pp.599-616.

② R. Stephen Warner, "The Role of Religion in the Process of Segmented Assimilation", *The Annals of the American Academy of Political and Social Science*, 2007, 612(1), pp.100-115.

③ [美]周敏:《美国社会学与亚美研究学的跨学科构建:一个华裔学者的机缘、挑战和经验》,[美]郭南审译,中山大学出版社2013年版,第29页。

④ Syed Ali and Tineke Fokkema, "The Importance of Peers: Assimilation Patterns among Second-Generation Turkish Immigrants in Western Europe", *Journal of Ethnic and Migration Studies*, 2014, 41(2), pp.260-283.

⑤ Alejandro Portes and Patricia Fernández-Kelly, "No Margin for Error: Educational and Occupational Achievement among Disadvantaged Children of Immigrants", *The Annals of the American Academy of Political and Social Science*, 2008, 620(1), pp.12-36.

⑥ Min Zhou, Jennifer Lee, Jody Agius Vallejo, et al., "Success Attained, Deterred, and Denied: Divergent Pathways to Social Mobility in Los Angeles's New Second Generation", *The Annals of the American Academy of Political and Social Science*, 2008, 1(620), pp.37-61.

入行为,从而避免新生代移民向下同化风险的发生。①

分层同化理论认为,移民同化路径的差异是由该个人或群体迁出与迁入背景间的互动而造成的——迁入和迁出背景可成为二代移民融入的地理制约因素。② 其中,迁出背景主要指移民在来源国所拥有的资源和其在来源国的社会经济状况,例如,有研究发现,二代移民所在的城市劳动力市场需求越大,他们进行州际移民的可能性越低③;迁入背景主要指东道国对移民的接受环境,其与东道国的政策、劳动力市场以及东道国民众对移民的态度密切相关。由于东道国劳动市场准入条件的限制,移民在来源国所获得的教育证书在东道国往往难以得到承认,导致他们在短期内的经济同化低于当地人④,因而,拥有东道国公民身份和遭受歧视的经历往往会促进移民积极参与政治活动。⑤ 此外,有研究表明,移民的同化进程与东道国的城市与社区的物质、社会条件相关;与乡村相比,城市经济在规模、活力和多样性等方面均具有优势。有学者发现城市为第二代土耳其移民的经济同化创造了机遇⑥,但有学者通过比较不同城市第二代土耳其移民的同化情况,进一步发现

---

① Yu Xie and Emily Greenman, "The Social Context of Assimilation: Testing Implications of Segmented Assimilation Theory", *Social Science Research*, 2011, 40(3), pp.965-984.

② [美]周敏:《美国社会学与亚美研究学的跨学科构建:一个华裔学者的机缘、挑战和经验》,[美]郭南审译,中山大学出版社 2013 年版,第 26 页。

③ Jamie Goodwin-White, "Emerging Contexts of Second-Generation Labour Markets in the United States", *Journal of Ethnic and Migration Studies*, 2009, 35(7), pp.1105-1128.

④ Gabriele Ballarino and Nazareno Panichella, "The Occupational Integration of Male Migrants in Western European Countries: Assimilation or Persistent Disadvantage?", *International Migration*, 2015, 53(2), pp.338-352.

⑤ Katia Pilati, "Gaps in Protest Activities Between Natives and Individuals of Migrant Origin in Europe", Acta Sociologica, 2018, 61(2), pp.105-123.

⑥ Karen Phalet and Anthony Heath, "From Ethnic Boundaries to Ethnic Penalties: Urban Economies and the Turkish Second Generation", *American Behavioral Scientist*, 2010, 53(12), pp.1824-1850.

不同城市对移民同化的作用存在差异,例如,在斯德哥尔摩的二代土耳其移民向上同化的趋势普遍更为突出,而在柏林的同化趋势则更多是停滞不前或向下同化。① 在社区层面,不稳定的邻里关系和较低的社区经济社会水平被认为对移民的中学教育完成率有消极作用②,而学校又是第二代移民教育成果与人力资本形成的关键场所,因而是社区层面因素而非学校的社会经济地位对二代移民的向下同化产生直接影响。③

为了提高分层同化理论的解释力,学者们认为有必要在已有研究的基础上增加一些特定变量。例如,有研究探讨同伴因素在移民同化过程中的作用,发现二代移民的朋友所具备的教育水平、本地朋友的数量以及其所就读中学的本地人的比例对移民的向上同化有正向影响④,但拥有帮派中的兄弟姐妹或同龄人朋友,则对二代移民的同化有负面影响。⑤ 在歧视这一变量上,以往的研究更多地关注移民是否受到歧视,但实际上,移民所受到的歧视往往体现在多个具体方面,因此,有学者认为还需要特别关注移民个体受

---

① Mark Ellis and Jamie Goodwin-White, "1.5 Generation Internal Migration in the U.S.: Dispersion from States of Immigration?", *International Migration Review*, 2006, 40 (4), pp. 899-926; Maurice Crul, "Super-Diversity vs. Assimilation: How Complex Diversity in Majority-Minority Cities Challenges the Assumptions of Assimilation", *Journal of Ethnic and Migration Studies*, 2016, 42(1), pp.54-68.

② Fenella Fleischmann, Karen Phalet, Karel Neels, et al., "Contextualizing Ethnic Educational Inequality: The Role of Stability and Quality of Neighborhoods and Ethnic Density in Second-Generation Attainment", *International Migration Review*, 2011, 45(2), pp.386-425.

③ Demetra Kalogrides, "Generational Status and Academic Achievement among Latino High School Students: Evaluating the Segmented Assimilation Theory", *Sociological Perspectives*, 2009, 52(2), pp. 159-183; Christina J. Diaz, "Educational Expectations among Immigrant Youth: Links to Segmented Assimilation and School Context", *Social Currents*, 2020, 7(3), pp.52-278.

④ Syed Ali and Tineke Fokkema, "The Importance of Peers: Assimilation Patterns among Second-Generation Turkish Immigrants in Western Europe", *Journal of Ethnic and Migration Studies*, 2014, 41(2), pp. 260-283.

⑤ Bianca E. Bersani, "A Game of Catch-Up? The Offending Experience of Second-Generation Immigrants", *Crime & Delinquency*, 2014, 60(1), pp.60-84.

到的具体歧视对其同化的影响。① 此外,以往研究中所涉及的变量表明其更多地关注移民同化的族裔差异,而同一经济阶层和族裔群体中的个体同化差异仍未受到广泛关注。② 分层同化理论虽承认二代移民的同化受到迁入和迁出背景因素的影响,但以往的研究普遍忽视了具体的地方性因素和其所在的本土语境对同化所产生的重要性。③

(四)来源国与东道国的相互作用

分层同化理论指出,移民的不同同化路径和同化结果受到来源国和东道国因素的相互作用的影响。已有研究从国家—城市、文化和族裔社区三个层面来表征来源国与东道国的关系。国家—城市层面指的是来源国和东道国之间国家或者城市的社会经济状况,文化层面则主要包括移民的宗教信仰、其东道国语言水平,而族裔社区层面则主要包括移民所在的社区关系与社区的社会经济条件。

在国家—城市层面上,有研究发现来源国的净移民率与移民对东道国的政治信任水平呈正相关,且有利于融入东道国。④ 也有学者研究东道国的在地组织对老挝女性移民的作用,发现老挝女性移民参与的融入项目为第二代老挝人和父母创造了融入东道国社会的机会和社会网络;且参与项目的经历让她们更积极地参与

---

① Hoi Ok Jeong, "A New Typology of Perceived Discrimination and its Relationship to Immigrants' Political Trust", *Polish Sociological Review*, 2016, 194(2), pp.209-226.

② Syed Ali and Tineke Fokkema, "The Importance of Peers: Assimilation Patterns among Second-Generation Turkish Immigrants in Western Europe", *Journal of Ethnic and Migration Studies*, 2014, 41(2), pp.260-283.

③ Mark Ellis and Jamie Goodwin-White, "1.5 Generation Internal Migration in the U.S.: Dispersion from States of Immigration?", *International Migration Review*, 2006, 40(4), pp.899-926.

④ Hoi Ok Jeong, "A New Typology of Perceived Discrimination and its Relationship to Immigrants' Political Trust", *Polish Sociological Review*, 2016, 194(2), pp.209-226.

社区决策,进而提高她们的教育质量并改善她们的物质生活水平。①

在文化层面上,研究发现移民的同化不仅会受到来源国社会经济状况的影响,也与其自身所保存的民族文化特征有关。② 移民从来源国获得的文化记忆和技能有利于移民向上同化。③ 例如,1.5 代的华裔美国人可以将他们的双语和双文化背景转换成收入的优势。④ 此外,当来源国的文化与东道国的文化存在较大差异时,移民的同化进程往往会受阻。自"9·11 事件"以来,穆斯林移民逐渐受到美国主流社会的排斥,这使得当移民对其穆斯林身份的认同感越强就越容易将自己和美国(东道国)的关系对立起来,而这不利于他们的同化。⑤ 也有研究指出,长时间生活在东道国有害的社会经济和环境条件下,会导致移民(及其后代)的健康状况恶化,健康模式是在不同世代的种族和民族认同下所形成的。⑥ 当来源国与东道国文化的冲突较小时,移民群体可以通过其自身的文

---

① Bindi Shah, "Being Young, Female and Laotian: Ethnicity as Social Capital at the Intersection of Gender, Generation, 'Race' and Age", *Ethnic and Racial Studies*, 2007, 30(1), pp. 28-50.

② Syed Muhammad Basit Ali, "Understanding Acculturation Among Second-Generation South Asian Muslims in the United States", *Contributions to Indian Sociology*, 2008, 42(3), pp. 383-411; Dialika Sall, "Selective Acculturation Among Low-Income Second-Generation West Africans", *Journal of Ethnic and Migration Studies*, 2020, 46(11), pp. 2199-2217.

③ Alejandro Portes, Patricia Fernández-Kelly and William Haller, "The Adaptation of the Immigrant Second Generation in America: A Theoretical Overview and Recent Evidence", *Journal of Ethnic and Migration Studies*, 2009, 35(7), pp. 1077-1104.

④ Sookhee Oh and Pyong G. Min, "Generation and Earnings Patterns among Chinese, Filipino, and Korean Americans in New York", *International Migration Review*, 2011, 45(4), pp. 852-871.

⑤ Amin Asfari and Anas Askar, "Understanding Muslim Assimilation in America: An Exploratory Assessment of First & Second-Generation Muslims Using Segmented Assimilation Theory", *Journal of Muslim Minority Affairs*, 2020, 40(2), pp. 217-234.

⑥ Erin Hamilton, Jodi Berger Cardoso, Robert A. Hummer, et al., "Assimilation and Emerging Health Disparities Among New Generations of U. S. Children", *Demographic Research*, 2011, 25, pp. 783-818.

化特性有选择地与东道国的社会文化进行融合和发展,这不仅丰富了东道国的文化,而且他们能够利用这种文化来融入主流社会。①

在族裔社区层面上,族裔社区被认为兼具了东道国和来源国的双重属性。一方面,在物理空间上,族裔社区位于东道国,因此,受到东道国的移民安置政策、当地居民接纳程度、城市规模等因素影响;另一方面,族裔社区中也保留着与来源国紧密联系的文化、社会网络和组织。因此,族裔社区可以看作一种受到来源国和东道国相互作用下的产物。分层同化理论十分关注族裔社区在移民同化过程中的作用,但对于族裔社区对移民同化的影响是正面还是负面,目前仍然存在争论。有学者指出,移民可以从族裔经济中获益,这带来了正面的影响。② 也有学者发现,参与族裔社区的活动有利于所有世代的阿拉伯裔美国人减轻心理压力,且保持积极的跨境联系(cross-border ties)有利于提高其第三代阿拉伯裔的幸福感。③ 但有一些学者提出,族裔社区的正面作用是具有约束条件的:族裔社区对第二代移民教育成就的积极作用除了取决于邻里的稳定性、其物质环境质量和种族密度④,还取决于其社会经济条件及移民接受教育的期望程度。⑤ 族裔社区的资源既为移民的

---

① Dialika Sall, "Selective Acculturation among Low-Income Second-Generation West Africans", *Journal of Ethnic and Migration Studies*, 2020, 46(11), pp.2199-2217.

② Sookhee Oh and Pyong G. Min, "Generation and Earnings Patterns among Chinese, Filipino, and Korean Americans in New York", *International Migration Review*, 2011, 45(4), pp.852-871.

③ Goleen Samari, "Cross-Border Ties and Arab American Mental Health", *Social Science & Medicine*, 2016, 155, pp.93-101.

④ Fenella Fleischmann, Karen Phalet, Karel Neels, et al., "Contextualizing Ethnic Educational Inequality: The Role of Stability and Quality of Neighborhoods and Ethnic Density in Second-Generation Attainment", *International Migration Review*, 2011, 45(2), pp.386-425.

⑤ Clemens Kroneberg, "Exceptional Outcomes: Achievement in Education and Employment among Children of Immigrants Ethnic Communities and School Performance among the New Second Generation in the United States: Testing the Theory of Segmented Assimilation", *Annals of the American Academy of Political and Social Science*, 2008(620), pp.138-160.

向上同化奠定了基础,又会使二代移民的社会网络与资源被束缚于族群经济之中。此外,族裔社区中的权力关系和族裔特定的文化观念也可能会妨碍第二代移民融入主流社会。因此,有学者认为,加强社区内社会资本的纽带、鼓励双语教育及加强家庭关系对二代移民融入的正面影响较为有限。①

四、结论与展望

本文基于范围综述法对将分层同化理论运用于新生代移民同化的相关研究进行了较为系统的梳理,并围绕相关研究的总体特征、分层同化理论的概念缘起与理论演进、已有研究对同化的测度方法及其影响因素、已有研究中对来源国与东道国关系的论述四个方面进行了系统性综述。研究发现,首先,对于已有研究的总体特征而言,从研究区域来看主要集中在美国和欧洲,只有较少研究基于中国语境展开;从研究的人群来看,相关研究主要围绕跨国移民展开。其次,对于理论概念缘起和理论演进而言,移民研究领域的同化理论表现出从经典同化理论开始,向更加尊重不同移民的文化多元性的多元文化论的演化,分层同化理论正是在多元文化主义的背景下产生的,强调移民的人力资本、家庭社会经济地位、迁入环境和迁出环境等不同因素之间的相互作用,并重点关注族裔间同化程度的差异。再次,对于测度方法及其影响因素而言,已有研究主要围绕移民在文化、经济、健康福祉、居住、个体活动等方

---

① Bindi Shah, "Being Young, Female and Laotian: Ethnicity as Social Capital at the Intersection of Gender, Generation, 'Race' and Age", *Ethnic and Racial Studies*, 2007, 30(1), pp. 28 - 50; Fenella Fleischmann, Karen Phalet, Karel Neels, et al., "Contextualizing Ethnic Educational Inequality: The Role of Stability and Quality of Neighborhoods and Ethnic Density in Second-Generation Attainment", *International Migration Review*, 2011, 45(2), pp. 386-452.

面的同化过程选取相关变量进行测度,从整体上来看,已有研究对于移民同化的理解主要聚焦在文化同化与经济同化两个层面,讨论涉及的主要影响因素包括个体维度、家庭维度、迁入和迁出背景维度等指标。最后,对于来源国与东道国的相互作用而言,已有研究主要从国家—城市、文化和族裔社区三个层面来表征来源国与东道国的关系。

诚然,分层同化理论着重于不同的同化途径以及各种因素对移民同化的影响,它在移民同化的研究理论中占据重要地位。但是,相关研究主要围绕美国和欧洲语境下的国际移民开展,该理论并没有在中国的背景下得到广泛应用,且对乡—城移民的问题关注不够,这既不利于发展具有中国特色的移民理论,也难以解释中国新生代农民工及乡—城移民城市融入过程的多样性。

因此,基于上述文献梳理和分析,本文对未来的研究提出了以下展望。

(一)应更加关注中国语境下的新生代农民工及乡—城移民群体

尽管分层同化理论主要是研究不同族裔间同化的差异,但它不应局限于此。其理论内涵决定了这一理论也可以用于分析同一族裔内部同化的差异性,其在中国本土语境下针对新生代农民工及乡—城移民的应用仍存在巨大的空间,但目前仅有少量学者对此进行探索、很多问题仍未明晰及存在争议。与国外移民群体相比,中国的新生代移民及乡—城移民与城市居民在宗教、种族和文化等方面并无太大差别,但我国本土语境下的新生代农民工及乡—城移民与西方语境下的新生代移民群体有较多相似之处:(1)面临相似的融入困境。由于我国城乡二元的户籍制度,新生代农民工及乡—城移民群体在教育、职业、社会福利保障等方面与城市居民有着明显差距①,甚至有学者认为中国乡—城移民的处境与美国的墨西哥非法移民相似。②(2)具有相似的异质性。与西方新生代移民相比,我国新生代农民工及乡—城移民的异质性更多体现在其群体内部的差异上——除了整个群体所面临的普遍问题,具有不同身份属性的新生代农民工与乡—城移民群体在城市融入的过程中可能遇到专属于自身群体的障碍,并可能表现出不同亚群体间融入路径与特征的差异,目前已有少量学者关注到大学生③、少数民族④、女性⑤等特定新生代农民工及乡—城移民的亚人群所面临的城市融入问题。此外,一些研究发现,新生代农民工与第一代农民工在城市融入上存在代际差异:与第一代农民工相比,新生代农民工的文化程度较高、生活满意度较高、融入意愿更强烈;但结构限制和自身能力不足的矛盾境况使新生代农民工城市融入问题的机制更加复杂⑥,甚至会导致区隔融入与二代衰落的危险。因此,有必要关注新生代农民工及乡—城移民城市

---

① 全国总工会新生代农民工问题课题组:《关于新生代农民工问题的研究报告(摘要)》,《中国职工教育》2010年第8期。

② Kenneth D. Roberts, "China's 'Tidal Wave' of Migrant Labor: What Can We Learn from Mexican Undocumented Migration to the United States?", *International Migration Review*, 1997, 31(2), pp.249-293.

③ 徐礼堂、房正宏:《新生代大学生农民工城市融入问题研究》,《重庆交通大学学报》(社会科学版)2015年第6期。

④ 李放滔、王娅男、涂伟:《试析新生代少数民族农民工的社会融入——以乌鲁木齐市为例》,《青年探索》2015年第3期;汤夺先、任嘉威:《民族社会工作介入少数民族新生代农民工城市融入研究》,《湖北民族学院学报》(哲学社会科学版)2018年第5期。

⑤ Huan Xiong, Alan Bairner and Zhi Tang, "Embracing City Life: Physical Activities and the Social Integration of the New Generation of Female Migrant Workers in Urban China", *Leisure Studies*, 2020, 39(6), pp.782-796.

⑥ 金萍:《新生代农民工城市融入现状分析及对策研究——基于对武汉市两代农民工的调查》,《学习与实践》2010年第4期;孙文中:《殊途同归:两代农民工城市融入的比较——基于生命历程的视角》,《中国农业大学学报》(社会科学版)2015年第3期;Wen Chen, Qi Zhang, Andre M. N. Renzaho, et al., "The Disparity in Mental Health Between Two Generations of Internal Migrants (IMs) in China: Evidence from a Nationwide Cross-Sectional Study", *International Journal of Environmental Research and Public Health*, 2019, 16(14), p.2608.

融入过程的差异及其内部的亚人群分异、探讨不同迁出背景(例如,其家乡位于我国西部还是东部)和迁入背景(例如,不同规模等级与行政地位的城市)对其城市融入的影响差异。

基于此,关注分层同化理论在我国本土语境下的理论应用、探究我国国内移民的城市融入问题具有重要的理论与现实意义。对这些议题的探索不仅有助于更深入地了解我国新生代农民工及乡—城移民的城市融入问题及其内部差异,更有助于在中国本土语境下与西方的移民融入理论进行对话。

(二) 应进一步拓宽对于同化和融合的理解

尺度是地理学中的一个重要概念,常用于解释不同空间规模、层级、要素和关系间的互动。[1] 在理论层面,分层同化理论存在尺度的隐喻,具体体现在物理空间、影响因素和同化的层次三个主要方面。(1) 从物理空间来看,分层同化是一个空间过程[2],不同尺度的迁入环境(如国家尺度、城市尺度、社区和邻里尺度、学校尺度等)中的新生代移民存在同化的差异性。(2) 从影响因素来看,同化的影响因素可以按不同尺度划分为个人微观层面和中宏观层面的结构因素两种类型,新生代移民的融入过程受到个人微观层面(人口特征和文化特征因素等)和中宏观层面的结构因素(阶层结构和经济层面因素等)的共同影响,且两个层面之间也存在可能的互动。[3] (3) 从同化的层次来看,相关讨论也可以按照尺度划分为移民个体与移民家庭的微观社会单元、族裔社区和街区的中观尺

---

[1] Richard Howitt, "Scale and the Other: Levinas and Geography", *Geoforum*, 2002, 33(3), pp.299-313.

[2] Jamie Goodwin-White, "Emerging Contexts of Second-Generation Labour Markets in the United States", *Journal of Ethnic and Migration Studies*, 2009, 35(7), pp.1105-1128.

[3] Alejandro Portes, Patricia Fernández-Kelly and William Haller, "The Adaptation of the Immigrant Second Generation in America: A Theoretical Overview and Recent Evidence", *Journal of Ethnic and Migration Studies*, 2009, 35(7), pp.1077-1104.

度单元,以及宏观视角下东道国的主流社会①,正是通过不同尺度的整合与互动,移民更好地或更差地融入东道国的主流社会。另外,分层同化理论还将社会分为不同阶层,在融入过程中的阶层变化也体现出尺度重构的问题,例如,向上同化融入社会主流的过程可被视为尺度上移,向下同化则可被视为尺度下移。

因此,在分层同化的理论框架中引入尺度工具,可以帮助我们更好地理解、分析不同尺度的因素对移民同化的影响、不同尺度的迁入背景对移民同化的作用等问题。此外,分层同化理论所强调的三种同化路径模式仅表明了移民同化过程中社会阶层变化的纵向趋势,若将同化的层次分化为不同的尺度,则有助于对移民同化过程进行横向维度间的评价,这将有助于更加细化的同化研究。最后,中国的新生代农民工及乡—城移民问题是在城乡二元制下产生的,涉及中央与地方、城市与乡村以及其他多尺度间的相互作用,中央和地方政府均出台了大量的政策促进这一群体的城市融入,因此,未来的研究还可以关注不同尺度政策所产生的城市融入效应及其差异。这也启发我们,在中国语境下运用分层同化理论时,特别关注不同治理层级的多尺度互动对于理解新生代农民工及乡—城移民的城市融入问题,具有重要的理论和实践意义。

(三) 应探索更加多元的数据来源

目前,已有的相关研究主要以面板数据为主,如人口特征、社会经济属性等数据指标,中国的人口数据主要基于全国人口普查数据,一来时间跨度较大,二来不同年份的数据统计口径差异较大、可比性较差、数据精度较低。因此,将全国人口普查数据直接运用于移民的分层同化的研究难度较大,另外,此类数据往往空间

---

① [美]周敏:《美国社会学与亚美研究学的跨学科构建:一个华裔学者的机缘、挑战和经验》,[美]郭南审译,中山大学出版社2013年版,第32页。

尺度精度不足且以静态数据为主,无法充分解释新生代移民在个体层面上城市融入的动态过程。我们认为,未来的相关研究可尝试应用更加多元的数据类型,如时空活动数据、手机信令数据等大数据,来提高研究的时间和空间精度,进而丰富研究的视角、提升分析的精度。

总体而言,分层同化理论聚焦移民同化进程中在速度与路径上的差异性与多元性,有助于更好地理解在我国本土语境下不同代际和不同身份属性的新生代农民工及乡—城移民的城市融入问题。但需要注意的是,将分层同化理论直接套用于我国语境之下并不妥当,需要基于中国新生代农民工及乡—城移民自身的特点和我国的多层级治理架构的特征,构建适用于中国本土语境的理论框架,以更好地理解和捕捉在中国快速城市化与城市转型背景下新生代农民工及乡—城移民的城市融入状况与问题。同时,分层同化理论也启发政策制定者需要意识到新生代农民工及乡—城移民的融入过程是存在差异且多元分化的,需要为不同类型的农民工群体制定更有针对性的统筹管理与帮扶政策,积极发挥不同层级城市单元的作用、构建学校—家庭—社区—城市多层的融入环境,不仅应从经济层面关注农民工及乡—城移民工资水平的提高,也需要在文化层面给予农民工及乡—城移民足够的人文关怀,以减少农民工及乡—城移民向下同化跌落的可能。

[本文系国家自然科学基金面上项目"新生代农民工城市融入的时空实践与机制研究——以广州市为例"(项目编号:42271217)的阶段性研究成果;也是广东省哲学社会科学规划2021年度一般项目"移动性视角下大城市老旧小区改造的邻里变迁研究——以广州市为例"(项目编号:GD21CGL15)的阶段性研究成果。]

民营化理论视域下的加拿大医疗服务 PPP 模式研究

——以新奥克维尔纪念医院为例

方南希*

[内容摘要] 医疗服务体系的民营化改革是摆脱官僚机构膨胀和行政资源单向集中、推动政府与社会资本合作的重要抓手。本文从加拿大医疗服务的民营化改革实践入手,运用民营化理论的分析框架,追踪新奥克维尔纪念医院建设的过程,进而考察和探究加拿大医疗服务 PPP 模式的发展背景以及现有模式。研究发现,一方面,加拿大医疗服务 PPP 模式通过建立政府与企业平等高效的合作模式,依靠市场自由竞争和数字化手段来构建医疗服务供给企业的筛选机制,并最终形成了一种从利益共享的角度展开良性合作的、稳定的公私伙伴关系。另一方面,囿于企业组织在应急协调能力、公众支持不足、医疗服务"局部有效、整体失效"等方面的结构性困境,还需从平衡政府与企业组织的关系、完善 PPP 项目运作制度设计方面予以突破。在全面深化改革的背景下,加拿大医疗服务 PPP 项目建设为市场经济条件下的政府角色定位及其合作模式提供了有益启示,也为中国医疗服务体系改革提供了一种可资参考的"他山之石"。

[关键词] PPP 模式;医疗服务;公共治理;公私伙伴关系

---

* 方南希,复旦大学国际关系与公共事务学院博士研究生。

一、问题的提出

医疗服务一直以来是加拿大政府关心的一个重点社会问题。截至2021年3月,加拿大的医疗支出总额达到3 080亿加元,即人均8 019加元。2021年,医疗支出占加拿大国内生产总值的12.7%。[①] 同时,随着加拿大人口的老龄化趋势日益严重,为医疗服务进行缴税的纳税人数量逐渐下降,导致加拿大医疗服务财政压力加大。将PPP(Public-Private Parthership,即政府和社会资本合作)模式引入医疗服务领域,在一定程度上缓解了政府及相关公共部门的财政压力,为政府节约了医疗资金的投入。根据加拿大PPP中心数据库的统计,截至2021年3月,加拿大累计在库项目310个,总规模达到1 397.2亿加元。[②] 可见,医疗服务PPP模式,这种基于长期性和绩效的基础设施投资发展模式在加拿大取得了较好的经济和社会效益。在经济寒冬的情况下,PPP项目的投资对促进加拿大经济回暖起到举足轻重的作用。尤其受新冠肺炎疫情的影响,加拿大很多医疗类PPP项目面临延迟竣工的现实困境,但资本市场依旧对医疗服务PPP模式抱有很大的投资热情,一直保持较高的私营企业参与度。

基于此,本文采用案例研究方法,选择新奥克维尔纪念医院作为典型案例。案例研究的优势在于针对特殊案例从多个角度进行深入分析,微观具体案例具有较好的参考性价值。本文尝试回答

[①] "Health Spending" (November 1, 2021), Canadian Institute for Health Information, http://www.cihi.ca/en./health-spending, retrieved June 27,2022.

[②] Gianni Ciufo, "Trending P3 Canadian Public Private Partnerships Report" (May 13, 2021), Deloitte, https://www2.deloitte.com/global/en/pages/infrastructure-and-capital-projects/articles/canadian-public-private-partnerships-report.html, retrieved June 27, 2022.

三个研究问题:为什么加拿大医疗服务 PPP 模式能获得成功？PPP 模式存在哪些不足？对中国有哪些启示与思考？基于这些研究问题,本文借鉴民营化理论的相关观点,尝试构建民营化理论视野下 PPP 模式的整体性分析框架,通过对民营化理论和 PPP 模式的文献梳理,剖析加拿大 PPP 模式的可取之处及现实挑战。

二、文献研究与分析框架

随着医疗卫生领域体制性改革的深入推进,政府与社会资本合作内涵的强工具价值及其适用性特征,导致 PPP 医疗项目被认为是优化投资结构、创新公共服务多元化供给模式和扎实推进医疗服务政策实施的有力抓手。基于此,在 PPP 项目实施背景下,对医疗卫生领域的政府与社会资本合作模式及其运作机制的理论研究和经验事实,构成了本文研究问题的文献积累和实践基础。

(一) 文献综述:PPP 模式改革的实践经验与理论基础

政府民营化或者民营化改革是指"更多地依靠民间机构、更少地依赖政府来满足公众的需求",其内在本质是指营利性或非营利性的公共部门和私人部门就特定服务或治理目标,共同参与、生产和提供公共物品与服务的一种合作模式。① 加拿大 PPP 国家委员会认为,公私合作就是存在于公共部门和私人部门之间的一种合作经营关系,它建立在双方各自既有经验的基础上,通过适当的资源配置、基于信任互惠的异质性主体间性,以及风险与利益共担机

---

① [美]E.S. 萨瓦斯:《民营化与 PPP 模式:推动政府和社会资本合作》,周志忍等译,中国人民大学出版社 2017 年版,第 1—3 页。

制,以此实现或满足事先界定好的公共目标或需求。就既有关于民营化理论或关于 PPP 的理论研究而言,PPP 模式有三大特点——伙伴关系、利益共享、风险共担。① 首先,公私合作意在强调合作是多元异质性主体共同展开公共服务项目的根本出发点,也是实现公共服务供给—需求匹配、资源投入—效益均衡、义务—利益共享共担的现实皈依。其次,公私合作以利益—责任(风险)共担作为其合作前提。合作参与方并不是将自己的权力责任和利益需求全部转交给其他部门,而是由参与合作的各方共同承担责任和融资风险,并在此基础上共享合作收益,进而产生超越单一主体行动更有利、更有效的结果。② 但同时这意味着政府会面临更大的挑战,即政府需要学会如何建立与私人资本之间的合作关系。③ 最后,该理论将公共物品或服务有效供给作为公私合作的最终目标,认为 PPP 是指为实现共同目标和互惠互利,公共部门通过权力共享、利益责任共担以及共同经营等方式,与其他私人部门形成的一种合作关系。综上,民营化理论的核心观点就是减少政府不必要的参与,以及在保持市场自由开放度的情况下将私人资本竞争引入公共服务领域。④

在现实操作中,PPP 模式作为民营化理论的一种延伸,一直以来倡导创新性的公共管理机制,以公私合作的平等性作为基础来提升公共服务效率,同时创造更广阔的合作平台。就实践层面而言,加拿大公私合作的体制机制创新走在世界前列。在加拿大各地,PPP 模式已经逐渐制度化,成为交付大型公共基础设施项目的

---

① 刘薇:《PPP 模式理论阐释及其现实例证》,《改革》2015 年第 1 期。
② 陈龙:《当代中国医疗服务公私合作研究》,云南大学行政管理专业博士学位论文,2013 年,第 8—9 页。
③ 孔营:《公共服务民营化的理论逻辑与实践反思——萨瓦斯民营化理论评述》,《观察与思考》2017 年第 5 期。
④ [美] E. S. 萨瓦斯:《民营化与公私部门的伙伴关系》(中文修订版),周志忍等译,中国人民大学出版社 2017 年版,第 5 页。

首选模式。在财政约束、基础设施老化和经济增长需求等多重压力下,加拿大联邦、省、市各级政府越来越多地采用PPP模式,通过公共基础设施来提高公民的生活质量。与此同时,省级政府希望用PPP模式来解决加拿大医疗服务领域面临的现实困境。王天义、杨斌指出,加拿大所有的医疗服务项目都由省级政府来监督管理,因此,各地方政府一直需要承受医疗保健方面财政支出的压力,现阶段面临的困境包括人口老龄化严峻和慢性疾病的增加。① 加拿大学者克拉拉·利迪(Clara Liddy)分析,虽然加拿大可以提供全民医疗服务,但是公立医院医护人员不足等因素,会导致患者等待时间过长的问题,对医疗服务的可及性产生一系列消极影响。② 彼得·圣·翁格(Peter St. Onge)对加拿大全民医疗体系抱有消极态度。民众为获得优质的医疗服务而多交税,实际上的医疗服务质量却差强人意。其中包括救急药物和医护人员短缺等棘手问题。③

此外,也有学者对比了加拿大与其他国家PPP项目运行状况,在一定程度上呈现了产生PPP项目差异化效果的内在动因,以及加拿大PPP项目运作的比较优势。刘琨在对比中国和加拿大PPP模式的基础上,认为PPP模式的形成源于政府财政的紧缩,加拿大PPP模式的最大特点是将基础设施由公共部门转向私营企业供给,从而解决政府的财政问题。④ 瑞安·沃森(Rianne Warsen)等认为,公私合作伙伴关系也可以被解读为一种创新公共管理机制,

---

① 王天义、杨斌:《加拿大政府和社会资本合作(PPP)研究》,清华大学出版社2018年版,第57—60页。
② Clara Liddy, "How Long are Canadians Waiting to Access Specialty Care?", *Can Fam Physician*, 2020, 66(3), pp. 434-444.
③ Peter St. Onge, "How Socialized Medicine Hurts Canadians and Leaves Them Worse Off Financially", *The Heritage Foundation*, 2020, 3468, pp. 1-17.
④ 刘琨:《加拿大基础设施PPP模式研究》,吉林大学世界经济专业博士学位论文,2021年,第9页。

因为它会比传统政府购买公共服务项目的实施效率更高。① 大卫·莱尔德(David Laird)认为,PPP 模式在加拿大的成功发展有四个决定性因素:(1) 稳定的 PPP 模式和制度,这种有法律约束的制度使所有参与项目的成员从中受益;(2) 高效率的投资流程;(3) 广泛的投资来源,省政府确保每一个项目可以获得安全的融资来源;(4) 良好的营商环境。② 肯·科希尔和丹尼斯·伍德沃德(Ken Coghill and Dennis Woodward)的研究表明,加拿大医疗 PPP 项目的透明度要高于英国等其他西方国家。加拿大政府意识到,特殊的医疗 PPP 项目必须要由私人公司用专业的知识技术来完成。③ 巴布拉·布莱米(Jabbari Beyrami)等认为,相较于美国而言,加拿大全民医疗服务一直都是加拿大政府和民众引以为傲的政策,医疗服务与 PPP 模式结合则把公共治理带入一个全新的领域。④

综上,国内外学者们对加拿大医疗服务现状、PPP 模式和民营化论的研究,给本文研究带来全新的思考。通过对文献的分析,可以得到如下启示:第一,加拿大的医疗体系需要积极推行与私人企业合作的模式,解决患者就诊时间过长的问题;第二,根据每个项目的实际情况,提供相关政策建议和后期的服务保障,可以让 PPP 模式更好地解决医疗资源紧缺的问题。但仍存在以下研究局限:第一,对于民营化理论对加拿大医疗服务 PPP 模式的影响缺乏

---

① Rianne Warsen, José Nederhand, Erik Hans Klijn, et al., "What Makes Public-Private Partnerships Work? Survey Research into the Outcomes and the Quality of Cooperation in PPPs", *Public Management Review*, 2018,20(8), pp.1165-1185.

② David Laird, "A Public and Private Partnership: The Royal Ottawa Hospital Experience", *Healthcare Quarterly*, 2005,8(4), pp.9-70.

③ Ken Coghill and Dennis Woodward, "Political Issues of Public-Private Partnerships", *The Challenge of Public-Private Partnerships*, 2018,11(3), pp.81-94.

④ Jabbari Beyrami and Gholamzadeh Nikjoo, "Introducing Public-Private Partnership Options in Public Hospitals", *Hakim Research Journey*, 2013, 16(3), pp.201-210.

实证研究,容易忽视加拿大 PPP 模式在实际操作中的不足之处[①];第二,缺少对加拿大 PPP 模式运作的反思性缺点总结和启思性建议归纳,特别是对中国医疗卫生体制改革的有益经验缺乏系统梳理。基于此,本文侧重于从民营化理论的视角出发,通过分析政府和私人企业在医疗模式中的互动过程,来揭示加拿大 PPP 模式的运作特征及其优缺点,希冀从中析出对中国医疗卫生体制改革和推进"健康中国"战略具有参考和借鉴价值的经验知识,也成为本文研究的一个重要理论目标。

(二)分析框架:基于民营化理论的一个分析工具

本文进一步聚焦研究问题,希望用民营化理论分析医疗服务 PPP 模式在加拿大的形成机制,以及取得的成果与收获。民营化理论被译为 Privatization,是指可以借助民间资本力量来满足基础建设和公共服务领域的需求,从而减少对政府的过度依赖。医疗服务 PPP 模式的实际运作与民营化理论相吻合,即引入私人企业的竞争模式来提高公共管理的效率,同时需要保证公平公正。一般情况下,在 PPP 项目前期,政府与企业合作制定详细的项目计划书,以项目发起人的角色开展各项活动。在项目中期,政府积极监督医院的建设情况,以及承担相应的风险。在项目后期,政府可以适当减少干涉,把各项事宜交给企业进行专业管理。[②] 这也是民营化理论一直以来所推崇的——让政府把更多资源和责任分配到资本市场,并减少对市场的不必要干预。相比较传统的政府采购公共服务模式,民营化理论下的 PPP 模式以利益和效率为导向。政府监管工作需要更加规范化,以防止私人市场的加入影响公共

---

① 宁靓、赵立波:《公共价值视域下的 PPP 价值冲突与协调研究——以澳大利亚新学校项目为例》,《中国行政管理》2018 年第 10 期。
② 陈龙:《PPP:医疗基础设施与服务提供的创新与责任》,经济管理出版社 2017 年版,第 17—27 页。

利益。私人企业也需要有社会责任的担当,这才是民营化理论的精髓所在。总结而言,只有政府以身作则,选择自己合适的位置加强与企业之间的协调能力,才能保证 PPP 项目顺利的开展。根据上述分析,本文借助萨瓦斯(E. S. Savas)的民营化理论,结合新奥克维尔纪念医院建设的过程,提出民营化理论 PPP 模式的分析框架(图 1),以此分析加拿大医疗卫生体制的民营化改革历程和基本特征。

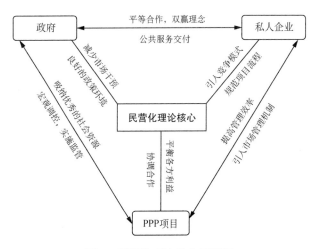

图 1 民营化理论的分析框架

资料来源:作者整理。

在民营化理论的分析框架基础上,本文采用单个案例的研究方法,选择新奥克维尔纪念医院作为典型案例,从多个角度深入分析加拿大医疗卫生体制改革和 PPP 项目运作的结构性特征,并以此检验民营化理论分析框架的适用性。就案例对象的选择而言,案例研究之所以选择加拿大,首先,是因为加拿大是 PPP 模式实施最成功的国家之一;其次,是因为新奥克维尔纪念医院是加拿大首批进行数字化转型的 PPP 医院。2016 年,加拿大安大略省新奥克维尔纪念医院的成功落地,提高了整个安大略省医疗和经济发展的水平。在当时看来,新奥克维尔纪念医院选取PPP模式中"设计—建造—融资—维护"(Design-Build-Finance-Maintain)的运作方式是一个大胆之举,因为需要私人企业对项目的整个流程和细节做到全全把控,政府需要进行细致的监管工作。此运作方式在民营化理论的基础上进行了一定的创新。政府大胆放手,将整个项目交给当地企业去管理,让"看不见的手"在资本市场中进行操控。在PPP模式的实际运作中,政府与私人资本是不可分割的,双方在合作过程中应该形成一种相互依存的关系。

三、加拿大医疗服务PPP模式的创新:以新奥克维尔纪念医院为例

笔者于2020年2月在加拿大安大略省参与为期一周的项目现场考察,对新奥克维尔纪念医院的建设过程进行了全面系统的分析。在过去两年中,笔者又通过邮件、视频和电话访谈等形式进行后续联络,获取最新的数据资料,以求保证案例研究的真实性和科学性。

(一)项目的选择背景:流变中的社区医疗

奥克维尔小镇位于安大略省的西部,在19世纪早期从一个造船厂和木材商人的小社区发展成为一个繁华的工业城镇。到20世纪中期,开始建设石油精炼厂和制造厂,包括福特汽车公司也在此设立加拿大总部。1947年成功开通的北美首条城际分隔高速公路——伊丽莎白女王大道,使奥克维尔成为一个理想的居住地。从1930年到1950年,它的人口几乎翻了一番。①

---

① Mary O'Driscoll, "New Oakville Trafalgar Memorial Hospital, Ontario. A Space To Grow Building Oakville's Health Care Legacy" (November 3, 2016), 2016 National Award Case Study, https://www.pppcouncil.ca, retrieved June 28, 2022.

第一家奥克维尔医院于1950年2月14日投入运营,配备13名医生和13名护士,并提供50张病床服务于城镇和周边社区。随着社区的不断发展,以及新的医疗保健实践和技术发展,该医院经历了无数次的扩张和革新。到2000年初,奥克维尔小镇的人口已超过15万人,安大略霍尔顿医疗保健中心认识到奥克维尔医院有进一步扩张的必要性。考虑到陈旧的基础设施和原有9英亩(合36 000多平方米)场地的空间限制,该组织决定建造新的医院,以适应进一步的增长和发展。2008年,安大略省政府批准了这所新医院的建设并立即开始规划。

安大略霍尔顿医疗保健中心前首席执行官约翰·奥利弗(John Oliver)表示,新奥克维尔纪念医院的建设是一个千载难逢的改革机会。新奥克维尔纪念医院的建设结合了加拿大最新的PPP模式理念和基础建设需求,以提供高质量的医疗服务为目标。新奥克维尔纪念医院项目从2011年开始选择私人合作伙伴,到2015年年底投入使用。在48个月的周期里按照预算和计划完成了整个工程,另外还有30年的项目维护周期(表1)。新奥克维尔纪念医院取代原址上20世纪90年代建设的老旧医院,总占地面积为20.23公顷(合2 023万平方米),可容纳457个住院床位,并有额外空间可收纳603个床位。该项目的总成本为17亿加币,是安大略省发展最好的社区医院之一。作为一个卓越的医疗中心,从2017年开始,新奥克维尔纪念医院已经成为北奥克维尔地区的经济刺激因素。这是奥克维尔市有史以来最大的一笔医疗基础设施投资,它为该地区提供了健康发展所需的空间和资源,为不断增长的社区提供了高质量的医疗服务项目。[①]

[①] PPP Council, "Public-Private Partnerships What The World Can Learn from Canada" (February 5, 2015), Canadian Council for Public-Private Partnerships, https://www.pppcouncil.ca, retrieved June 28, 2022.

表 1　新奥克维尔纪念医院项目进程时间表

日期	阶段
2009 年 11 月 6 日	资格预审公告 RFQ (Request for Qualifications)
2010 年 5 月 6 日	私人企业提交投标书和设计书
2011 年 2 月 25 日	进行审批和筛选工作
2011 年 6 月 7 日	签约正式项目合同
2015 年 7 月 31 日	医院基础设施建设完工
2015 年 12 月 13 日	医院正式投入使用
2016 年 7 月 27 日	项目阶段性结束
2016 年 12 月	获得加拿大 PPP 案例金奖
2017 年 12 月 3 日	新医院进行数字化转型
2020 年 3 月	推广无接触式医疗服务
2046 年 7 月	项目 30 年维护期结束

资料来源:CCPP Council National Award Case Study

(二) 项目的运作机制:基于"设计—建造—融资—维护"的四维结构

新奥克维尔纪念医院采用的是加拿大 PPP 模式中最常见的"设计—建造—融资—维护"为一体的模式,取代 20 世纪 90 年代原址上的医院(图 2)。其中,项目选择的私人企业是医疗基础设施伙伴公司(Hospital Infrastructure Partners,简称 HIP),政府部门是安大略省政府医疗机构(Ontario Health Services Corporation,简称 OHSC)旗下的霍尔顿医疗保健局(Halton Healthcare Services Corporation)。该项目的总净现值(Net Present Value,简称 NPV)为 16.9 亿加币。私人部门在合同期间负责医院 90% 的建设以及

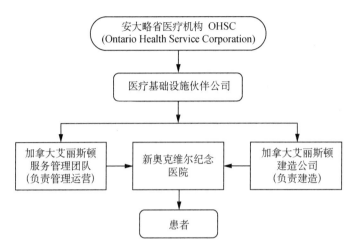

图 2　新奥克维尔纪念医院项目运行结构

资料来源:CCPP Council National Award Case Study

维护工作,在 30 年合同期满后由政府部门接手,并进行后期维护工作。① 虽然从 2010 年到 2011 年期间,受全球金融危机的冲击,当地政府面临严重的财政危机,但新奥克维尔纪念医院还是成功地完成了整个项目的建造和运营。

整个项目最大的挑战是要建设加拿大最顶尖的社区医院,新医院用最前沿的数字化科技来取代 1950 年老旧的社区医院。整个项目必须严格按照四年时间建设完成。在项目完成 75% 的阶段,安大略政府一次性交付 5.87 亿加币。按照合同规定,如果完成时间比预期延迟,HIP 公司将承担所有增加的费用成本。② 一旦出现延迟交付的情况,重大的财务风险将转交给私人企业。此

---

① Mary O'Driscoll, "New Oakville Trafalgar Memorial Hospital, Ontario. A Space To Grow Building Oakville's Health Care Legacy" (November 3, 2016), 2016 National Award Case Study, https://www.pppcouncil.ca, retrieved June 28, 2022.

② PPP Council, "Public-Private Partnerships What the World Can Learn from Canada" (February 5, 2015), Canadian Council for Public-Private Partnerships, https://www.pppcouncil.ca, retrieved June 28, 2022.

外,合同还包括30年的维护周期。如果HIP公司不能严格按照合同的标准执行,企业将会面临财务扣款作为惩罚。医疗PPP项目的成本超支问题会造成政府财政支出的负担,也会使医院的社会声誉受到影响。

以民营化改革为起点进行更深层的分析,医疗服务PPP模式不单单是一种高效的融资模式,更是公共管理的新渠道。新奥克维尔纪念医院通过以患者和家庭为中心的医疗服务理念和领先的医院设计,推动和深化加拿大PPP医疗服务行业的创新。从经济的角度来考量,第一,使用PPP和替代性融资和采购(Alternative Financing and Procurement)模式,将一定比例的投资风险转移给私人企业,解决了地方的财政压力。同时,整个项目的预算成本比预期节省3.83亿美元,比传统的"建设—经营—转让"(Bulid-Operate-Transfer,简称BOT)方式的项目成本降低16.4%。① HIP在原计划内按时完成了施工,积极贯彻民营化理论的基本概念,对PPP市场起到推波助澜的作用。第二,2009年,安大略省政府将关于重新建设省级医院的采购信息资格预审公告(RFQ)和投标邀请书(Request for Proposal, RFP)发布在政府官方网站,为感兴趣的私人企业提供关键的投资信息,为资本方营造一种自由竞争的环境。所有投标者必须在2011年2月25日之前提交项目设计书。随后,安大略省医疗机构对三个已提交预案的私人机构进行详细的审查工作。审查小组声明提案必须响应本省的医疗愿景、使命、价值观,并支持政府的战略计划。最后,审查小组会根据多个维度进行打分,总分值是1 000分。②

---

① Mary O'Driscoll, "New Oakville Trafalgar Memorial Hospital, Ontario. A Space To Grow Building Oakville's Health Care Legacy" (November 3, 2016), 2016 National Award Case Study, https://www.pppcouncil.ca, retrieved June 28, 2022.

② Mary O'Driscoll, "New Oakville Trafalgar Memorial Hospital, Ontario. A Space To Grow Building Oakville's Health Care Legacy" (November 3, 2016), 2016 National Award Case Study, https://www.pppcouncil.ca, retrieved June 28, 2022.

从政策监管的角度来看,首先,新奥克维尔纪念医院 PPP 项目对民营化理论进行调整,通过突破政府陈旧的行政模式,形成了一个多元化治理的新模式。奥克维尔市政府在全球经济不景气的背景下改变传统思路,大胆尝试一种全新的采购方法。PPP 模式与传统的政府购买公共服务存在差异,当地政府部门对 PPP 模式进行了全方位、专业性的学习。其次,政府还把公共管理的重心进行适当转移,通过政府选择性在场和间接监管等手段,将其自身变成 PPP 模式的幕后推手。HIP 公司严格履行合同,政府减少不必要的干预,从而有更多的精力进行监管工作。① 从项目初期公开透明的招标模式到严格监管机制,都是一个成功 PPP 项目不可缺少的要素。新奥克维尔纪念医院的公私合作伙伴关系被业内纷纷称赞并且效仿,其内在因素是政府宏观调控和私人企业执行力达到默契的融合。

(三)项目的创新扩散:适应性调整与数字化转型

新建设的医院除了提高患者的就诊率以外,还带动了当地经济的大幅度增长。HIP 公司也因为新奥克维尔纪念医院的成功建设而名声大噪,陆续在加拿大其他省份建设 PPP 模式合作医院,以解决当地政府的医疗资源紧缺和财政问题。在 2016 年项目投入正式运营之后,新医院还配合当地政府进行数字化转型。2020 年,新冠肺炎疫情的暴发更加推动了数字化在医院的普及度。2017 年 12 月,新奥克维尔纪念医院积极与科技巨头公司思科系统(Cisco System)进行合作,成为安大略省第一家数字化医院,合理地将 PPP 模式与数字科技结合来提升医院运营的服务水平与质量。②

---

① [美] E.S.萨瓦斯:《民营化与公私部门的伙伴关系》(中文修订版),周志忍等译,中国人民大学出版社 2017 年版,第 27 页。

② Paul Attfield, "The Hospital of The Future" (May 2, 2016), The Globe and Mail, https://www. theglobeandmail. com/report-on-business/industry-news/property-report/the-hospital-of-the-future/article29823293/, retrieved June 28, 2022.

目前,医院涵盖三种类别的数字化创新医疗服务(图3)。

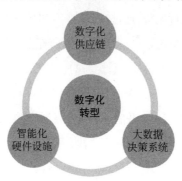

图3 项目的数字化转型

资料来源:作者整理。

第一,大数据决策系统,让医疗服务变得敏捷和人性化。例如,数据驱动的运营决策支持系统可以提供更有价值的信息,快速作出初步诊断、入院和出院的决定。当患者到达医院的时候,医护人员不确定该患者应该被送进 ICU(Intensive Care Unit,指重症监护室)还是普通病房,大数据决策系统可以根据该患者的预诊结果提供前期帮助。大数据决策系统让医院服务进行线上和线下融合,更好地实现对门诊等领域的数字化服务升级,避免传统医疗服务中效率低下的问题。

第二,数字化供应链,降低医疗服务的成本。在许多行业,数字化供应链转型已被证明可以降低50%的流程成本,增加20%的收入。① 医疗服务领域也不例外,通过自动化收集数据、订购、对账以及支付医疗、手术和药品供应的过程,医院可以减少供应链和库存管理的相关成本。受到新冠肺炎疫情的影响,提高医疗服务应对需求以及供给的灵活性和弹性变得更加重要,医院管理人员

---

① Paul Attfield, "The Hospital of The Future" (May 2, 2016), The Globe and Mail, https://www. theglobeandmail. com/report-on-business/industry-news/property-report/the-hospital-of-the-future/article29823293/, retrieved June 28, 2022.

越来越多地利用数据和技术的方法,以了解库存、定价、交货期和需求趋势。数字化供应链在一定程度上减少了PPP项目的运营成本,从而减少社会资本承担的风险。

第三,智能化硬件设施,提升医院的服务效率。新奥克维尔纪念医院的电子健康记录系统消除了医护人员在查房时反复登录系统的不便,医生和其他工作人员在停车、安全访问和系统登录时可以使用相同的身份卡,能够有效地减少医生、护士等不同身份在重复登录、切换登录过程中产生的不必要的流程和技术"麻烦"。此外,新医院还建设有数字化的特殊需求病房,将对疑似或确诊感染患者提供分诊、登记、评估、治疗、康复等服务。与传统的住院病房不同,新医院的住院病房为每三张病床配备一个医疗团队服务站点,同时,对单病房的数字化消音设计可以提高患者的隐私度,减少疾病感染和患者压力,改善患者的睡眠质量。这种个性化服务使工作人员跟每位患者更亲近,可为患者提供更直接的医疗服务。

由此可见,PPP模式的运作与数字化理念相结合,比传统意义上的政府购买公共服务项目增加了更多的创新点与可能性。这也是建立在政府与私人企业协同一致的情况下,私人企业以一种平等合作的方式对陈旧的医院进行创新改造。从以人为本的理念出发,造福当地的患者和家属。尤其是在新冠肺炎疫情期间,数字化的运营模式,让患者和医护人员享受到数字化生活带来的便利。将数字化理念合理地嵌入PPP模式中,可以创造长期的经济价值,同时可以给予高效的医疗服务。

四、加拿大医疗服务PPP模式的成效与不足

通过上述案例的分析可以看到,加拿大PPP医疗改革模式的

三大特点与民营化理论的内涵具有高度耦合性:一是平等的公私合作关系;二是自由的市场竞争环境;三是严格的政策监管体系。与中国目前发展的 PPP 模式有所不同,在加拿大,医疗服务 PPP 模式已经形成了一种稳定的公私伙伴关系,从利益共享的角度展开良性合作并取得双赢的结果。

(一)加拿大医疗服务 PPP 模式的成效

第一,注重平等、互惠、共享型合作氛围的涵养,有益于促进政府和私人企业建立良好的合作互动模式。基于双方互相尊重、共同分担的、稳定的公私伙伴关系,是凸显异质性主体优越性、强化社会医疗等福利性社会政策有效实施的关键。民营化理论的核心要素之一,就是建立稳定的公私伙伴关系。简单来说,就是政府与民营企业之间实现多样化的合作模式,让更多的企业参与公共服务项目的建设中,提高整个项目的质量和效率。稳定的公私伙伴关系也是让"看见的手"和"看不见的手"相互结合,共同保障患者的利益以及享受到最优质的医疗服务。加拿大地方政府跳出了传统科层管理体制的部门利益格局,从长远的角度引入市场机制,让私人企业来完善整个 PPP 模式。此外,政府通过减少不必要的干预,给私人企业更多机会研发新的项目。加拿大医疗服务 PPP 模式将民营化理论展现得淋漓尽致。

第二,重视引入市场化自由竞争,有助于提高政府部门公共服务效能,优化公共服务供给结构的多元化、科学化。在公共服务供给主体结构和治理结构中,政府处于该结构金字塔的顶端,拥有较为稳定的政策资源和完整的权力资源链条,是公共服务和公共资源最稳定的供给主体。但由于政府供给公共服务的目的是维持社会秩序、实现公共利益,客观存在的"政府失灵"困境证明,政府不是也不能是福利资源的唯一提供者。相较于政府主体的主导性和权威性,企业、家庭、第三部门等供给主体有灵活性、人性化等诸多优势,可以弥补政府供给福利的不足。① 市场竞争在一定程度上给予了PPP项目更多的发展空间,由私人企业来建设和运营医院会更好地满足市场的需求。② 一个精益化的政府需要给予当地民营企业自由的发展环境,调动企业相互竞争的积极性。③ PPP项目从启动到建成的每一个阶段,都应该体现公平公正的市场化竞争。从项目招标开始,选出多家合作伙伴;在实际发展阶段,政府需要私人企业大力支持和引进先进的项目管理理念,以及保障公共权益不会受到损害,当地患者由此也可以有更多的就医选择。从经济和政策双重视角考虑,政府需要创造透明化并且高自由度的竞争环境,从而实现民营化市场最理想的状态。

  第三,强调政府角色和职能的适应性调试,廓清政府的权力边界,并将政府权力范围锚定和归集于由其主导的 PPP 市场监管体制等强制性规范之内。市场主体的逐利性特征决定了在经济目标不能被满足时,它往往会选择逃离而转投其他项目,进而致使福利多元、福利的社会化效益因偏离预期目标而遭受贬损。因此,政府的监管和兜底成为纠补市场机制失灵的重要手段。民营化理论的核心内涵虽然强调更多的私人企业加入市场化竞争,但这并不意味着要减少政府对 PPP 模式严格的监管和责任。从新奥克维尔纪念医院的项目实施开始,地方政府的职能也发生了转变,政府的职责从一开始项目的"启动者"变成了医疗服务业的"监管者",也确实做到了合作上的平等,把更多的管理和执行权力留给企业。同时,政府监管部门没有忽略私人企业天然的逐利性——可能会发

---

① 赵文聘:《构建我国福利视野共建共享格局——基于国外构建公私伙伴关系的政策经验与启示》,《青海社会科学》2019 年第 3 期。
② 张鸣春:《城市健康医疗大数据实行 PPP 模式的动力、机制与规则》,《中国卫生事业管理》2021 年第 1 期。
③ [美] E. S. 萨瓦斯:《民营化与公私部门的伙伴关系》(中文修订版),周志忍等译,中国人民大学出版社 2017 年版,第 80—82 页。

生在项目运营期间提高市场服务价格等盈利性行为。经过多年的实践摸索,加拿大政府从基础设施的设计、项目的融资到项目后期的维护,进行了全方位的监管,并提供了法律保障,包括 RFP 和 VFM(Value for Money)各项评估报告。项目后期维护和监管长达30年,有关部门需要每5年对建筑物的安全以及提供医疗服务的质量进行检测。这也给加拿大在建设中的 PPP 医院提供了有益参考,实现了医疗服务 PPP 模式的可持续发展。严格的监管机制背后是强大的法律体系在支撑。尽管目前 PPP 模式发展完善的西方国家很多,但是很少有国家像加拿大一样为 PPP 模式单独立法。①

从将民营化理论贯彻到加拿大 PPP 模式的现实层面来看,上述三大特点具有很强的互动逻辑,并表现为缺一不可且相互衔接的复合化关系。首先,政府要尽可能地放置权力给私营企业,建立一个相互信任的合作关系。其次,在自由市场竞争中,政府要选取有发展潜力的项目和企业,进行必要的监督协调工作。加拿大医疗服务 PPP 模式的最终意义是实现利益共同体建设的这一根源性机制,真正达成一种平等、长期、稳定的合作关系,做到利益共享和风险共担,保证公共医疗服务的责任与质量。最后,从宏观维度考虑 PPP 模式的大力推广,可以带动地方经济的发展,改善当地民众的生活质量,优化公共服务的供给方式,进而推动公共服务供给和公共事务治理实现向"人民美好生活需求"与"以人为本"理念的价值皈依。

(二)加拿大医疗服务 PPP 模式的不足

根据上述总结可以发现,加拿大 PPP 模式的发展得到国际上的肯定与认可。在新奥克维尔纪念医院的建设和实际运作中,民

---

① 郝涛:《PPP 模式下养老服务有效供给与实现路径研究》,《经济与管理评论》2017 年第 1 期。

营化实际理论与现实发展之间确实存在一定的鸿沟。在新奥克维尔纪念医院的案例中可以发现,加拿大 PPP 模式存在一些障碍和挑战,需要在今后得到改善。

第一,缺乏应急管理协调能力。新奥克维尔纪念医院在建设过程中遇到了紧急状况,而资本方缺少应急管理预案。2013 年 11 月,新奥克维尔纪念医院因为加拿大冬季的雪灾而封路,整个项目暂停建设,超出预期的自然灾害给 HIP 公司带来了一系列的资金周转风险和压力,例如,运输材料的卡车并没有提前准备好雪胎,浪费了宝贵的工期和人力资源。据了解,加拿大东部有很多 PPP 医疗基础设施项目在冬季受天气影响,一直处于停工的状态,这也是政府应急管理领域的漏洞。在项目合同书中应该注明,一旦发生紧急情况可以采取的相应措施,以及后期该如何弥补损失和漏洞。在应急管理领域,私人企业缺少一定的经验和专业度。① 政府还是要正视私人企业在治理决策方面的缺陷,寻找到一个监管的平衡点。

第二,医疗服务效率仍有待提升。虽然医疗服务 PPP 模式提高了医院的整体服务质量,但是并没有完全解决项目实施过程中效率低下的根本性问题。一直以来,老旧医院运营的效率问题给患者造成一定的困扰。新奥克维尔纪念医院在全新升级改版之后,虽然缩短了部分重症患者的就诊时间,但还是存在轻症患者等待时间过长的问题。另外,外科手术患者等待手术时间过长,让家属们怨声载道。在必要阶段政府还是需要采取一定的政策,确保公共服务的有效性,真正利用好 PPP 模式来解决民众就医困难的问题。虽然医院已经选择数字化转型的理念来解决这一问题,但是在很多方面,数字化并不能完全代替医生的工作。医疗服务效率在改革之后并没有进入一个理想化的良性循环,其中还有一个

---

① [德]魏伯乐、[美]奥兰·扬:《私有化的局限》,王小卫等译,上海人民出版社 2019 年版,第 148—164 页。

因素是缺少充足的医护人员。①

第三,PPP项目公众支持度不足,加拿大人口稀少但是老龄化问题严重,在新奥克维尔医院建设初期,当地民众并不看好医院的改造计划。尽管医疗PPP模式在加拿大获得空前的成功,还是不乏媒体公众批评的声音。加拿大左翼政党对PPP模式抱有消极的态度,认为私有化对PPP模式干涉巨大,PPP模式的采购成本要高于传统的政府采购项目。② 除此之外,PPP模式在建设过程中也一度遭遇阻碍。PPP模式的诞生是为了弥补公共财力的不足,但是随着大批公立医院投入改造,建设医院的透明度不高和缺乏整体问责机制等现实问题仍然会成为公众批评PPP模式的"槽点",特别是医院合同对公众保密,从而导致项目的问责机制不健全等问题。

总结上述问题可以发现,不管是政府还是企业都需要加强灵活度,这样双方在效率问题上才能得到本质的提高。虽然民营化理论一直以来倡导政府放置权力给私人企业,但是在实际操作中,这种理念并不像最初设想得那样完美。在这样一个复杂的医疗项目中,政府部门需要仔细考虑责任分布的情况。PPP模式关键在于民营化理论的实施,而不是民营化理论本身。只有政府和私人企业双方都明确工作任务,严格遵守合同中的各项规定并保证落实,民营化理论才会成功。

五、加拿大医疗服务PPP模式对中国的启示

加拿大医疗服务PPP模式不仅增加了公共服务的效率,更是

---

① 夏沁芳:《CA技术助力"后疫情时代"医院数字化安全转型》,《网络空间安全》2021年第1期。

② CUPE, "Why Privatization Doesn't Work: Useful Research and Analysis About Public-Private Partnerships" (April 1, 2010), Canadian Union of Public Employees, https://cupe.ca/privatization, retrieved October 15, 2022.

拉动了地方经济增长,其中的竞争优势是政府与私人企业之间建立了一种良性的合作关系。在项目实际操作中做到公平公正,这与民营化基础理论相吻合。政府需要调动私人企业参与基础设施建设的积极性,从而逐渐淡出资本市场体系。通过梳理中国目前的 PPP 现状可知,中国 PPP 模式相较于加拿大 PPP 模式而言,起步比较晚,其后发优势的发挥可以从加拿大 PPP 项目建设中汲取有益的经验养分。因此,参考加拿大新奥克维尔纪念医院 PPP 项目的案例研究,得到以下三点启示与经验。

(一)"公共利益共融体":建立中国本土化的 PPP 模式

PPP 模式属于舶来品,在中国背景下始终处于水土不服的阶段。因此,不能盲目照搬国外的模式而患了"外国病"。① 考虑到中国特殊的制度与政策环境,相对其他公共服务供给主体,中央政府处于公共服务供给体系的主导地位,进而缺少对企业以及其他社会主体在公共服务领域的参与性赋权和增能。一方面,这导致了企业对医疗服务类 PPP 模式的信心不足,增强了非政府主体的"参与惰性",不愿意以"高风险低回报率"的方式参与医疗项目;另一方面,在中国地方层级上,很多 PPP 项目对政府的约束度比较低,容易出现政府意向变更的情况,从而导致私人企业处于不公平的地位。从现实角度思考,营商环境的优劣影响着生产要素的集散、市场主体的兴衰、发展动力的强弱,是新发展格局下最重要的核心竞争力。根据民营化理论来衡量医疗服务 PPP 模式,政府部门和企业的关系已经发展为公共利益和社会效益共容的共建共治共享的基本治理格局,这需要双方经过沟通和协助才能让项目成功落地并达到共赢的效果,最终目标是在根本上实现公众权力、资

---

① 王绍光:《中国公共卫生的危机与转机》,中信出版社 2003 年版,第 15—17 页。

本权力、政府权力的三权平衡。

(二) 技术、制度与人本主义：坚持多元价值融合的 PPP 数字化转型

如果说 PPP 模式给医疗服务带来了新的发展路径，那么数字化转型就是在 PPP 模式的基础之上进行更深入的改革。这是因为合理开发数字化资源，在一定程度上能够减轻政府的债务负担，将数字化理念及其相关技术应用嵌入 PPP 模式，可以创造长期的经济和社会价值，同时又可以给予患者精准化的医疗服务。因此，PPP 数字化转型和技术变革深刻蕴含并催生了公共服务供给基于"技术—制度—人本"多重向度的"效度—深度—温度"治理目标的嵌套融合。[①] 首先，现代技术的社会化应用刻画了特大城市公共服务供给和公共事务治理"精准、智慧和高效"的行动取向，凸显了公共服务差异化供给和公共事务敏捷性治理的基本需求和行为特征，强调了效度要素的前瞻性和基础性。其次，PPP 作为一种"外源性"模式创新，难免具有"嫁接主义"和"拿来主义"的适应性弊端。因此，如何构建本土化的 PPP 模式和具有强情境性的地方性知识，仍需回到构建适应中国政策环境的制度设计上来。制度主义取向的 PPP 模式设计重视其制度、体系与政策的系统性创新，构建整体性的公私合作治理制度网络，织牢织密规范性、强制性和拘束性复合型制度集。最后，PPP 项目运作的根本目标是实现社会公共利益和社会价值的最大化。因此，数字化服务的技术效率和人的主体感受是技术化转型下 PPP 模式的"治理温度"价值彰显[②]，追求"人民美好生活"的"人本主义"理应成为 PPP 数字化转型的价值内涵和基本规约。总之，各类主体应当积极拥抱数字化

---

① 陈水生：《技术、制度与人本：城市精细化治理的取向及调适》，《山西大学学报》(哲学社会科学) 2021 年第 3 期。

② 郑磊：《数字治理的效度、温度和尺度》，《治理研究》2021 年第 2 期。

转型,完善 PPP 模式的各项标准,政府应该鼓励资本方积极使用数字化科技有效地提升传统医疗服务水平,推动地方政府治理能力和水平迈上新台阶。

(三)压实政府主体责任和企业社会责任:构建多维度的医疗 PPP 监管体系

借鉴加拿大的发展经验,构建强有力的监管体系能够使医疗服务 PPP 模式及其运行更加流畅和高效。中国在提高 PPP 项目效率的同时,还需要形成一套本土化的监管体系。中国政府一直以来推广 PPP 模式的口号是"利益共享、风险共担"。在实际操作中,PPP 模式一旦出现严重的问题和漏洞,企业需要承担大部分责任而政府机构则可以逃避相关法律纠纷。另外,PPP 模式相较于传统的政府购买公共服务模式存在着一定的特殊性,因为只有在项目交付完工后,政府才可以支付相应的费用。在这种"先偿后付"的不对等合作下,中国地方政府领导的任期制(换届或者是领导离职),会导致很多项目无法顺利完工甚至会变成所谓的烂尾项目。这招致很多地方政府为了解决地方债务危机,强行上马不符合条件的 PPP 项目,最后导致在浪费社会资源的同时给企业造成更大的财政危机。[①] 2020 年出台的《中华人民共和国基本医疗卫生与健康促进法》,对 PPP 医院进行法律监管,但是在实际操作过程中仍然遇到瓶颈。[②] 改革后的医院在卫生项目上面还以传统的医院为思路,缺乏 PPP 项目的财政监管、医院等级评审制度。这些因素都会致使 PPP 项目在实施过程中出现项目性质模糊、项目合规性难以判断和行政程序烦琐等难题,因而还需要加强政策体系建设,进一步完善对社会资本参与医疗运营的监管。此外,考虑到

---

① 陈龙:《PPP:医疗基础设施与服务提供的创新与责任》,经济管理出版社 2017 年版,第 200—208 页。
② 参见《中华人民共和国基本医疗卫生与健康促进法》。

医疗PPP模式的特殊性和专业性,还应该成立一个专业性的政府管理机构,负责项目评估和资金问题。

六、结论与讨论

随着新冠肺炎疫情的暴发和老龄化问题变得愈发严峻,医疗服务PPP模式无论是在全球还是在国内的发展将会变得更加重要。本文以新奥克维尔纪念医院为研究案例,运用民营化理论分析框架对加拿大医疗服务PPP模式进行了精细化描摹,体现了加拿大PPP模式在公私合作平等性、规范化法律体系等方面的创新举措。同时,文章还从不同的维度总结和凝练了加拿大医疗PPP模式的三大成功要素,即平等的合作模式、自由的竞争机制、规范化的监管模式,以此析出对中国PPP模式发展提供可资参考的经验与启示。

民营化理论或PPP模式的运行底座在于政府与其他部门主体形成良性合作关系。这种关系的形成和维护纠缠了政府权力主导、私人部门的经济利益追求和公共服务的社会效益最大化等多重利益动机,如何调适和平衡价值对冲及利益矛盾,必将是学术界和实务界共同面对的重要理论和现实问题。因此,政社互动理论应当会长期主导PPP研究的方法论工具。此外,在民营化理论框架下的PPP模式本质上只是一种创新的公共服务工具,想要对医疗服务质量和效率进行全方位的提升,更需要的是用"以人为本"的公共服务理念来满足大众的基础需求。因此,未来中国PPP研究一个重要的理论增长点,在于如何逐步将社会规范、伦理维度和主体的情感体验等社会文化要素纳入政府和私人部门合作关系研究之中,通过激发非正式制度体系的约束机制,强化PPP项目运作新责任伦理的形成。

当代中国公共行政研究:现状、前沿、范式与展望
——基于2004年—2022年行政学代表性期刊的文献计量分析

江 楠* 吴学佳** 吕 越*** 曾 琪****

[内容摘要] 本文依托文献计量软件 CiteSpace 和 VOSviewer,筛选出《中国行政管理》《行政论坛》《电子政务》三本中国公共行政研究期刊(2004—2022年)所刊载论文的高频关键词、作者及研究机构等信息,归纳了近20年来我国公共行政研究的热点领域、前沿主题,总结了我国公共行政研究的主要特征,分析了当代公共行政研究的本土化理论范式建构问题,剖析了当代中国公共行政研究存在的相关问题,由此对当代中国公共行政的未来研究方向进行了展望。

[关键词] 当代中国公共行政;热点领域;前沿主题;理论范式;未来展望

加快构建自主的中国哲学社会科学的学科体系、学术体系、话语体系,是新时代坚持和发展中国特色社会主义的必然要求,是推动国家治理现代化的有效理论范式与研究工具。习近平总书记

---

* 江楠,复旦大学大都市治理研究中心研究人员。
** 吴学佳,复旦大学大都市治理研究中心研究人员。
*** 吕越,复旦大学大都市治理研究中心研究人员。
**** 曾琪均,复旦大学大都市治理研究中心研究人员。
上述四人共为第一作者,指导教师为唐亚林教授。

2016年5月17日在哲学社会科学工作座谈会上明确提出,"以我国实际为研究起点,提出具有主体性、原创性的理论观点,构建具有自身特质的学科体系、学术体系、话语体系"。① 构建本土化的中国特色行政管理知识体系,已经成为新时代行政学人的学术使命与责任担当。

为更好地推动公共行政学发展,需要了解行政学现有知识体系的构成。本文试图通过构建当代中国公共行政研究近20年来的知识图谱,分析其热点领域、前沿主题与本土化理论范式探索等议题,为未来的研究方向提供相关参考。

一、数据与研究方法

文献计量法相较于传统的文献研究法,能够以一种更加客观的视角对研究领域进行大量数据的统计分析,并通过探析文献的分布结构、数量变化、计量特征及其相关关系的演变,能够更好地把握特定研究领域的热点问题、发展前沿与变化趋势。

英国文献学家布拉德福(Bradford)提出过一个关于文献的离散分布规律的观点,即"大多数关键文献通常都会集中发表于少数核心期刊"。② "……就是中国行政学研究范围、内容和话语体系不断补充、完善和发展的过程,杂志对这门学科的发展起到了重要的纽带和推动作用。"③这为分析当代中国公共行政研究现状提供

---

① 习近平:《在哲学社会科学工作座谈会上的讲话》,《人民日报》,2016年5月19日,002版。
② 司林波、李雪婷、孟卫东:《近十年中国公共管理研究的热点领域和前沿主题——基于八种公共管理研究期刊2006—2015年刊载文献的可视化分析》,《上海行政学院学报》2017年第2期。
③ 王澜明:《总结经验 发挥优势 开拓创新 再铸辉煌——在〈中国行政管理〉杂志创刊30周年座谈会上的发言》,《中国行政管理》2016年第1期。

了一个很好的量化思路——通过分析公共行政领域的核心期刊,探究当代中国公共行政研究领域的现状及其变化规律。

(一)数据来源

通过对中国知网(CNKI)上行政学领域的核心期刊进行复合影响因子、综合影响因子两个指标的排名,本文选择了排名靠前的三本代表性期刊:《中国行政管理》(2022年复合影响因子为4.937,综合影响因子为3.151)、《行政论坛》(2022年复合影响因子为4.470,综合影响因子为3.151)、《电子政务》(2022年复合影响因子为5.860,综合影响因子为3.511)。在时间跨度上,本文选取了三本杂志中最年轻的《电子政务》的创刊时间2004年作为数据的时间起点,截至2022年9月。在数据选择上,将杂文、会议纪要、会议通知、人物介绍、机构介绍等数据筛除,只保留学术论文作为分析数据。在此基础上形成了四大数据库:一是《电子政务》数据库,包含3 465篇学术论文;二是《中国行政管理》数据库,包含6 470篇学术论文;三是《行政论坛》数据库,包含2 523篇学术论文;四是由前三个数据库共同构成的总数据库,包含12 458篇学术论文。

(二)分析工具

本文使用的文献计量分析软件是CiteSpace与VOSviewer,这两个软件都是目前常用的科学知识图谱软件。两个软件各有优劣:CiteSpace的优势在于能够更加全面细致地筛选数据、读取信息、划分聚类,通过对文献计量的数据分析,可以探测到学科历时性的变化与知识拐点,有助于本文研究当代中国公共行政研究领域的现状;VOSviewer的优势在于图形展示能力强,能够以一种直观的方式展现文献数据的关键词知识图谱。CiteSpace主要被用来进行突现分析,VOSviewer则被用来进行关键词分析和制作关键词共现图。

（三）三本期刊的对比分析

1. 研究主题分析

（1）研究主题的个性：三本期刊各自侧重的研究领域

从表1所示的三本核心期刊关键词词频统计分析可以得出如下判断：每本核心期刊的主要研究热点和话题的侧重点各有不同，且各自形成了相对固定的主题风格。《中国行政管理》的主要内容集中于国家治理、公共治理的制度安排和顶层设计，关注行政体制改革、社会管理创新、政府职能转变的文章较多，因此，该期刊中的学术论文主要集中于国家制度、政府管理和社会治理三个领域。《行政论坛》与《中国行政管理》较为相像，不同点在于其研究中心更多集中于政府这一公共管理主体，关注政府、地方政府、政府职能、政府治理等方面的论文占多数。《电子政务》是为推动国家信息化和电子政务进程而创刊，因此，该期刊所发表的文章主题集中度非常高，几乎都与现代科技与信息技术的发展相关联，所发论文关注的主题主要有电子政务、电子治理、信息社会、"互联网+"、信息化等。

（2）研究主题的共性

第一，共同关注的高频热点主题。虽然三本期刊的研究主题各有侧重，但作为公共管理研究的高水平学术核心期刊，三本期刊也存在着许多共同关注的研究主题。依据VOSviewer对三本期刊关键词的整体统计共现图谱，三本期刊共同关注和研究的热点主题主要有电子政务、公共管理、公共服务、地方政府、公共政策、政府、政府职能、社会治理、公众参与、行政改革、应急管理等。

第二，研究主题和热点的演变趋势。除了以上共同研究的主题外，三本期刊的另一共同点是研究主题的演变趋势相同。根据CiteSpace对三本期刊2004—2022年25个高频论文关键词的突现统计和时区图,三本期刊2004—2012年的研究都重点关注政府、政府职能、和谐社会、政府网站、电子政务、绩效评估等主题。2012—2022年,各期刊在国家治理、电子治理、社会治理、网络治理、政务服务等主题方面的研究明显增强。其中,自2016起,在我国科学技术尤其是信息技术和数字技术取得重大发展进步的情况下,数字经济、数字治理、人工智能、数字政府等主题的研究成果大量涌现,并一度成为我国公共管理研究的潮流。另外,在2020年全面建成小康社会和美丽乡村建设的目标号召下,乡村振兴、基层治理等也成为我国公共管理近几年的研究热点,研究热度一直保持在较高水平。

表1　各期刊2004—2022年研究热度靠前的15个主题

期刊	2004—2022研究热度靠前的15个主题
《中国行政管理》	地方政府、公共服务、公共管理、公共政策、公务员、应急管理、电子政务、治理、社会组织、政府、政务服务、绩效评估、政务公开、政府职能、公共行政
《行政论坛》	政府、地方政府、公共政策、公共服务、行政改革、公务员、社会治理、公共管理、和谐社会、国家治理、公共行政、对策、政府职能、绩效评估、政府治理
《电子政务》	电子政务、政府网站、公共服务、公共治理、大数据、电子治理、信息社会、信息化、网络舆情、智慧城市、网络治理、电子政府、信息公开、"互联网+"、信息安全

2. 研究主体分析:主要发文作者和相对稳定的学术团队

从表2所示的各期刊主要发文作者中可以看出,当代中国公共行政研究的主要发文作者(各期刊发文数量前三名,数量相同则名次并列)是高小平、季哲、中国行政管理学会课题组、余健慧、何植民、吴传毅、包国宪、张锐昕、江源富和吴江,他们在这三本期刊的发文量上作出了突出贡献。另外,各个期刊都有各自相对固定的学者群体和学术团队。依据CiteSpace对三本期刊2004—

2022 年的发文数量统计结果,《中国行政管理》的主要发文学者群体是高小平、季哲、中国行政管理学会课题组、沈荣华、蓝志勇、张定安、朱正威、刘杰、周志忍等;《行政论坛》的主要发文学者群体是余健慧、何植民、吴传毅、包国宪、张康之、俞桂海等;《电子政务》的主要发文学者群体是张锐昕、江源富、吴江、郑磊、苗燕民、戚鲁、柳进军等。

表 2 各期刊 2004—2022 年主要发文作者和主要发文研究机构

期刊	主要发文作者	主要发文研究机构
《中国行政管理》	高小平、季哲、中国行政管理学会课题组、沈荣华、蓝志勇、张定安、朱正威、刘杰、周志忍、鲍静、夏书章、石亚军、胡仙芝	北京大学政府管理学院、中国人民大学公共管理学院、中国行政管理学会、清华大学公共管理学院
《行政论坛》	余健慧、何植民、吴传毅、包国宪、张康之、俞桂海、刘文俭、陈辉、于凤荣、何文盛、丁煜	中国人民大学公共管理学院、吉林大学行政学院、北京大学政府管理学院、武汉大学政治与公共管理学院、中共黑龙江省委党校、上海交通大学国际与公共事务学院
《电子政务》	张锐昕、江源富、吴江、郑磊、苗燕民、戚鲁、柳进军、顾平安、梁志坚、卢平、钱军、徐波、周苏悦	华中科技大学公共管理学院、国家信息中心信息化研究部、中国人民大学信息资源管理学院、国家行政学院公共管理教研部、国家信息中心、中国软件测评中心

除稳定的发文作者群体外,三本期刊也有各自相对稳定的主要发文研究机构。《中国行政管理》由中国行政管理学会主办,是反映政府行政管理理论研究与实践发展的重量级学术刊物,其主要发文研究机构是高校管理学和行政学院系,如北京大学政府管理学院、中国人民大学公共管理学院、清华大学公共管理学院等,这些研究机构的发文量均在 100 篇以上,是《中国行政管理》的主

要发文研究机构。《行政论坛》由黑龙江省行政学院主管主办,2004—2022年间的主要发文研究机构是黑龙江省行政学院、中国人民大学公共管理学院、吉林大学行政学院和北京大学政府管理学院,四个机构的发文量均在40篇以上。《电子政务》致力于探讨中国电子政务的发展道路和模式,推动国家信息化和电子政务进程,在科技与信息技术方面有较高要求,因此其主要发文研究机构多为高等科研院所,2004—2022年间主要发文研究机构是华中科技大学公共管理学院、国家信息中心信息化研究部、中国人民大学信息资源管理学院和国家行政学院公共管理教研部,这四个研究机构的发文量均在50篇以上,华中科技大学公共管理学院发表的文章数量更是达到120篇之多。

从以上对各期刊主要发文研究机构的分析中可以总结出,当代中国公共行政的主要发文研究机构分别为北京大学政府管理学院、中国人民大学公共管理学院、清华大学公共管理学院、黑龙江省行政学院、华中科技大学公共管理学院、复旦大学国际关系与公共事务学院、武汉大学政治与公共管理学院等。这些研究机构2004—2022年在三个期刊上的发文量累计均在100篇以上。

二、当代中国公共行政研究的热点领域

(一)关键词的可视化分析

当代中国公共行政研究的重点议题能够通过文献中出现的高频关键词加以反映。本文将《中国行政管理》《行政论坛》《电子政务》三个期刊2004—2022年的文献关键词作为数据库,整理了高频出现的关键词,形成了累计词频排名前25的高频关键词列表,并使用VOSviewer对出现45次以上的关键词进行绘制,形成了

可视化图谱。

表3为高频关键词列表,列表中的频数显示了以该词作为关键词的文献总数,能够直接说明该关键词的研究热度。总联系强度显示了该关键词与其他关键词的紧密程度,能说明该词在关键词节点网络的重要程度,从而反映围绕该关键词形成的研究热点。图1为关键词共现图谱,可以更直观地看出关键词的节点网络。

根据表3和图1可知,高频关键词主要集中于"电子政务""公共服务""公共管理"等方面。从关键词的频数来看,"电子政务""公共服务""公共管理""政府网站"等关键词频数较高,分别达到1 682次、405次、333次、284次。从关键词的总联系强度来看,"电子政务"的总联系强度最高,为2 771;"公共服务""公共管理""政府网站""大数据"等关键词的总联系强度大于500,表明上述关键词皆为行政学研究的热点。

表3 各期刊2004—2022年主要发文的高频关键词一览表

频数排名	关键词	频数(次)	总联系强度
1	电子政务	1 682	2 771
2	公共服务	405	945
3	公共管理	333	742
4	政府网站	284	506
5	服务型政府	270	484
6	地方政府	250	396
7	大数据	234	518
8	电子政务建设	224	284
9	公共政策	195	291
10	绩效评估	185	364
11	政府	179	232
12	电子治理	170	495

(续表)

频数排名	关键词	频数(次)	总联系强度
13	信息社会	159	448
14	信息化	155	305
15	应急管理	143	262
16	网络舆情	142	334
17	公务员	138	111
18	信息公开	137	268
19	社会治理	132	260
20	网络治理	119	265
21	政务公开	117	199
22	政府治理	116	265
23	公众参与	115	233
24	政务服务	113	202
25	智慧城市	110	252

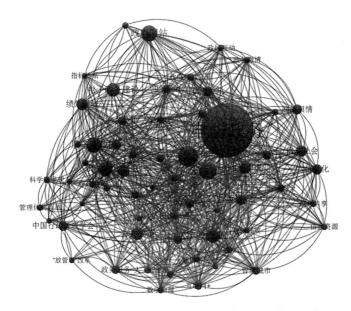

图1 各期刊2004—2022年主要发文的关键词共现图谱

根据高频关键词列表和关键词共现图谱反映出的关键词词频及总联系强度,并结合相关文献,本文提炼出五个热点主题。

1. 公共管理的主体

根据表3可知,属于公共管理主体这一主题的高频关键词主要有"地方政府"(250次)、"政府"(179次)、"公务员"(138次)。政府作为公共管理的主体一直是公共管理研究的核心主题,根据不同层级可以进一步划分为中央政府和地方政府。地方政府在这一主题中出现的频次最高,总联系强度也最高,说明地方政府一直是行政学研究的热点话题。结合文献可知,关于地方政府的研究主要围绕央地关系、府际关系、政策执行成效等内容展开。

2. 政府职能

表3中属于政府职能这一主题的高频关键词为"公共服务"(405次)、"公共管理"(333次)、"应急管理"(143次)。其中,频次最高的关键词为"公共服务",在关键词共现图谱中与"公共服务"节点有连线的关键词主要有"社会保障""政务服务""公众参与"等,这些有连线关系的关键词直接或间接地反映了近十几年来公共服务的热点研究内容。结合二次文献检索可知,对于公共服务的研究主要集中于公共服务主体、公共物品、公共服务体系、公共服务体制改革等方面。

3. 公共管理的理念和目标

表3中属于公共管理的理念和目标这一主题的关键词有"服务型政府"(270次)、"社会治理"(132次)、"网络治理"(119次)、"政府治理"(116次)等。服务型政府是在2004年第十届全国人民代表大会第二次会议之后,针对政府大包大揽和以计划指令、行政管制为主要手段的管控型政府模式,所提出的一种新型的现代政府治理模式。2013年党的十八届三中全会提出了推进国家治理体系和治理能力现代化的总目标,"治理"随之成为一个新的研究热点。总体而言,对于公共管理的理念与目标的研究能够回应

不同发展阶段的指导思想,始终保持与时俱进。

4. 公共管理的手段和途径

表3中这一类高频关键词主要有"电子政务"(1 682次)、"政府网站"(284次)、"大数据"(234次)、"公共政策"(195次)、"电子治理"(170次)等。公共政策具有很强的现实导向,各类公共问题的解决都有赖于公共政策的制定与执行。结合文献可知,国内学者对于公共政策的研究多采用描述性研究方法和逻辑分析方法,采用定量研究方法的研究较少。"电子政务"及相关关键词出现的频次最高,表明电子政务作为公共管理的手段和途径受到学术界的高度重视。电子政务的发展对于推进政务公开、实现服务型政府建设具有重要作用,学界研究主要围绕电子化政府、政府开放数据、政府信息化等方面展开。

5. 政府绩效

表3中关于政府绩效研究的高频关键词是"绩效评估"(185次)。近年来,我国大力推进政府绩效管理,对于政府绩效的研究日益受到学术界的关注。绩效评估是政府绩效管理的核心环节,关乎整个行政管理过程的成败。建立科学的绩效评价指标体系是政府绩效研究的核心问题。绩效评估与公共管理主体有着密切联系,在进行公共管理主体研究时,绩效管理也是重要方向之一。

(二)研究主题的主要演变趋势

时空图以时间序列的方式反映了不同时期的学术研究热点,该图以时间线为横轴,以中心性较高的几个关键词为纵轴。方块中心为关键词首次被提出的年份,方块的大小反映了关键词的出现频数。根据高频关键词,本文总结出公共行政领域研究关注的四个热点主题,为了对热点主题的变化趋势进行分析,本文对2004年至2022年9月份的关键词图谱进行了时间序列分析,绘制了关键词时空图,如图2所示。

■ 新城新区建设与特殊经济功能区治理

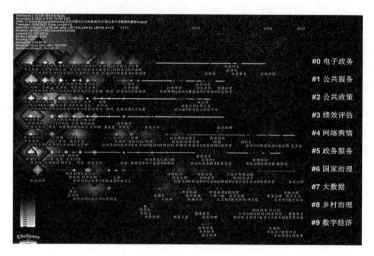

图 2　各期刊 2004—2022 年主要发文的关键词时空图

由图 2 可知,我国公共行政领域的研究热点由图中左上转移到了右下,在 2013 年产生了较为明显的转变。2001 年,我国成功加入 WTO,我国政府的职能定位发生了从"无限政府"到"有限政府"的转变,政治体制改革进程明显加快。此外,WTO 对成员国政府行政过程公开、透明的要求,也有力地推动了我国各项政府管理制度的透明化改革。2003 年,SARS 危机进一步催生了制度化、程序化的行政问责制度的生成。2004 年,温家宝总理在第十届全国人民代表大会第二次会议上明确提出"建设服务型政府"的要求。这一时期,"电子政务""公共服务""公共政策""绩效评估""网络舆情"等词成为高频关键词。从关键词的总联系强度看,"电子政务"的总联系强度最高,为 2 771,这表明公共管理手段与政府绩效评估这两个主题得到了更多的关注。

2013 年,党的十八届三中全会提出要推进国家治理体系和治理能力现代化。在这一时期,"国家治理""乡村治理"等成为高频关键词。与此同时,随着大数据等新兴技术的兴起和广泛应用,"大数据""数字经济"等词开始取代"电子政务"成为高频关键词。

三、当代中国公共行政研究的前沿主题

为了进一步探究当前公共行政研究主题的新趋势,本文通过测度期刊文献关键词的突现情况及其每年词频变化情况,对我国公共行政研究前沿主题进行分析。

在提取《中国行政管理》《行政论坛》《电子政务》三本期刊(2004—2022年)的文献关键词后,本文运用 CiteSpace 整理出突现词,通过对突现词的突现率及其突现历史曲线走向分析,结合二次文献搜索法进行整理,得到了 2004—2022 年公共行政领域研究的趋弱性和渐增性前沿主题的结果。

(一)趋弱性前沿主题

趋弱性前沿主题指呈现弱化倾向趋势的前沿主题。根据三本期刊的文献关键词突现率,发现三组趋势较明显的减弱性前沿主题,分别为政府与政府职能、电子政务以及和谐社会。

1. 政府与政府职能研究呈现趋弱型特征,总体研究并未中断

政府与政府职能主题包括"政府""社会管理""大部制"3个关键词。机构改革实际上是打破部门之间权力与利益的平衡并再次取得平衡的过程。这种部门权力和利益碎片化分割现象被形容为"碎片化主义":官僚层级扩张,各部门功能弱化,国家权威在各部门、各层级中遭到多重分割,部门利益与国家利益背离,部门间推诿等现象频现。建立职能统一的大部门制是解决"碎片化主义"的重要途径。我国大部制改革经历了三个演进阶段:以精简机构为核心的大部制改革、以转变职能为核心的大部制改革及以党政统筹为核心的大部制改革。①

---

① 张强:《我国大部制改革的演进逻辑》,《甘肃行政学院学报》2019年第5期。

我国的大部制改革在不同时期,从政治周期逻辑、国家战略逻辑、党政关系逻辑、政府职能逻辑等角度出发,转变政府职能、精简政府结构,在政府机构改革突破的同时创新政府职能履行方式,推动政府适应多样化、规范化、高效化的社会需求。简政放权、服务型政府、信息公开等改革措施都是我国政府在人民利益需求的基础上,配合我国政治行政现代化发展和经济社会现代化需要所进行的政府社会管理革新。

如图3、图4、图5所示,对政府与政府职能的相关研究文献数量呈现波浪式下降,但总体来说研究并未中断,一方面说明关于政府职能的研究呈现趋弱性特征,另一方面也反映出政府职能研究仍然是学术界关注的稳健型前沿主题。

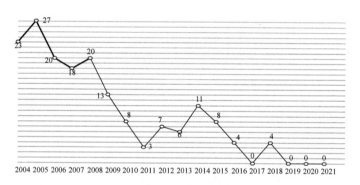

图3 关键词"政府"突现图

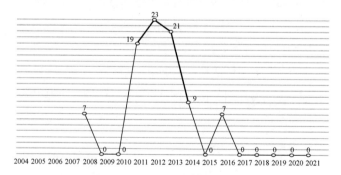

图4 关键词"社会管理"突现图

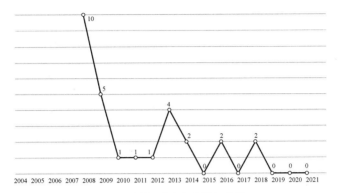

图 5　关键词"大部制"突现图

2. 电子政务发展转型为智慧政务,相关热点研究随之转变

电子政务主题包括"电子治理""信息化""信息社会""网络治理""政府网站""大数据""数据开放""政务微博"8 个关键词。

根据图 6 可以看出,电子治理主题突现年份集中在 2008—2015 年。我国电子政务始于 1993 年的"三金工程",电子政务的实施对政府管理实践产生了极其重要的影响。2006 年,《国家电子政务总体框架》颁布,电子政务成为公共行政学术界关注和研究的热点。从图 10"政府网站"的历史曲线图可以看出,"政府网站"是 2006—2009 年的研究热点。图 7 和图 8 表明,截至 2011 年,"信息化"与"信息社会"两个关键词的研究热度一直呈现稳步向上趋势,在 2008—2011 年成为电子政务研究领域的热点。图 9 表明"网络治理"在 2012 年成为研究热点。如图 11 所示,"大数据"在 2015 年成为新的研究热点,并且至今都仍有较高的研究热度。2016 年,中共中央办公厅、国务院办公厅发布《关于全面推进政务公开工作的意见》,提出要发展社会主义民主政治、提升国家治理能力、增强政府公信力和执行力的高度、重视和深化政务公开工作。6 个关键词突现率的历史曲线图到 2008 年一直呈现稳步向上的趋势。从电子政务到智慧政务,信息公开一直是该领域发展的重点与热点。到 2019 年,实施 10 年有余的《政府信息公开条例》修订并实施,政务公开制度得到完善、公开范围继续扩展、要求继续细化。从图12"政务微博"到图13"数据开放"的突现率变化图可以看出,我国政务公开制度在不断发展与完善,对其研究热度逐渐降低,政务公开制度走向常态化发展。① 随着网络技术的发展,电子政务研究的内容随之变化,电子政务目前进入向智慧政务转变的新发展阶段,也致使传统电子政务的研究呈现渐弱趋势。

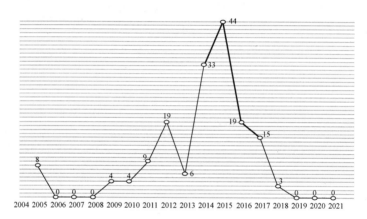

图6 关键词"电子治理"突现图

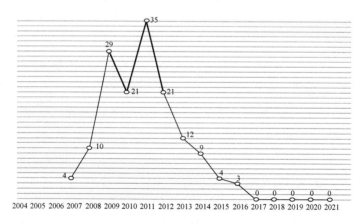

图7 关键词"信息化"突现图

---

① 杨立华、常多粉:《中国行政学三十年的范式变迁:从行政管理到公共治理》,《中国行政管理》2019年第6期。

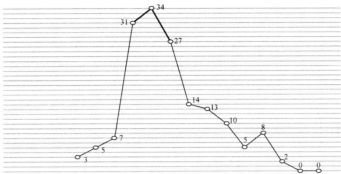

图 8　关键词"信息社会"突现图

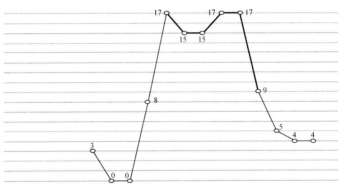

图 9　关键词"网络治理"突现图

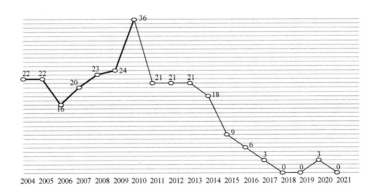

图 10　关键词"政府网站"突现图

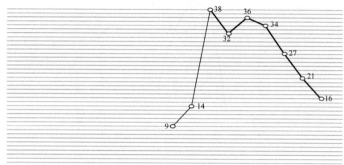

图 11 关键词"大数据"突现图

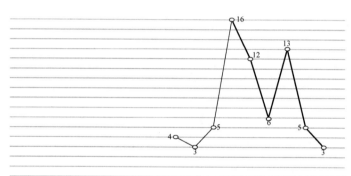

图 12 关键词"数据开放"突现图

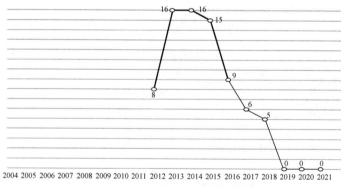

图 13 关键词"政务微博"突现图

3. 和谐社会研究随着社会认同的提高以及治国理政的侧重点变化逐渐减少

自2004年党中央提出构建社会主义和谐社会的目标之后,相关研究成果迅速涌现。如图14所示,"和谐社会"关键词词频在2006年迎来高峰,之后便开始下降,2014年以后没有文献发表。这一方面是因为社会大众对"和谐社会"这一概念的认同,使得学术界对和谐社会的研究不再放在核心位置;另一方面,中央治国理政的侧重点变化也是这一热点领域淡出研究的一个重要原因。①

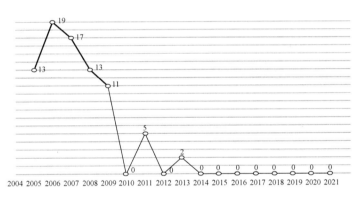

图14　关键词"和谐社会"突现图

(二) 渐增性前沿主题

渐增性前沿主题是指关键词突现率较高、研究趋势呈现逐步渐增的主题。根据三本期刊的文献关键词突现率,本文共探测出两种趋势较明显的渐增性前沿主题:智慧政务和国家治理与乡村治理。

1. 智慧政务继电子政务后成为相关领域的当下研究重点与热点

智慧政务主题包括"数字治理""数据治理""数字政府""数字经

---

① 许开轶、郑慧:《改革开放以来的中国公共行政学》,《北京行政学院学报》2020年第2期。

济"4个关键词。智慧政务,即通过"互联网+政务服务"构建智慧型政府,利用云计算、移动物联网、人工智能、数据挖掘等技术,提高政府在办公、监管、服务、决策方面的智能水平,形成高效、敏捷、公开、便民的新型政府治理形态。智慧政务的核心在于使政务服务更加智能化、便捷化,以推进国家治理体系和治理能力现代化为目标,以信息技术、区块链、物联网等为支撑,加快构建数据驱动、整体协同的现代治理新模式新机制。① 从图15—图18可以看出,"智慧政务"自2018年起,词频快速上升,逐渐成为研究热点。由电子政务向智慧政务的转变已成为当代中国公共行政发展的重要趋势。

图15 关键词"数字治理"突现图

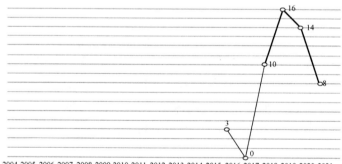

图16 关键词"数据治理"突现图

① 翟云:《"十四五"时期中国电子政务的基本理论问题:技术变革、价值嬗变及发展逻辑》,《电子政务》2021年第1期。

图 17　关键词"数字政府"突现图

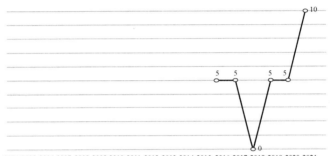

图 18　关键词"数字经济"突现图

2. 国家治理与乡村治理研究和国家发展战略演化紧密相关

国家治理与乡村治理主题包括"国家治理""基层治理""社会治理""乡村振兴"4 个关键词。图 19—图 22 中四个关键词近年词频均处于较高水平,表明国家治理能力现代化是当代中国公共行政研究领域高度关注的问题,这与 2013 年党的十八届三中全会将国家治理体系和治理能力现代化确定为全面深化改革的总目标密切相关。当前,国家治理体系和治理能力现代化成为我国全面深化和推进改革历史进程的定向指南针。① 自 2013 年以来,国家治理体系和治理能力不仅在政界引起广泛的关注,学术界也对其理

---

① 王浦劬:《国家治理、政府治理和社会治理的含义及其相互关系》,《国家行政学院学报》2014 年第 3 期。

论与实践进行了深入的研究,从而使近几年相关文献发文量不断上升,其也成为渐增性研究前沿主题。但是,在国家治理与乡村治理这一大的研究主题之下,也可以看出社会治理尽管仍然是当前的一个热点领域,但已经呈现研究的衰退趋势。

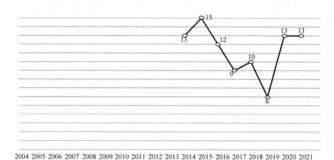

图 19 关键词"国家治理"突现图

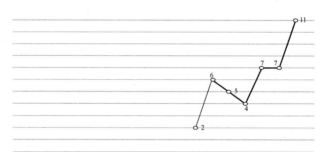

图 20 关键词"基层治理"突现图

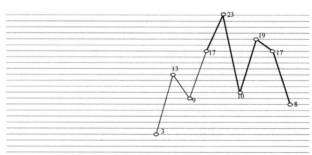

图 21 关键词"社会治理"突现图

图 22　关键词"乡村振兴"突现图

四、当代中国公共行政研究的理论建构

(一) 行政学本土化的反思性研究

我国的行政学学科自 20 世纪 90 年代以来获得快速发展,然而,学科在发展过程中逐渐暴露了本土化和规范化的双重困境。为了解决学科存在的双重困境,加快建设有中国特色的行政学学科,学界针对行政学的反思性研究也在不断开展。

为了从整体上认识我国行政学的反思性研究,笔者在 CNKI 上以"行政学本土化""行政学中国化""中国特色行政学"三个主题进行检索,绘制了历年反思性研究文献数量图,如图 23 所示,行政学的反思性研究总体呈现上升趋势。从文献数量来看,反思性研究的文献数量在 1996 年以后呈波动上升的趋势,2004 年之后学界对于反思性研究的关注明显增加,近年来反思性研究的文献在每年 10 篇上下波动,表明学界对于行政学的反思性研究在经历了快速增长后仍保持着高度关注的格局。从引用数量来看,在 CNKI 上引用最多的两篇文章为马骏在 2006 年、2007 年发表的《中国公共行政学研究的反思:面对问题的勇气》和《中国公共行政学的"身份危机"》,进一步佐证了 2004 年之后中国行政学反思性研究的学术特点。

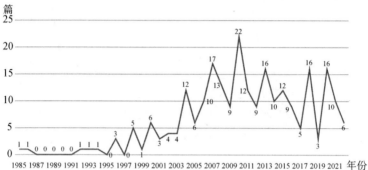

图 23　历年反思性研究文献数量(1985—2021 年)

何艳玲在 2009 年提出"我国行政学研究反思工作大致可以分为两个阶段,即 1996 年到 2005 年为第一阶段,2005 年至今为第二阶段"。① 1996—2005 年的研究主要集中于针对我国行政学研究中存在的问题进行描述性分析,其中,本土化困境是学界反思的焦点。张成福在 1996 年就较早地指明了行政学中国化的问题,并指出了行政学研究的方向,"就中国行政学科本身的发展而言,除非形成自己的理论——无论是巨型理论、中型理论,还是微观经验型理论——否则,中国行政学永远不可能成为一门独立的知识领域"。② 乔耀章指出了行政学中国化的前提,即"要把西方的行政学,尤其是美国的行政学用我国第四次修改后的宪法把它加以过滤,把它置于批判的文火上加以烘烤,把西方行政学尤其是美国行政学的气体蒸馏掉,逐步营造行政学的中国特色、中国学派"。③ 对于如

---

① 何艳玲:《我国行政学研究反思工作述评(1996—2008)》,《公共行政评论》2009 年第 5 期。

② 张成福:《发展、问题与重建——论面向 21 世纪的中国行政科学》,《政治学研究》1996 年第 1 期。

③ 乔耀章:《行政学中国化过程中的学科发展与方法体系》,《上海行政学院学报》2005 年第 2 期。

何回应行政学本土化的问题,大多数学者认为必须要着手于行政学实践。高小平认为,"行政学的'真知'存在于改革开放的现代化建设的实践中,存在于推动经济持续快速健康发展和社会全面进步的行政改革的实践中,行政学工作者要努力挖掘实践中的理论含量"。① 薄贵利认为,行政学研究"要打破枷锁,解放自己,走出学府,走进政府,深入实际,调查研究,掌握大量的第一手资料,为创建具有中国特色的行政学奠定坚实的实证基础"。② 这一阶段的研究主要论述了行政学本土化的困境,并指出解决该困境需要将重点放到中国公共行政实践的研究之上。

2005年之后的反思将重点放在对现有的行政学研究成果进行量化评估上,评估主要针对行政学研究的规范化困境。2005年,美国行政学研究的反思性工作论文集《公共行政研究:对理论与实践的反思》的中译本出版,书中的评估框架被学者广泛用于我国行政学的反思研究。董建新等人首先使用了量化评估的方法研究我国行政学研究的方法论,指出我国行政学研究"几乎没有真正有效地运用实证的方法来检验自己的理论假设"。③ 何艳玲使用更大的样本量得出了"我国行政学实证研究严重短缺,并导致行政学研究成果的结构性失衡"④的结论。

近些年来,我国行政学研究逐渐朝实证研究的方向发展。于文轩指出,"案例研究已经成为中国公共行政学实证研究的重要研究方法之一"。⑤ 侯志阳等人通过对《公共管理学报》的相关文献进行分析,说明了2009—2018年案例研究文章数量及占比呈现明

---

① 高小平:《行政学的"真知"在哪里》,《行政论坛》1998年第6期。
② 薄贵利:《中国行政学:问题、挑战与对策》,《中国行政管理》1998年第12期。
③ 董建新、白锐、梁茂春:《中国行政学方法论分析:2000—2004》,《上海行政学院学报》2005年第2期。
④ 何艳玲:《问题与方法:近十年来中国行政学研究评估(1995—2005)》,《政治学研究》2007年第1期。
⑤ 于文轩:《中国公共行政学案例研究:问题与挑战》,《中国行政管理》2020年第6期。

显增长的趋势。① 实证研究已经成为行政学研究的重要方法。习近平总书记在 2016 年哲学社会科学工作座谈会指出,"要加快构建中国特色哲学社会科学",如何构建中国特色的公共行政学成为行政学研究的重要问题,本土化困境再次成为行政学反思性研究的重点。

(二) 行政学本土化理论建构现状

在行政学本土化的反思性研究的影响下,一些基于本土经验的当代中国公共行政研究的理论范式也在不断被建构,并且出现了一些极具影响力的本土化理论范式。为了更好地了解 2004 年至今中国行政学本土化的研究成果,展望未来中国特色行政学可能形成的理论范式,本文从已有的本土化理论范式中挑选出四个不同领域兼具代表性和中国特色的学术概念与理论进行介绍。

1. 逆向软预算约束理论

软预算约束是用来解释社会主义国家打破预算限制对国有企业进行救助的经济学理论。基于软预算约束理论,周雪光 2005 年从组织分析的角度针对中国基层政府突破预算限制、自上而下获取资源的行为,提出了逆向软预算约束理论。这种逆向软预算约束有三种表现形式:一是基层政府向企业或个人征收正式税收之外的各种税费,将政府之外的资源转变为政府可支配的财政能力;二是基层政府通过各种政治压力或者交换关系,迫使或诱使辖区的企业或其他单位向政府提倡的政绩项目或其他公共设施工程捐资出力;三是自上而下的"钓鱼工程",即上级政府拿出少量资金作为"诱饵",鼓励下级政府或单位用各种方式集资完成某项工程。逆向软预算约束的产生有两方面的原因:在微观层面,干部晋升制度和信息不

---

① 侯志阳、张翔:《公共管理案例研究何以促进知识发展?——基于〈公共管理学报〉创刊以来相关文献的分析》,《公共管理学报》2020 年第 1 期。

对称为其提供了激励机制;在宏观层面,组织制度自上而下约束机制的失灵、企业和个人自下而上抵制活动的失效与目标管理责任制的失败,导致了宏观组织制度难以对政府官员的行为产生有效约束。

周雪光的逆向软预算约束理论提出后,在学术界受到了广泛关注。一方面,一些学者对逆向软预算约束理论进行了补充。在逆向软预算约束理论中,政府和企业的对抗关系大于合作关系,基层政府更多的是向企业和个人获取资源,而企业和个人也更多地表现出抵制。对此,周黎安提出了"官场与市场"互动模式。① 该模式认为,地方官员之间围绕辖区经济发展的官场竞争,嵌入在不同辖区企业之间的市场竞争之中,而辖区企业参与的市场竞争又嵌入在官场竞争之中,政府与市场具有实现良性互动的可能性,但需具备三个必要条件:内部的政治激励、外部的市场约束和必要的信息反馈。周黎安认为,当这三个条件同时得到满足时,基层政府就可以实现由"掠夺之手"到"帮助之手"的跳跃。另一方面,众多学者直接运用逆向软预算约束理论来分析中国的社会问题,杨爱平在部门内部交易费用的基础上,探讨了区域政策执行过程中的逆向软预算约束问题②;叶贵仁利用逆向软预算约束理论,对中国乡镇长权责不对等的问题进行了解释。③ 由此可见,逆向软预算约束理论范式已经成为解释中国政府公共问题的一个重要分析框架。

2. 政策议程设置模式理论

公共议程设置是政策过程的重要环节,也是公共政策研究的重要内容。但中国学者在议程设置研究中常常引用的都是来自西方的模型,如多源流互动模型、间断平衡理论等,这些模型往往难

---

① 周黎安:《"官场+市场"与中国增长故事》,《社会》2018年第2期。
② 杨爱平:《我国区域政策执行中的"逆向软预算约束"现象——以 X 省"山区开发"为例的拓展分析》,《中山大学学报》(社会科学版)2007年第3期。
③ 叶贵仁:《"逆向软预算约束":乡镇长权责不对等的理论解释》,《华南理工大学学报》(社会科学版)2010年第3期。

以准确地分析中国案例。王绍光在2006年从行为视角切入,基于中国现实情况,根据议程提出者和民众参与程度两个维度,将议程设置分为关门模式、内参模式、上书模式、动员模式、借力模式、外压模式,由此提出了政策议程设置模式理论(表4)。关门模式是最传统的议程设置模式,在这种模式中,没有公众议程的设置,议程的提出者就是决策者,他们在决定议事日程时没有或者认为没有必要争取大众的支持。动员模式的议程也由决策者提出,区别于关门模式的地方在于议程确定之后,决策者会全力引起民众对该议程的兴趣,争取民众对该议程的支持,即先政策议程、后公众议程。在内参模式中,议程由接近权力核心的政府智囊提出,这些智囊往往不会努力争取民众的支持,而是更看重决策者的赏识。因此,在该模式中没有民众与决策者的互动,只有智囊们与决策者的互动。与内参模式不同,借力模式的政府智囊与民众有更多的互动,他们将自己的建议公之于众,借助民众的支持力量来使决策者接受自己的建议。上书模式中的"上书",是指通过给决策者写信提出政策建议,这类建言人往往是社会中的精英(具有知识优势和一定社会地位的人),他们区别于专职政府智囊,与民众没有太多互动。而外压模式则不同,该模式中的议程提出者希望诉诸民众和舆论的力量,来对决策者形成足够的压力,迫使其接受自己的政策建议。

表4 中国公共政策议程设置模式

		议程提出者		
		决策者	智囊团	民间
民众参与程度	高	关门模式	内参模式	上书模式
	低	动员模式	借力模式	外压模式

王绍光认为,在当时的中国,上述六种公共政策议程设置模式并肩存在。其中,"关门模式和动员模式逐渐式微,内参模式成为

常态,上书模式和借力模式时有所闻,外压模式频繁出现"。① 中国议程设置各模式地位的变化,反映了中国议程设置的日益科学化和民主化。

六大议程设置模式经过了实证研究的检验,是我国经典的本土化政治理论。但随着时代的变化,其不足也在不断凸显。2017 年,赵静和薛澜指出,王绍光的政策议程设置模式发表距今已经十余年,在此期间,我国政治体制改革不断推进,经济社会面貌发生了翻天覆地的变化,因而,六大议程设置模式已经不能完全解释和反映在实际议程设置过程中出现的新现象。两位学者基于回应性特点而提出的回应性议程设置模式,就是在当下中国公共政策新现象背景下对王绍光议程设置模式的新发展。

3. "晋升锦标赛"理论

改革开放以来,中国经济快速发展,地方政府在其中扮演着重要角色。与其他发展中国家相比,为什么中国的地方政府愿意积极主动地推动地方经济的发展?在行政和财政分权的背景下,学术界出现了以财政包干为主要内容的中国特色的财政联邦主义理论。但随着财政体制的变动,财政联邦主义难以解释为何地方官员推动地方经济增长的热情并未改变。于是,周黎安从政治激励的视角出发,认为"以经济绩效为核心"的官员晋升制度是地方官员发展经济的重要激励。他将其命名为"晋升锦标赛"模式,主要是指上级政府对多个下级政府部门的行政长官设计的一种晋升竞赛,竞赛优胜者将获得晋升,而竞赛标准由上级政府决定,它可以是 GDP 增长率,也可以是其他可度量的指标。"晋升锦标赛"有五个得以实施的前提条件:一是上级政府的人事权力必须是集中的,可以决定一定的晋升和提拔的标准,并根据下级政府官员的绩效决定升迁与否;二是有双方都公认的可衡量、客观的竞赛指标;三

---

① 王绍光:《中国公共政策议程设置的模式》,《中国社会科学》2006 年第 5 期。

是各参赛主体的竞赛成绩是可分离和可比较的;四是参赛的政府官员能够在相当程度上控制和影响最终考核的绩效,这主要涉及被考核的指标与参赛人的努力是否有足够大的关联;五是参赛人之间不容易形成合谋。中国显然具备相关的政治经济条件:第一,中国是中央集权的国家,中央具有集中的人事权;第二,中国同级地方政府的事务具有相似性;第三,中国地方政府的经济绩效可以比较;第四,地方官员掌握着行政审批、土地征用等影响地方经济发展的重要资源;第五,地方官员之间存在高度竞争。因此,周黎安认为利用地方政府官员对仕途的关心从而将晋升作为激励手段的"晋升锦标赛"制度在我国得到了有效的实施,并且成功地推动了我国经济的快速发展。①

"晋升锦标赛"理论一经提出,便"引发了大量学者从地方官员的晋升激励这一视角就中国经济展开分析,如财政竞争、公共品投入等"。② 周黎安提出的"晋升锦标赛"模式的基础是经济增长,是针对中国政府官员的GDP绩效观的分析框架。这种以GDP为主要指标的"晋升锦标赛"理论,引发两个后续的学术研究方向:一是陶然等学者通过量化的实证研究,对中国是否存在官员锦标赛问题表示了怀疑;二是傅勇、张晏等学者呼吁政治锦标赛的考核指标不应该局限于经济增长,也应该增加环境等民生指标,强调民众参与的重要性。无疑地,"晋升锦标赛"理论已经成为解释当代中国发展的重要理论。

4. 使命型政党理论

中国政治学与行政学的学科知识体系基本上是在现代西方政治学"极权体制、威权体制、民主体制三分框架"以及现代西方行政学"政治—行政二分框架"之上建立起来的,缺乏自身的理论创新。

---

① 周黎安:《中国地方官员的晋升锦标赛模式研究》,《经济研究》2007年第7期。
② 乔坤元:《我国官员晋升锦标赛机制:理论与证据》,《经济科学》2013年第1期。

西方的政治学理论难以解释当代中国实际,尤其难以解释中国共产党在中国特色社会主义现代化建设进程中所扮演的核心角色与关键作用。尽管在经验层面上,国内外学术界都看到了作为现代政党的中国共产党的独特性,但在学理层面上,对这一独特性进行精准阐释的理论依旧缺乏,于是"使命型政党"的概念与理论应运而生。

唐亚林在2010年首次提出"使命型政党"的新型政党概念,而后在不同学术研讨会场合反复提及。"使命型政党"理论从其诞生之初,便表现出其是一个完全独立于西方政党理论框架之外的新型政党理论。唐亚林通过比较的视野,从性质、作用、角色、地位、使命、责任六个方面,将中国共产党与西方发达国家政党进行了全面对比,从中概括出中国共产党本质特征的理论模式,即"融性质、价值、地位、功能、使命于一体的中国共产党已经成为一种使命型政党,其所致力于建设的政治已经成为一种使命型政治"。①

"使命型政党"是指建立在党性人假设的基础之上,具备领导国家和社会的地位,承担多种复合角色,集多重使命目标于一体,将政党发展、国家发展和世界发展密切结合的新型政党。"使命型政党"理论范式可以从性质、功能、使命三大维度进行综合理解。在政党性质上,与西方的竞争型政党代表少数人的利益不同,使命型政党代表着人民的整体利益,以政治理想引领国家发展。"中国共产党一直在通过建构将政党的利益与国家的利益、人民的利益保持高度一致性的方式,来达到将政党的发展目标与国家的发展目标、社会的发展目标、中华民族的发展目标有机连接和一体化融合之根本目标。"②在政党功能上,"使命型政党"除了肩负普通

---

① 唐亚林:《使命—责任体制:中国共产党新型政治形态建构论纲》,《南京社会科学》2017年第7期。

② 唐亚林:《从党建国体制到党治国体制再到党兴国体制:中国共产党治国理政新型体制的建构》,《行政论坛》2017年第5期。

政党所拥有的代表和表达两大功能外,还肩负着整合、分配和引领三大新功能。在政党使命上,"'使命型政党'是在保持与社会环境有机互动的过程中,将实现人的全面自由发展与人类解放的伟大使命有机地融入'最低纲领与最高纲领'相统一的目标体系之中"。①

在党的十九大报告中,"使命"一词出现了13次之多,成为党代会的高频词汇。当代中国的发展实践与发展绩效也印证了"使命型政党"理论对中国共产党作为执政党的精准阐释。也正因为如此,"使命型政党"一经提出,便从"先锋队政党""变革型政党"等一众描述中国共产党的理论范式中脱颖而出,成为学术界的热门话题,吸引了众多学者对其概念范畴和具体运用的探讨。随着中国共产党执政党建设的不断完善和中国特色社会主义现代化国家建设目标的不断实现,"使命型政党"理论也必将获得进一步的丰富与完善。

"中国政治的逻辑已经发生了根本性的转变,西方舶来的威权主义分析框架则完全无力把握这些深刻性的变化。"②因此,只有建立中国本土化的政治与行政理论与研究范式,才能更深入地理解和把握当代中国的发展特质。自2004年以来,中国本土化的政治学行政学理论范式建构已经取得了不错的成就,但是一个完整的本土化行政学理论体系仍未建立。未来行政学界应该如何行动,才能构建出体系化的中国特色的行政学体系,有赖于行政学界与实践界的积极行动与共同努力!

(三)行政学本土化的可能路径——以《中国行政管理》杂志的《小切口·大问题》专栏为例

《中国行政管理》杂志于2018年开设《小切口·大问题》专栏,

---

① 唐亚林:《使命型政党:新型政党理论分析范式创新与发展之道》,《政治学研究》2021年第4期。
② 王绍光:《中国公共政策议程设置的模式》,《中国社会科学》2006年第5期。

为行政学本土化成果的发表与发展提供了新思路与新园地。"小切口·大问题"的提出与建设中国特色的哲学社会科学话语体系有关,《中国行政管理》杂志希望专栏中收录的文章能够体现中国特色的问题、意识与立场。"小切口"是指以明确的问题作为研究对象,对所涉及的事实与现象进行深度描述,为理论分析奠定基础。"大问题"则与20世纪末开始的行政学本土化的反思有关,直接灵感是来自马亮2018年组织的一个关于"大问题"的研讨会。"大问题"要着眼于中国公共治理中全局性和基础性的问题。因此,《小切口·大问题》专栏围绕当代中国公共治理的经验与模式,探究当代中国公共治理中的本土性问题,开展本土化的启发性和探索性的理论研究。专栏文章既要用理论工具来分析实际问题,提出更具有洞见性的思考;又要展开理论对话,补充或修正现有的理论。

表5 《小切口·大问题》专栏收录文章一览

文献来源	文献名
《探索与争鸣》 (2019年4月)	《问题解决的信息机制及其效率——以群众闹大与领导批示为中心的分析》 《领导高度重视:一种科层运作的注意力分配方式》 《刚性约束与自主性扩张——乡镇政府编外用工的一个解释性框架》 《管理幅度、专业匹配与部门间关系:对政府副职分管逻辑的解释》
《探索与争鸣》 (2020年5月)	《国家主导下的社会创制:城市基层治理转型的"凭借机制"——以成都市武侯区社区治理改革为例》 《国家助推与社会成长:现代熟人社区建构的案例研究》 《放权社区:基于政策适应性的治理结构创新——以C市集体产权改革的政策过程为例》 《自主空间中的行动策略:基于三个低保政策执行案例的考察》

(续表)

文献来源	文献名
《行政改革》 (2021年4月)	《重典何以治乱？对强化食品安全违法惩罚力度效应的个案研究》 《战时话语如何提效政策行动？——基于城市发展"攻势"的个案研究》 《服务设计如何推动公共部门的价值创造：一项针对办事指南的混合研究》 《重塑科层"条块"关系会提升政府回应性么？——一项基于北京市"吹哨报到"改革的政策实验》
《探索与争鸣》 (2022年4月)	《对口支援："项目制"运作的梯度适配逻辑》 《兜底办理：集中力量办小事的治理逻辑》 《层层加码：反制科层组织执行衰减的一种策略》 《联村干部：基层治理体系的人格化运作》
《治理现代化》 (2022年8月)	《专栏导语》 《"干部下挂"何以助推党政结构组织韧性——基于S省的案例分析》 《干部借调：一个关系合约的解释性框架》 《干部挂职：基于政策目标变迁的"嵌入"问题三维呈现与发生机理》

《小切口·大问题》专栏至今已经发布了5期，每一期的专栏文章都具有相似的研究主题。以最新一期2022年8月的三篇文章为例，这三篇文章以中国的干部挂职与借调为研究对象，探究中国特色干部人事制度的大问题。宋雄伟的《"干部下挂"何以助推党政结构组织韧性——基于S省的案例分析》通过案例研究，梳理了干部挂职产生的五大机制，发现干部下挂"并非外在于科层治理并与之不兼容的另一种治理，而是内在于科层体制的制度构件，构成了科层制的减压装置"。[①] 赵聚军和张哲浩基于嵌入性理论，构建了一个符合本土实践的政治、关系和认知三重嵌入的挂职干部嵌入问题的分析框架。张强、许浩天则对干部借调这一具有中国

---

① 宋雄伟：《"干部下挂"何以助推党政结构组织韧性——基于S省的案例分析》，《中国行政管理》2022年第8期。

特色的干部流动现象进行了探讨,与关于干部借调多是消极倾向的研究不同,他们从关系合约的视角出发,认为干部借调"在一定程度上消解了科层组织惰性"①,对我国的科层治理具有一定的积极作用。这三篇文章从不同的角度、理论出发,对干部挂职、干部借调这一现象进行分析,提出了各自关于中国特色干部人事制度的本土化学术观点。这就是通过对"大问题"下"小切口"的集中研究,找到"大问题"的附着点,发现"小切口"背后转型社会的大理论。

《小切口·大问题》专栏希望通过对本土实践的"小切口"的研究,得出一个立足于现实的"大问题",启发更多的研究跟进,逐渐形成和积淀对某个问题的完整知识体系,从而推动中国行政体系与行政学知识体系的建立。这种做法体现了通过微观经验映射中观理论,最终以一种自下而上的集中研究方式,实现宏观层面构建中国特色行政理论体系的目标。

五、研究展望

通过梳理 2004—2022 年《中国行政管理》《行政论坛》《电子政务》这三本行政学研究期刊,本文发现当代中国公共行政研究领域呈现一些显著特点,我们将结合这些特点,对未来行政学研究方向进行展望。

(一)研究内容:稳定的研究领域

从数据来看,尽管行政领域的研究呈现碎片化的现状,但是

---

① 张强、许浩天:《干部借调:一个关系合约的解释性框架》,《中国行政管理》2022年第8期。

在重大理论与现实问题的研究上仍然存在两条主线:一是在内容上,学界始终围绕着国家治理这一核心主题开展研究。在我国的行政体制不断改革和完善的背景下,学界始终在进行着政府治理方面的研究,政府一直都是行政学界重要的研究对象;二是在技术上,信息化与大数据在实践过程中的创新应用研究不断涌现。互联网、大数据技术的快速发展,为学界提供了一个热门的技术治理研究方向。从前期关注政府的电子政务、信息化管理与建设,再到大数据时代下的政府管理创新,如政府大数据管理的技术伦理、大数据如何推动政府超越科层结构等研究主题,都是技术治理研究的具体体现。随着区块链与人工智能的进一步发展,如何将其与政府过程结合,将继续成为公共行政学界探究的重要问题。

(二) 研究方法:从定性研究为主转向定性分析与定量研究相结合

通过对三本杂志的文献计量,发现自 2004 年以来,公共行政学研究方法总体上从定性研究为主转向了定性研究与定量研究并存。在《中国行政管理》杂志 2022 年 9 月份的 21 篇文章中,纯粹的理论分析文章为 9 篇,实地调研分析文章有 7 篇,定量分析与相关方法介绍文章有 5 篇。而《中国行政管理》杂志 2004 年 1 月份的 20 篇文章全部是纯粹的定性分析。除了规范的理论研究,学界也大量使用比较研究、案例研究、实证研究等方法。在获取数据来源方面,很多论文使用问卷调查、深度访谈、实地调研等方式。在分析工具的使用上,政策文本分析使用较多的是 Nvivo 软件,文献计量分析使用较多的是 CiteSpace 软件,因果推断分析使用较多的是 Stata 软件。定量研究在未来仍将成为中国行政学研究的重要方法。

(三)研究视角:多学科交叉融合

我们利用知网系统制作了这三本杂志近十年来文献的学科分布图,如图24、图25、图26所示,发现除了行政学及国家行政管理之外,期刊还涉及政治学、环境科学与资源利用、经济学、社会学、新闻、信息技术等学科。这一方面说明公共行政学研究呈现多学科融合的趋势,另一方面也揭示了公共行政学科边界模糊不清的"身份认同"问题。如何明确公共行政的学科定位,仍将成为未来行政学界的一个重要难题,而这一点也将对整个行政学的发展起到根本性的导向作用。

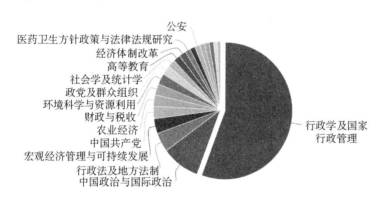

图24 《中国行政管理》近十年文献的学科分布图

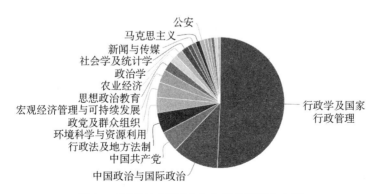

图25 《行政论坛》近十年文献的学科分布图

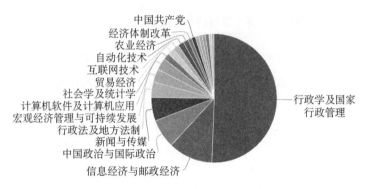

图 26 《电子政务》近十年文献的学科分布图

(四)价值取向:从效率转向公平

效率与公平一直都是公共行政学研究的重要价值取向,二者之争一直伴随着公共行政学的学科发展历程。无论是西方行政学还是中国行政学,都经历了一个由效率优先变为更加注重公平正义的转向。通过对三本杂志的文本梳理,我们发现,行政学研究在2004—2022年这一时间段的前期,关注的重要内容是政府职能改革。尽管当时已经有学者强调公平原则,但现实政治生活仍然是以效率作为优先项来建构社会管理体制。近年来,学者们越来越多地关注扶贫、协同治理、人民意见等体现公平价值的具象化议题。在未来,公平将继续成为行政学研究的重要议题。

(五)路径选择:从学习借鉴转向理论创新

中国公共行政学的理论体系本身就是一个来自西方的"舶来品"。在改革开放初进行学科恢复重建时,国内就大量引入西方的行政学理论。尽管在2000年前后,中国公共行政学界开始进行反思,认为中国行政学需要本土化。但是,西方行政学理论的影响依然根深蒂固,像协同治理、多元共治等现代行政学中的基本概念仍来自西方。2004年至今,中国行政学理论也在从借鉴引用西方理论走向本土化创新。本土化理论创新主要有三条途径:一是学者基于中国经验提出原创性的本土化概念,如"使命型政党"、督办责任体制、"晋升锦标赛"等;二是中国行政学者立足中国传统文化寻找解释中国实际的范式,如全能主义、官本位等;三是中国政治与行政的战略性与政策性话语为公共行政学界提供了大量的本土概念,如精准扶贫、乡村振兴、大部制等。

毋庸讳言,我国公共管理研究仍然在总体上受困于西方的理论框架,难以摆脱西方式思维结构与价值的约束,这是造成我国公共行政领域理论原创性不足的重要原因。但值得庆幸的是,已经有学者注意到这一问题,并试图通过引入新型政党理论范式以求实现本土经验与理论建构之间的逻辑自洽。如何构建本土化的行政学知识体系与话语体系,仅仅依靠局部的概念创新是远远不够的,中国学者需要打破先入为主的固化的西方思维,以一种超越西方行政学的理论勇气,并结合中国的本土实际来重新看待中国问题。

(六)政策实践:从滞后性转向引领性

中国公共行政学的发展与我国的行政体制改革密不可分。在很大的程度上,中国行政学研究的逻辑演变与国家管理体制的改革进程是相同步的。在前文关键词的突现性分析中,我们已经发现了中国行政学具有追逐时代热点的特征,而在文献的文本梳理过程中,这一特点体现得更为明显,如 2004 年温家宝同志首次在政府工作报告中提出了"服务型政府"的概念,当年学术界关于"服务型政府"的研究成果就迅速增加;2015 年 5 月,国务院提出"放管服"改革的概念和做法以后,也引发了学界对"放管服"改革的研究热潮。这也可以解释为何政策性话语成为中国行政学研究的重要概念来源,因为这一方面体现了行政学理论为实践服务的目的,另一方面也揭示了中国行政学研究在一定程度上处于一种被动发展的状态。近些年来,中国行政学理论开始从被动接受转向了主动发展,在一些实践领域也为行政实践的改革与发展起到了引领作用。随着大数据等信息技术的发展,行政学界围绕技术治理等问题进行了大量的理论创新,并越来越多地为政府所采纳和重视。未来,我们相信行政学研究的引领性作用将得到更充分的体现。

稿　　约

1.《复旦城市治理评论》于 2017 年正式出版,为学术性、思想性和实践性兼具的城市治理研究系列出版物,由复旦大学国际关系与公共事务学院支持,复旦大学国际关系与公共事务学院大都市治理研究中心组稿、编写,每年出版两种。《复旦城市治理评论》坚持学术自由之方针,致力于推动中国城市治理理论与实践的进步,为国内外城市治理学者搭建学术交流平台。欢迎海内外学者惠赐稿件。

2.《复旦城市治理评论》每辑主题由编辑委员会确定,除专题论文外,还设有研究论文、研究述评、案例研究和调查报告等。

3. 论文篇幅一般以 15 000—20 000 字为宜。

4. 凡在《复旦城市治理评论》发表的文字不代表《复旦城市治理评论》的观点,作者文责自负。

5. 凡在《复旦城市治理评论》发表的文字,著作权归复旦大学国际关系与公共事务学院所有。未经书面允许,不得转载。

6.《复旦城市治理评论》编委会有权按稿例修改来稿。如作者不同意修改,请在投稿时注明。

7. 来稿请附作者姓名、所属机构、职称学位、学术简介、通信地址、电话、电子邮箱,以便联络。

8. 投稿打印稿请寄:上海市邯郸路 220 号复旦大学国际关系与公共事务学院《复旦城市治理评论》编辑部,邮编 200433;投稿邮箱:fugr@fudan.edu.cn。

稿 例

一、论文构成要素及标题级别规范

来稿请按题目、作者、内容摘要(中文 200 字左右)、关键词①、简短引言(区别于内容摘要)、正文之次序撰写。节次或内容编号请按一、(一)、1.、(1)……之顺序排列。正文后附作者简介。

二、专有名词、标点符号及数字的规范使用

1. 专有名词的使用规范

首次出现由英文翻译来的专有名词(人名、地名、机构名、学术用语等)需要在中文后加括号备注英文原文,之后可用译名或简称,如罗伯特·登哈特(Robert Denhardt);缩写用法要规范或遵从习惯。

2. 标点符号的使用规范

请严格遵循相关国家标准,参见《标点符号用法》(GB/T 15834—2011)。

3. 数字的使用规范

请严格遵循相关国家标准,参见《出版物上数字用法》(GB/T 15835—2011)。需要说明的是:一般情况下,对于确切数字,请统一使用阿拉伯数字;正文或注释中出现的页码及出版年月日,请以公元纪年并以阿拉伯数字表示;约数统一使用中文数字,极个别地方(为照顾局部前后统一)也可以使用阿拉伯数字。

4. 图表的使用规范

各类表、图的制作要做到清晰(精度达到印刷要求)和准确(数据无误、表的格式无误),具体表格和插图的制作规范请参见《学术出版规范 表格》(CYT 170—2019)和《学术出版规范 插图》(CYT 171—2019)。表、图相关数据或资料来源需要标明出处,数据或资料来源的体例要求同正文注释,具体见"五、注释格式附例"。

三、正文中相关格式规范

1. 正文每段段首空两格。独立引文左右各缩进两格,上下各

---

① 关键词的提炼方法请参见《学术出版规范——关键词编写规则》(CY/T 173—2019)。

空一行,不必另加引号。

2. 正文或注释中出现的中、日文书籍、期刊、报纸之名称,请以书名号《》表示;文章篇名请以书名号《》表示。西文著作、期刊、报纸之名称,请以斜体表示;文章篇名请以双引号""表示。古籍书名与篇名连用时,可用中点(·)将书名与篇名分开,如《论语·述而》。

3. 请尽量避免使用特殊字体、编辑方式或个人格式。

四、注释的体例规范

所有引注和说明性内容均须详列来源:本《评论》的正文部分采用"页下脚注"格式,每页序号从①起重新编号,除对专门的概念、原理、事件等加注外,所有注释标号放在标点符号的外面;表和图的数据来源(资料来源)分别在表格下方(如果表有注释的话,请先析出资料来源再析出与表相关的注释说明)和图题下方析出。

【正文注释示例】

[例一] 陈瑞莲教授提出了区域公共管理的制度基础和政策框架。① 杨龙提出了区域合作的过程与机制,探讨如何提高区域政策的效果和协调区域关系。② 第二类主要着眼于具体的某个城市群区域发展的现实要求,比如政策协同问题、大气污染防治、公共服务一体化等。

[例二] 1989年,中共中央发表《中共中央关于坚持和完善中国共产党领导的多党合作和政治协商制度的意见》,明确了执政党和参政党各自的地位和性质,明确了多党合作和政治协商制度是中国的基本政治制度,明确了民主党派作为参政党的基本点即"一个参加三个参与"③。

---

① 陈瑞莲:《论区域公共管理的制度创新》,《中山大学学报》2005年第5期。

② 杨龙:《中国区域政策研究的切入点》,《南开学报》(哲学社会科学版)2014年第2期。

③ "一个参加三个参与"指,民主党派参加国家政权,参与国家大政方针的制定,参与国家事务的管理,以及参与国家法律、法规、政策的制定和执行。

【表的注释示例】

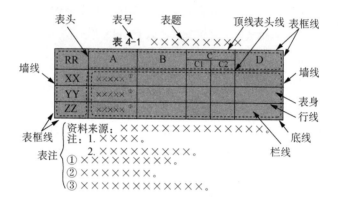

【图的注释示例】

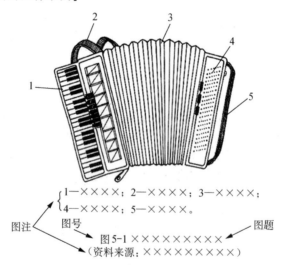

五、注释格式附例

1. 中文著作

(作者名)著(或主编等):《***》(书名),*** 出版社 **** 年版,第 * 页。

如,陈钰芬、陈劲:《开放式创新:机理与模式》,科学出版社 2008 年版,第 45 页。

2. 中文文章

(作者名):《***》(文章名),《******》(期刊名)****年第**期,第**页/载***著(或主编等):《******》,***出版社****年版,第*页①。

期刊中论文如,陈夏生、李朝明:《产业集群企业间知识共享研究》,《技术经济与管理研究》2009 年第 1 期,第 51—53 页。

著作中文章如,陈映芳:《"违规"的空间》,载陈周旺等主编:《中国政治科学年度评论:2013~2014》,复旦大学出版社 2016 年版,第 75—98 页。

3. 译著

(作者名或主编等):《***》,***译,***出版社****年版,第*页。

如,[美]菲利普·科特勒:《营销管理:分析、计划、执行和控制》(第九版),梅汝和等译,上海人民出版社 1999 年版,第 415—416 页。

4. 中文学位论文

(作者名):《***》(论文标题),****大学****专业**(硕士/博士)学位论文,****年,第*页。

如,张意忠:《论教授治学》,华东师范大学高等教育学专业博士学位论文,2006 年,第 78 页。

5. 中文网络文章

(作者名、博主名、机构名等著作权所有者名称):《***》(文章名、帖名)(****年*月*日)(文章发布日期),***(网站名),***(网址),最后浏览日期:*年*月*日。

如,王俊秀:《媒体称若今年实施 65 岁退休 需 85 年才能补上养老金

---

① 期刊中论文的页码可有可无,全文统一即可,但是涉及直接引文时,需要析出引文的具体页码。论文集中文章的页码需要析出。

缺口》(2013年9月22日),新浪网,http://finance.sina.com.cn/china/20130922/082216812930.shtml,最后浏览日期:2016年4月22日。

6. 外文著作

******(作者、编者的名+姓)①,ed./eds.②(如果是专著则不用析出这一编著类型), ******(书名,斜体,且除虚词外的每个单词首字母大写),***(出版地):***(出版社),****(出版年),p./pp.③*(页码)。

如,John Brewer and Eckhart Hellmuth, *Rethinking Leviathan: The 18th Century State in Britain and Germany*, Oxford: Oxford University Press, 1999, pp.5-6.

7. 外文文章

******(作、编者的名+姓),"******"(文章名称,首字母大写), ******(期刊名,斜体且首字母大写),****,(年份)***(卷号),p./pp. ***(页码). 或者,如果文章出处为著作,则在文章名后用:in ******(作、编者的名+姓),ed./eds., ******(书名,斜体且首字母大写),***(出版地):***(出版社),****(出版年),p./pp.*(页码)。

期刊中的论文如,Todd Dewett and Gareth Jones, "The Role of Information Technology in the Organization: A Review, Model, and Assessment", *Journal of Management*, 2001, 27(3), pp.313-346.

或著作中的文章如,Randall Schweller, "Managing the Rise of Great Powers: Theory and History", in Alastair Iain Johnston and Robert Ross, eds., *Engaging China: The Management of an Emerging Power*, London: Routledge, 1999, pp.18-22.

---

① 外文著作的作者信息项由"名+姓"(first name + family name)构成。以下各类外文文献作者信息项要求同。
② "ed."指由一位编者主编,"eds."指由两位及以上编者主编。
③ "p."指引用某一页,"pp."指引用多页。

8. 外文会议论文

******(作者名+姓),"******"(文章名称,首字母大写,文章名要加引号),paper presented at ******(会议名称,首字母大写),********(会议召开的时间),***(会议召开的地点,具体到城市即可).

如,Stephane Grumbach, "The Stakes of Big Data in the IT Industry: China as the Next Global Challenger?", paper presented at The 18th International Euro-Asia Research Conference, January 31 and February 1, 2013, Venice, Italy[①].

以上例子指外文会议论文未出版的情况。会议论文已出版的,请参照外文文章的第二类,相当于著作中的文章。

9. 外文学位论文

******(作者名+姓),******(论文标题,斜体,且除虚词外的每个单词首字母大写),doctoral dissertation/master's thesis(博士学位论文/硕士学位论文),****(大学名称),****(论文发表年份),p./pp. *(页码).

如,Nils Gilman, *Mandarins of the Future, Modernization Theory in Cold War America*, doctoral dissertation, John Hopkins University, 2007, p.28.

10. 外文网络文章

******(作者名、博主名、机构名等著作权所有者名称),"******"(文章名、帖名)(********)(文章发布日期),***(网站名),***(网址),retrieved ******(最后浏览日期)。

如,Adam Segal, "China's National Defense: Intricate and Volatile" (April 1, 2011), Council on Foreign Relations, https://www.cfr.org/blog/chinas-national-defense-intricate-and-volatile, retrieved December 28, 2018.

---

① 如果会议名称中含有国家名称,出版地点中可省略国家名称信息。

图书在版编目(CIP)数据

新城新区建设与特殊经济功能区治理/唐亚林,陈水生主编. —上海:复旦大学出版社,2023.3
(复旦城市治理评论)
ISBN 978-7-309-16542-5

Ⅰ.①新… Ⅱ.①唐… ②陈… Ⅲ.①城市管理-研究-中国 Ⅳ.①F299.23

中国版本图书馆 CIP 数据核字(2022)第 198750 号

新城新区建设与特殊经济功能区治理
Xincheng Xinqu Jianshe Yu Teshu Jingji Gongnengqu Zhili
唐亚林　陈水生　主编
责任编辑/朱　枫

复旦大学出版社有限公司出版发行
上海市国权路 579 号　邮编:200433
网址:fupnet@fudanpress.com　http://www.fudanpress.com
门市零售:86-21-65102580　　团体订购:86-21-65104505
出版部电话:86-21-65642845
上海四维数字图文有限公司

开本 787×960　1/16　印张 18.75　字数 235 千
2023 年 3 月第 1 版
2023 年 3 月第 1 版第 1 次印刷

ISBN 978-7-309-16542-5/F·2937
定价:68.00 元

如有印装质量问题,请向复旦大学出版社有限公司出版部调换。
版权所有　侵权必究